U0488071

就 有 了 光

And
There
Was
Light

The Autobiography of a Blind Hero
in the French Resistance

〔法〕雅克·卢塞兰（Jacques Lusseyran）——— 著

朱 晓　彭志华 ——— 译

湖南人民出版社·长沙

本作品中文简体版权由湖南人民出版社所有。
未经许可,不得翻印。

图书在版编目(CIP)数据

就有了光 / (法)雅克·卢塞兰著;朱晓,彭志华译. —长沙: 湖南人民出版社, 2023.12
ISBN 978-7-5561-3251-5

Ⅰ. ①就… Ⅱ. ①雅… ②朱… ③彭… Ⅲ. ①雅克·卢塞兰-传记 Ⅳ. ①K835.658.9

中国国家版本馆CIP数据核字(2023)第138850号

就有了光

JIU YOU LE GUANG

著　　者:〔法〕雅克·卢塞兰
译　　者:朱　晓　彭志华
出版统筹:陈　实
监　　制:傅钦伟
产品经理:田　野
责任编辑:李思远　田　野
责任校对:张命乔
封面设计:昇一设计
版式设计:谢俊平

出版发行:湖南人民出版社 [http://www.hnppp.com]
地　　址:长沙市营盘东路3号　　邮　　编:410005
电　　话:0731-82683357

印　　刷:长沙艺铖印刷包装有限公司
版　　次:2023年12月第1版
印　　次:2023年12月第1次印刷
开　　本:880 mm × 1230 mm　1/32
印　　张:12.25
字　　数:230千字
书　　号:ISBN 978-7-5561-3251-5
定　　价:59.80元

营销电话:0731-82683348(如发现印装质量问题请与出版社调换)

目 录

第一部分
童年如清泉

01 沐浴喜悦之光的雅尼 / 003

02 上帝蒙上了我的眼睛 / 007

03 我的秘密 / 014

04 潜入现实生活和内心大世界 / 037

05 小共和国 / 055

06 公立中学的试读生 / 074

07 我发现了声音的世界 / 095

08 世界不分内外 / 103

09 我是一座小巴别塔 / 123

10 纳粹无处不在 / 149

第二部分

我的祖国，我的战争

01 图卢兹：战争与爱情 / 167

02 卢塞兰游行 / 186

03 自由军志愿者的创始人 / 212

04 中央委员会 / 238

05 地下报纸的全国发行负责人 / 259

06 禁止瞎子考大学 / 287

07 朋友香 / 298

08 被捕 / 305

09 布痕瓦尔德 / 328

10 不死之人 / 347

11 解放 / 375

后　记　　　／ 383
译后记　　　／ 385

第一部分

童年如清泉

01 沐浴喜悦之光的雅尼

在我记忆中，我的故事总是开始得像一个童话，尽管算不上不寻常，但确实是一个童话。很久很久以前，在两场世界大战之间的巴黎，有一个小男孩过得很快活。我，就是那个小男孩。而如今，人到中年的我回顾那个小男孩，我感到非常惊奇，因为快乐的童年总是太难得。这在今天如此不合时宜，人们都很难相信这是真的。然而，如果我的童年如清泉，我可不想把它弄成浑水：那会是最糟糕的一种愚蠢。

我1924年出生。那天是9月19日，时值正午，一个偶然的机会，在巴黎市中心风景如画的蒙马特区，布兰奇广场和红磨坊之间，我生在一栋19世纪的房子里，一间可以眺望庭院的房间。

我的父母对我来说是完美的。我的父亲，毕业于一所著名的高等物理化工学院。他是一名化学工程师，既聪明又善良。我的母亲，也学过物理和生物，非常虔诚而善解人意。他们都很大方，也很细心。但是，为什么要说这些呢？小的时候，我是不会注意这些的。小男孩不会看到父母身上的独特品质。他都不会去想这些，因为没有必要。只要父母爱他，他也爱父母，就足够了。这就是上天的恩典。

我的父母就等于保护、信任和温暖。一想到童年，我现在依然还有这种感觉。这种温暖的感觉，在我头顶，在我后背，在我周身。这种美妙的感觉，不在于自己，而在于全身心地依靠着那个接纳你的人。

我的父母一直支持我。正因如此，我小时候才没有受过什么挫折。我可以撒野，然后乖乖地回来。我从未感受过负担，也从未被什么事情纠缠过。我能从容穿越危险和恐惧，就像光透过镜子那样容易。那是我童年的美好，就像一件魔力盔甲，一旦穿上，就能保护我的一生。

我的家庭属于当时法国所谓的"小资产阶级"。我们住在小公寓中，但是当时我一直觉得房间很大。

我最熟悉的是位于塞纳河左岸、靠近战神广场的一个大花园，在四脚张开的埃菲尔铁塔与军事学院——军事学院对我来说只是一个名字而已——之间，它的形状我现在已经完全忘记了。

我的父母就是天堂。我从没这么告诉过自己，他们也从来没有这么对我说过，但是这很明显。我知道（我真的很早就发现了，我敢肯定），有一个冥冥之中的存在，通过他们，关照着我，甚至对我说话。这个存在，我甚至都不叫他上帝——我父母跟我说起过上帝，但那是后来的事了。我没有给他起名字，他就在那儿。这样更好。

是的，在我父母背后有一个神，我的父亲和母亲只是尽职尽责地将神的恩赐传递给我。我的信仰就是这样开始的，这也是我从来不质疑超验玄学的原因。这段告白可能有点出乎大家的意料，但是我很在乎它，因为有很多事情可以用它来解释。

这，就是我有勇气的原因。我一直在跑。我的整个童年都在跑。只不过我不是跑去抓什么东西（这是大人的观点，可不是孩子的主意！），我跑去看所有看得见的东西和所有还没有看到的东西。从一个把握到下一个把握，我就像是在跑接力赛一样。

一个准确的记忆，就像卧室墙壁中间的一幅有框的画，我又看见了我四岁生日那天的情景。那天我沿着人行道向前跑，跑到三条街的交汇处，它们是埃德蒙·瓦伦丁街、塞迪略特街和杜邦－德洛日街，是我家附近的三条街。阳光照在这三条街的交汇处，形成一个光的三角形，就像海滨向拉普广场伸展开来。我被投射在这一片光中，被光芒包裹着，一边挥舞手脚，一边大声对自己喊："我四岁了，我是雅克。"

你可以管这叫作"人格的诞生"，但其中不伴有任何不安感。只是，这一次，正在这一刻，普世喜悦之光降在我身上。

我当然像所有的孩子一样，也经历过一些痛苦和伤心事。但是说真的，我不记得了。它们从我的记忆中消失了，就像痛感消失那样。一旦身体的疼痛消失，精神的疼痛也就无影无踪了。

暴力、疯狂、阴暗、不确定，我后来经历了所有这些东西。但是，我不能把它们当中的任何一种放进我生命的最初那几年里。

这，就是我所说的，我的童年如清泉。

02 上帝蒙上了我的眼睛

在七年的时间里,我跳呀,我跑呀,跑遍了战神广场的小路。我沿着巴黎这些狭窄街道的人行道飞跑,街上满是房子,满是气味。

因为,在法国,每家每户都有自己独特的气味。成年人几乎不会注意到这个,但孩子们都很清楚,他们可以通过气味识别房屋。有奶油店的味道、糕点店的味道、糖果店的味道、鞋匠铺的味道、药店的味道,还有那个商人的店铺的味道,我们用法语给他取了一个很好的名字——"彩色商人"。我能辨识这些房屋——鼻子迎着风,像一只小狗。

我坚信,没有什么是对我怀有敌意的,我用来荡秋千的树枝会很坚挺,哪怕是再曲折的小路,也会把我带到我不会害怕的地方,所有的小路都会把我带回到我的家人身边。

我不妨说,我没有故事,除了最重要的生活的故事。

尽管如此,还是有光。光给我施了魔咒。无论走到哪里我都会看到她,一看就是好几个小时。

我们住的三居室公寓,现在没有一个房间清晰地留在我的记忆中了。但阳台还在那里,因为阳台一侧有光。虽然我很好动,但我总会耐心地靠在栏杆上,看着光从房子的外墙流过——流过我面前,流进街巷的隧道里,向左,向右。

光不是像水那样的径流:她更轻,而且数不清,她的来源无处不在。我喜欢看到光不知是从哪个特别的地方流来的,她绝对是一种元素,就像空气一样。我们从来不问自己空气来自哪里,因为它就在那里,我们就活在那里。太阳也是如此。

我没有必要在中午时分看向高高在上的太阳在天空中的那个位置。因为我总能从其他地方找到它。我在涌动的光波中寻找太阳,在光的回声中寻找太阳。通常我们认为只有声音才能产生回声,但光一样可以。光从一个窗户到另一个窗户,从墙上的碎影到云间的漏隙。光进入我的身体,成为我的一部分。我一点一点地吞食太阳。

光的魅力在夜幕降临的时候依然存在。傍晚时分从户外回屋,吃完饭,上床睡觉那一刻,我发现光她就在阴影中。对我来说,阴影仍然是光,只不过换了一种新的形式和新的节奏——她是较慢的光。

换句话说,世界上的一切都有光(甚至我在闭着眼睛透视自己内在时也能看到光）。

在战神广场上奔跑的时候，我仍然在追逐光。在小巷的尽头，我准备双脚并拢跳进光中：我想要抓住她，就像在池塘边上抓蝴蝶一样，和她一起躺在草地上或者沙滩上。对我来说，世界上没有一种东西比光更珍贵，哪怕是我如此用心聆听的声音。

四五岁的时候，我突然发现，光可以握在手里。我所要做的就是拿起彩色蜡笔和彩色积木来玩。我开始心无旁骛地花几个小时涂各种颜色，就像我在喷泉中一样沉浸其中。我的眼里满是光和色。

后来有人告诉我，从小我的视力就很弱——近视，我想。乐观的人会认为近视是我全神贯注的原因。但是，作为一个小孩子，我没有意识到我看不清楚。我很少在乎这个，很高兴能和光、和世界的本质交朋友。颜色、形状、物体本身——包括最重的物体——都有振动。如今，每当我置身充满友爱的环境中，处于放松的状态时，我都会再次发现这种振动。

当有人问我最喜欢什么颜色时，我总是回答"绿色"。然而，我后来才知道，绿色是希望的颜色。

我相信孩子们知道的总是比他们能说出来的多——与成年人有很大区别，成年人充其量只知道自己所说的百分之一不到。

毫无疑问，这只是因为孩子们通过每个事物的整个存在来了解它们,而不像成年人是通过头脑来了解一切。

假如一个孩子被疾病或不幸所威胁,他就会立即得到警示:他要停止玩耍,到母亲那里去寻求庇护。这就是为什么我在7岁的时候就知道命运在准备对我的打击了。

事情发生在1932年的复活节假期,在安茹的一个小村庄朱瓦尔代(Juvardeil),我的外祖父母就住在那里。我们正要动身回巴黎,马车已经在门口等着送我们去车站。当时,从朱瓦尔代到埃特里谢-沙托纳普火车站有七公里远,我们坐马车过去。三四年之后我才知道,那是杂货店的马车。马车一直在等着,铃铛叮当作响像是在发笑,我被留在花园,独自一人在谷仓的角落里,哭着。

这些眼泪不是后来他们告诉我失明时流的那种,那次的眼泪,现在只要想起仍有深深的感觉。我哭,因为那是我最后一次看到这花园。

我只是预感到了这个坏消息。说不出什么原因,但很确定。阳光洒在小路上,两棵大黄杨树,葡萄藤的凉棚,一排排的西红柿和黄瓜、豆子,所有这些让我眼花缭乱的东西,我是最后一次看到了。我就知道,这不仅仅是一个孩子的悲伤。我妈妈一直在找我,最后找来了,问我有什么问题,我只能回答她:"我再也看不到这个花园了。"

三个礼拜后，事情就成真了。

5月3日上午，像往常一样，我在学校——我父母所住巴黎克雷尔街的社区学校上学。

大约10点钟下课了，我像所有同学一样站起身来，冲向教室门口去操场。在门口的推搡中，一个比我大或者性子比我急的孩子从教室后面跑过来，无意中从后面撞了我。我没有看到他冲过来，在惊讶中，我失去了平衡。我徒劳地想要抓住什么，结果滑倒了，撞到了老师讲台的一个尖角上。

那时候我戴着眼镜，因为我是近视眼，而且眼镜是用防碎玻璃做的。正是这样的保护毁了我。的确，镜片没有碎。但是，在强烈的冲击下，眼镜的镜腿刺进我的右眼，挫伤了肌肉，把它撕裂了。

自然，我失去了知觉。不过，时间不长，因为我一到学校的院子里就醒了。我刚刚被带到那里，脑海里的第一个念头是——我清楚地记得——"我的眼睛！我的眼睛在哪里？"。我确实听到周围有惊恐的、慌乱的声音在谈论我的眼睛。即使没有这些声音和痛感，我也应该知道自己伤到了哪里。

他们给我包扎好。我浑身发烧，被送回了家里。

一片漆黑，持续了超过24个小时。后来我才知道，家人第一时间请来的眼科专家——一位令人钦佩的执业医生——宣布我的右眼保不住了,必须摘除,要尽快做手术。至于左眼,也可能失去了,因为剧烈的震荡,已经引发了交感神经性眼炎。反正不管怎样,左眼的视网膜已经严重撕裂。

事实上,第二天早上,他们就给我做了手术,手术很成功。我完全失明了。

我每天都感谢上帝,在我还是个孩子的时候,在我还不到8岁的时候,就蒙上了我的眼睛。这听上去肯定很矛盾,我马上来解释一下:

我感谢命运,首先是身体上的原因。一个8岁的小男孩还没有什么习惯,无论是身体习惯还是思想习惯。他的身体灵活无比:能够根据环境和情况做出所有动作,而没有杂念,准备好接受生活本来的样子,对生活说"是"。从这"是"当中就会产生最美妙的身体奇迹。

说到这里,我感慨地想到所有那些成年后失明的人,而且是因事故或者在战争中失明的人,他们的命运往往比我的更加艰难。

然而,我还有其他的理由要感恩命运,不是实质性的理由。大人们总是忘记孩子们从来不会抗议环境,当然,除非大人自己蠢到教他们抱怨环境。对于一个8岁的孩子来说,对生活说"是"总是最好的。他不懂得怨恨和愤怒。诚然,他可能有一种不公的感觉,但那只有在这不公来自人的情况下。事故对他来说是来自上帝的征兆。

我知道这些简单的事情。从我失明的那天起,我就从来没有不快乐过。

至于勇气,尽管大人们大肆渲染,却不会出现在像我们这样的孩子身上。对于一个孩子来说,培养勇气是世界上最自然的事情,是应该做的事情,在生命的每一刻都要这样做。一个孩子不会考虑未来,这样可以让他免于千百种愚行和几乎所有的恐惧。他顺其自然,每一刻都觉得快乐。

03 我的秘密

从现在起,我在讲述自己的故事时会遇到一些障碍,而且是非常尴尬的障碍。首先是语言上的障碍。因为我要说的关于失明的事情鲜为人知,而且往往很令人惊讶,可能要么被认为是陈词滥调,要么被认为是夸大其词。其次是记忆障碍。我8岁就失明了,现在35岁了仍然失明,当时的体验我现在每天都在经历。虽然我不想,但我肯定会把日期甚至时间段搞混。

毕竟,在我看来,这些障碍与其说是现实的,还不如说是字面上的。事实终究是事实,我只需要生动流畅。

我恢复得很快,这只能用我儿童的适应能力来解释。我5月3日失明,到月底我就开始行走了。我拉着父亲或母亲的手走路,走起来毫无困难。6月,我开始学习用"盲文"阅读。7月,我在大西洋的海滩上,玩空中飞人,吊在吊环上从滑梯滑下来,我加入了孩子们奔跑和喊叫的队伍,我在沙滩上建造城堡。但是,我稍后再谈所有这些事情，因为还有更重要的事情要谈。

对我来说，失明是一个很大的惊喜。因为失明与我所能够想象的任何事情都不一样，也不像周围的人想的那样。他们告诉我失明就看不见东西。然而，我不相信别人说的，因为我可以看见。

我承认，我不是一下子看见的。手术后的几天里看不见。因为那时候我仍然想用我的眼睛。我按照眼睛惯常的方式去"看"，我寻求用事故发生之前我所习惯的方式去"看"。这是一种痛苦，一种缺失，一种空虚感，使我充满了大人们所说的绝望。

终于有一天（这一天来得很快），我意识到我那是在一个劲地想要盯着看。我犯了一个错误。我所犯的错或多或少与新戴眼镜的人所犯的错一样——假如他们不习惯用新的方式来适应的话。在内心深处，我看得很远，向外看得很远。

这不仅仅是一个发现，更是一个启示。我再次出现在战神广场上，是在我出事故几天之后，我父亲带我去那里散步。我对这花园很熟悉：我熟悉它的池塘、它的栏杆、它的铁椅子，我甚至认识其中的一些树。自然我想再看看它们，但我再也看不见了。有那么一瞬间，我以为整个世界都消失了。我把眼睛像手一样向前伸，伸向虚空。没有任何东西离我更近，也没有任何东西离我更远。延伸的距离叠加在一起，不再有闪烁的小光线来标记空间。一切似乎都被耗尽了，熄灭了，我很害怕。我重新望向物质世界的方向，也就是那个三维空间，但我却不认识它，因为已经没有任何我熟悉的东西填充它。

这时一种本能（几乎可以说有一只手按在我身上）让我改变了方向。我开始更仔细地体察。不是向外看世上的东西，而是向自己的方向看，从自己的内在向更深处内观，而不是顺着眼睛的目光盯着外面的世界。我不再向过路的人乞求太阳，我转过身，突然又看到了它。它在我的脑海中，在我的胸膛里，平静而忠实，保持着它那喜悦的火焰：在我的身体里升起，它的温暖吻上我的额头。我认出它来，忽然觉得好笑，它在家里等我的时候，我却到外面去找它。

它就在那里，但不只有它。那些房子和房子里的小人儿跟它在一起。我还看到了埃菲尔铁塔和它从天空中伸出来的腿，塞纳河的河水和它一串串闪亮的影子，在它们的掩映之下，我心爱的小毛驴，我的玩具，女孩子的卷发，我记忆中的道路……一切都在那里，我不知道是从哪里来的。没人告诉我在家里就可以举行宇宙聚会。我欣喜若狂地陷入一场令人惊讶的谈话中。我看到了上帝的仁慈，遵照他的命令，没有任何东西会离开我们。

宇宙的物质再一次凝聚，重新定义并重新填充自己。我看到一团亮光来自一个我不知道的地方，它可能在我体外，也可能在我内里。亮光绝对就在那里，或者更确切地说，是一道光，光。

这是显而易见的：光就在那里。

我开始感到一阵难以言表的解脱，一阵极大的满足感，我不禁笑了起来。所有这些都伴随着自信和感激，就像祈祷得到了回应。

我在同一时刻发现了光和喜悦。我可以毫不犹豫地说，从那时起，在我的经历中，光和喜悦再也没有分开过。我要么一起拥有它们，要么一起失去它们。

我能看到光，尽管失明，我仍然看到她。我说出了这个事实——但有好几年我都没有说出来。我记得，直到大约14岁的时候，我给这段每时每刻都在我体内重新开始的经历取了一个名字，我称它为"我的秘密"。我只告诉过我最亲近的朋友，我不知道他们是否相信我，但是他们听我说话，因为我们是朋友。而我告诉他们的东西有一个比真实更大的优点：很美。这是一个梦，一句咒语，就像一个魔法。

令人惊奇的是，对我来说，这根本就不是魔法，而是最直接的东西——无论做什么，我都无法否认的东西，就像那些没有失明的人无法否认他们所看到的东西一样。

我不是光，我很清楚这一点，但我沐浴在光之中，失明突然使我更亲近光。我能感觉到光的升起，蔓延开来，落在物体上，使物体有了形状。我还能感受到光的消退。是的，光的消退。无论如何，光只是暗淡了。因为在任何时候，光都没有对立面。没有失明的人总是认为失明就如黑夜一样，在他们看来这是很自然的事情。但是那黑暗并不存在，因为在醒着的每时每刻，甚至是在梦中，我都生活在一种连续的光之中。

失明后，光比用眼睛看时要稳定得多。在我的记忆中，那一刻，被光照亮的、光照得不太明亮的或没有被光照到的东西之间的差异，都已不复存在。我看到整个世界在光中是完整的，世界通过光而存在，也因为光而存在。

颜色——棱镜中的七彩——也都保留下来了。这对我来说是一场意想不到的盛宴——我是一个喜欢用蜡笔的孩子，也是一个爱玩彩色积木的孩子，我曾经花了很多时间同它们玩。所有这些现在都更流畅了，因为各种颜色比以前更温顺。

光给事物着色，也给众生着色。我的父亲，我的母亲，我在街上遇到或撞到的人，都现出各各不同的颜色，这是我失明之前从未见过的。然而现在，这一特质给我留下了深刻的印象，光作为他们自身的一部分，就像他们的脸与他们自身不可分割一样。

然而，色彩只是一个游戏，光是我存在的理由。我让光在我的内里上升，就像井让水上升一样。我欢欣鼓舞，乐此不疲。

我不明白发生在我身上的事情，这与我所听到的一切完全相反。我不明白，但我不在乎，因为我生活在其中。多年来，我一直都没有试图找出这些事情发生在我身上的原因。我只是很久以后才想尝试了解。现在还不是说这个的时候。

光如此连续着，如此强烈，远远超出了我的理智，弄得我有时候对光产生了怀疑：假如这不是真的呢？假如这只是我的想象呢？也许只要想象一下相反的情形或者想象这干脆就是别的什么东西，让光一下子就消失了。所以我想试探光，甚至抗拒光。

晚上，一个人躺在床上的时候，我闭上眼睛。我垂下眼帘，就像以前眼睑遮住我的肉眼的时候那样。我告诉自己，在这些帘幕后面我将不会再看到光。然而，她仍然在那里，比以往任何时候都更加平静：她看起来就像傍晚风停之后的湖水。

所以我聚集了我所有的能量，我所有的意志力：我试图阻止光的流动，就像我试图停止呼吸一样。

结果成了一场混乱，或者更确切地说是一个漩涡。这漩涡还是充满了光。无论如何，我无法长时间维持这种努力，也许就是两三秒钟。与此同时，我感到焦虑，好像我是在做一件被禁止的事情，一件与生活相悖的事情。好像我要有光才能生活，如同我需要空气一样。

没有办法摆脱，真的。我是光的俘虏，注定要看到光。一切都发生在我体内。一点一点地，整个空间被清空了：光从外面带进来色彩流，反射之后化为碎片落在我身上，返流回去，在我的体内散开。起初，光色没有遇到任何可以让自己固定下来的东西：它们慵懒地像桌布一样展开，从一端到另一端，反复无常地穿过，穿过我的整个意识领域。到处都是模糊的斑点，还有圆圈和看不见面孔的人影，以及不可预见的形状轮廓。然后，一些短暂的场景变得生动起来：小而明亮的光坡，横向流动的光滴。光雨下得到处都是，再也没有黑夜的残余了。一切都是金色和银色的，似乎一开始我只能接受最鲜明、最急促的色彩……体外，现在是一片空旷；体内，是一整片光的森林。我看了很长一段时间，才习惯了这种没有阴影的光。

行文至此，我刚刚重复做了同样的试验，得到了同样的结果。除了多少年下来，光的源头变得更强了。

8岁的时候，我在这段经历中吃了定心丸。我重生了。既然这光不是我发出来的，既然这光是从别处传给我的，那它就不会再离开我了。光照亮了我的内心，我只是一条通道，一个敞亮的前厅。看得见的眼睛就在我的体内。

然而，有的时候，光会变暗，几乎弱到消失的程度。例如，每当我害怕的时候，就会发生这种情况。

假如我没有信心，没有让自己全身心投入到事情中，而是犹豫不决，算计着、思考着墙壁、虚掩的门、锁里的钥匙，假如我告诉自己这一切都带有敌意，都会撞到我，弄伤我，那么我必定会撞到它们，伤害自己。在房间里、花园中或海滩上轻松走动的唯一办法就是完全不去想它，或者尽可能少地去想它，然后像蝙蝠那样被一种力量引导着在障碍物之间穿行。倒是恐惧带来了我失去双眼都没有出现的后果：恐惧使我失明。

愤怒和不耐烦也会有同样的效果：它们模糊了整个景观。一分钟前我还清楚地知道房间里所有东西的位置，但是假如我生气，这些东西会比我更生气，它们会躲到最意想不到的角落里，它们会变得混乱，它们会翻来覆去，它们会像疯子一样喃喃自语，它们看起来很憔悴。至于我，我手足无措，我到处受伤。哦，天哪！这个机制运作良好，所以我变得很谨慎。

当我和我的小伙伴一起玩耍的时候，假如我急于求胜，假如我不顾一切争做第一，突然之间我就什么都看不见了。我堕入雾中——毫不夸张，一阵迷雾。

但最不寻常的是邪念。我甚至不能再嫉妒或充满敌意，因为我的眼睛会立刻被蒙上一个眼罩：我被捆绑起来，被丢到一边。一瞬时，一个黑洞裂开了，我在黑洞的中心无助地摇摆。

相反，当我快乐平静的时候，当我自信地接近别人的时候，当我想着他们的好处的时候，我就得到了光的报偿。难怪我年纪小小就喜欢上了友谊与和谐。有了这样一个方法，我还需要什么道德呢？这就是我的"红灯"和"绿灯"。我总是知道哪里可以通过，哪里不可以通过。我看着那巨大的光的信号，它教会了我如何生活。

爱情也是如此。你自己看吧。

事故发生之后的那个夏天，我的父母带我去了海边。在那里，我遇到了一个与我同龄的小女孩。她的名字叫妮可，我想。

她就像一颗大红星，或者一颗成熟的樱桃，进入了我的宇宙。对我来说，唯一可以肯定的是，她是鲜艳的红色。

我发现她是如此美丽，那美丽是如此甜美，我简直无法在晚上回家，远离她睡觉，因为假如这样马上就会有一点光离我而去。为了找到完美无缺的光，我必须找到她：仿佛她把光放在手里、头发里，赤脚踩在沙子上发出沙沙的声音。

就像所有红颜色的人一样，她的影子也是红色的，这是自然的。如果她来到我身边，坐在两滩海水之间，在阳光的爱抚下，我看到遮阳棚的帆布上有粉红色的反光。海水本身——海水的蓝色——会一点点淡淡地泛红。我跟着她到处留下的红色痕迹追她。

现在，假如有人说这种颜色正是激情的颜色，我就告诉他们，我从8岁起就知道了。

我怎么可能活了那么久却没有意识到世上的一切都有自己的声音和话语呢？不仅仅是那些被人们认为有声音会说话的东西，还有其他东西，比如车门、房屋的墙壁、地板、树荫、沙滩和寂静。

在我发生事故之前，我就喜欢声音。但现在看来，我真没有用心听它们说话。

在我失明之后，我每做一个动作都必定会引起雪崩般的噪声。如果我在晚上走进我的房间——这个我从前什么声音也听不到的房间，壁炉上的小石膏雕像会转动一点点。我能听到它在空气中的摩擦声，就像一只手被挥舞一样轻盈。我每迈出一步，地板在哭泣，或者歌唱（因为我在两种情况下都能听到它的声音），这歌声从一块木地板传到另一块木地板，一直传到窗户，告诉了我这个房间有多深。

假如我突然说话，那些被腻子黏护得似乎很好的窗户就会摇晃。当然，非常轻微，但很明显，比其他的声音更清晰，更清冷，宣告了窗外空气的状况。

每件家具都吱吱作响，一次、两次、十次，在几分钟的时间里，发出一连串像是姿态的声音，真的，床、衣柜、椅子都在伸懒腰，打哈欠，呼吸着。

如果门被风吹动，就会发出"风"的嘎吱声。如果是被一只手推动，它就会发出人特有的响声。对我来说，区别很明显，我不会弄错。

墙上最细微的凹凸处都有一种让人听到它的方式，可以改变整个房间的音效。因为这个角落、那个壁龛、对面的衣柜回响得更空荡荡。

无论如何，就好像从前的声音总是半真半假的，在离我太遥远的地方，从迷雾中发出来的。也许是我的眼睛在过去制造了这迷雾。不管怎么说，我的事故使我把头靠在万物那颗怦怦咚咚的心上——那颗心在跳动，从未停止过。

人们总是想象，噪声是一种突然开始、突然结束的现象。我现在意识到，事实远非如此。我的耳朵还没有听到它们，它们就已经在那里了，用它们的指尖触摸我，引导我走向它们。我经常在别人开口之前就听到他们说话。人还没开口，语意就泄露出来了。

这些声音有一种与光非常相似的特殊性：它们既不在我体内也不在我体外，它们穿过我。它们给了我在空间中的位置，把我与事物联系起来。它们不是作为信号，而是作为响应。

我记得，在我出事两个月后，我第一次来到海滩。天色已晚，除了大海和大海的声音什么都没有，那声音精确到无法想象的程度。它构成了又密集又清澈的一团，我可以靠在它上面，就像靠在墙上一样。她同时在几个层面上对我说话。海浪分层排列，合成了一整首音乐，然而在每一个层面上，它们的话语都不一样：在底层是粗嘎的声音，在顶层是沸腾的声音。我真的不需要人告诉我用眼睛能看到什么。

一端是"海墙"，墙下风吹沙滩沙沙作响。另一端是沙滩护栏，上面满是回声，像一面声音的镜子。所以海浪声会有两轮。

人们通常说，失明会增加听觉感知。我不认为这是真的。不是我的耳朵比先前好，而是我更好地运用它们。视觉是一种奇妙的工具，让我们看到世间的丰富。但在这个世界上，任何事情都有代价，为了换取视觉带来的各种好处，我们被迫放弃一些甚至都不知道的其他好处。而这些是我失明后获得的礼物。

我需要一听再听。为了好玩，我多弄出好多声音来：我摇动铃铛，我用手指敲打所有的墙壁，我试探门、家具和树干的共鸣，我在空空荡荡的房间里唱歌，我把鹅卵石扔向远处的海滩，听它们在空中呼啸，然后坠落的声音。我甚至让我的小伙伴重复说话，这样我就有足够的时间在他们周围边走边听。

最令人惊讶的是，这些声音从来不是从空中的某个孤立点发出的，也从来不会自行消失。有声音，有它的回声,还有另一个声音——第一个声音和它所产生的回音融合在一起的声音,如此生成了无尽的声音序列。

每隔一段时间,所有事物传出的嗡嗡声会变得非常强烈,弄得我头晕,不得不用双手捂住耳朵,就像闭上眼睛保护自己不受太多光的伤害一样。这就是为什么我无法忍受那些噪声,那些无用的噪声,那些不间断的音乐。我们听不见的噪声对我们的身心是有冲击的。而这正是因为噪声并非发生在我们体外的事件,而是一种穿透我们身体而又挥之不去的现实,除非我们完全听到它。

我得到了很好的保护,免受这种痛苦,因为我的父母都是语声音乐家,他们围坐在家里的餐桌旁交谈,而不是打开收音机。我说这些还有另一个理由,就是想提醒人们,今天保护盲童不受叫喊的侵犯、不受背景音乐的侵犯、不受所有这些可怕噪声的侵犯,是多么地重要。对于一个盲人来说,强烈而嘈杂的噪声就像用探照灯的光束近距离照正常人的眼睛一样,很伤人。相反,当世界听起来很充实,听起来很适宜的时候,它比诗人所知道的和将要知道的都更和谐。

每个礼拜天的早上,一个老乞丐都会来我们大楼的院子后面用手风琴拉三首曲子。在这个慵懒的早晨,附近大街上有轨电车的嘎吱嘎吱声,每隔一段时间就会覆盖这酸涩而乏味的音乐,使整个空间有了上千个维度,不再是简单的庭院后面的垂直落差,也不再是街道的水平行进,而是我的注意力所能容纳的许多路径,从房子到房子、从院子到屋顶。有了声音,我的倾听就没了尽头,因为这是另外一种无限。

起初,我的双手不听使唤。它们找不到桌子上的玻璃杯,它们在门把手周围发疯似的摸索,它们混淆了钢琴的黑键和白键。当接近目标时,它们在空中游移,好像它们几乎被连根拔起,与我隔绝。有一段时间,这让我很害怕。

幸运的是,我很快就意识到,它们非但没有变得无用,反而变得更聪明。它们只是需要时间来适应自由。

我曾经以为它们不再听使唤了。实际上是它们接受不到任何命令了。我的眼睛不再控制它们。最重要的是,这是一个节奏的问题。我们的眼睛总是盯着事物的表面,所需要的只是分散的几个点:它们在一瞬间就可以填补空白。它们瞥见的比看到的多得多,而且瞥见时几乎从不打量事物。看到的是表面,扫过的世界闪闪发光,但这世界没有完整的轮廓。

我所要做的就是放开我的手。我没有什么可以教它们的。此外,由于它们是独自行事的,它们似乎预先就知道一切。

它们的行为方式与眼睛相反,非常认真严谨。无论从哪一个方面接近一个物体，它们都要摸索整个物体。它们试探它的反作用力，屈指倚靠在它上面感受它的体积，记录表面的每一处不规则之处。它们根据尽可能多的维度来测量它的高度、厚度。最重要的是，手发现自己有手指的感知后，就会以一种全新的方式运用手指。

失明之前，我的手指是僵硬的，指尖半死不活没有感觉，它们只擅长做拿东西的动作。

现在它们每个都有了主动权。它们在物体上分开行走，切换不同的层次，每个手指可以独立变换力度。

手指的移动非常重要。这甚至必须是一种不间断的移动。因为，相信物体存在于一个点上，永远固定在那里，以一种形式而不是另一种形式紧密地联系在一起，这是一种错觉——物体（即使是石头本身）是活的。我们必须多说一句：它们振动，它们颤抖。我的手指明显感觉到这种脉动。假如物体没有发出自己的脉动，手指就会立即感到无助：它们失去了联结。相反，当手指走到事物面前，与事物共振，它们就会认知事物。只是还有比移动更重要的，那就是压力。

假如我把手放在桌面而不按压，我会知道桌子就在那里，但没有感受到任何东西。为了感受桌子，我的手指必须下压。令人惊讶的是，按压的力量立即得到了桌子的回应。我以为，我失明了，就该我去摸索一切,却发现是所有事物来到我面前。我只需要走一半就够了。宇宙是我所有愿望的同谋。

如果我的手指在一个苹果的轮廓上按压,每根手指都有不同的力度,很快我就分辨不出是苹果力大还是我的手指力大。我甚至不知道是我在摸它还是它在摸我。是我进入了苹果,还是苹果进入了我。我就是这样理解事物的存在的。

我的手已经活了过来,让我置身于一个推力交换的世界。这些推力聚在一起形成各种形状,而每个形状都有其含义。毫无疑问,在小时候,我会花几百个小时靠在物体上,让它们靠在我身上。每一个盲人都会告诉你,在这样的姿态中,在这样的交流中,有一种难以言表的深层快感。

当然,用这种方式触摸——也就是"看到"——花园里的西红柿、房子的墙壁、窗帘的布料或者地上那个球上面的泥土,几乎和眼睛所能看到的一样准确和完整,但这还不仅仅是看到它们,而是与它们连接。用电学的词汇来说,这是让它们所包含的电流与我们的电流相连接,或者反之,就是不再面对事物生活,开始与它们一起生活,别管这个词听起来是否令人震惊:这就是爱。

双手情不自禁地爱上它们全面触摸着的东西。

不停地移动、掂量,最后脱离物体——脱离也许比其他两种行为更重要。我的双手一点一点地发现，物体永远不会停留在一个形状上。手指第一次接触时感受到的形状就像一个内核。但是物体会围绕这个内核向外辐射。

用手指抵着树干、树枝和树叶，一片一片地去摸每一片树叶，也无法摸全花园里那棵梨树的。触摸只是感知的开始。在空中，在树叶之间，梨树继续延伸着它的存在。我需要将手从一根树枝移到另一根树枝上，来感觉电流在它们之间流动。于是，人们经常看到我不再用手指抵着梨树，而是隔空操纵它。在朱瓦尔代度假的时候，我的农家小朋友看到我绕着树跳神奇的舞蹈，抚摸看不见的东西，他们说我就像巫医。在法国农村，那些掌握古老秘术的人被称为巫医，他们用通感磁力治病，有时远程采用现代医学所不承认的方法治疗病人。当然，我的小伙伴们都错了。但他们情有可原。今天，我所认识的心理学家，不止一位，都不能用他丰富的科学知识来解释这种不协调的行为。

气味和触摸是一样的——像触摸一样，气味也是沐浴在宇宙的爱当中的。我开始对动物在嗅觉上的感受有了体会。

就像声音，就像形状，气味比我先前所想象的要个性化得多。有些是身体上的气味，有些是道德上的气味。关于后者，在社会生活中是非常重要的，我稍后再谈。

我不到10岁就知道（这是多么自信！），世界上的一切都只是表象，一个事物如果消失了，随时可被另一个事物取而代之。这是永恒的治愈奇迹，我晚上睡前反复念诵的主祷文《我们的天父》中就是这样说的。

我并不害怕。别人会说：我有信仰。在不断刷新的奇迹面前，我怎能不相信呢？所有的声音、所有的形状、所有的气味，在我脑海中，不断变成光，光又变出颜色，把我的失明变成一个万花筒。

毫无疑问，我进入了一个新世界。但我不是它的俘虏。

我所有的体验——无论它们多么美妙、无论与我这个年龄段的孩子通常的冒险有多么大的差距——都不是我内心凭空想出来的，而是在属于我而不属于别人的密室中完成的。我的这些体验，是在1932年夏秋之交的巴黎，在战神广场附近的小公寓里，在大西洋的海滩上，在我父亲、母亲和年底出生的小弟弟之间完成的。

我想说的是，所有这些我发现的声、光、气味，可见和不可见的形状，它们悠闲而实实在在地存在于餐桌和庭院的窗户之间，存在于壁炉上的小摆设和厨房水槽之间，存在于其他人的生活当中而不受他们打扰。

它们不是幻象,不是那些给我的现实生活带来混乱或恐惧的感知。它们是现实,对我来说,是最简单的现实。

但现在我要说一下,除了遇到许多神奇的事,失明的孩子还面临巨大的危险。

我不是说身体上的危险——这些危险是可以很好地规避的——甚至不是失明本身可能造成的任何危险。我说的是那些仍然还有眼睛的人缺乏经验而带来的危险。我自己很幸运(我坚持认为自己是幸运的),我一直没有受到这类危险的伤害,因为我得到了保护。

大家知道,我有很好的父母。也就是说,他们不仅仅是唯愿我好,而且他们的心灵和思想对灵性事物持开放态度,对他们来说,世界并不完全是由有用的事物组成的——而且有用的方式也不一定是相同的,对他们来说,最重要的是,与别人不同未必是一种诅咒。最后,我的父母愿意承认,他们看待事物的方式——惯常的方式——也许不是爱我、支持我的唯一方式。

这就是为什么我告诉那些孩子失明的父母要放宽心。失明是一种障碍,但只有加上愚蠢,它才会成为一种苦难。让自己放宽心,绝对不要反对自己的小男孩或小女孩的发现,父母永远不要对他们说:"你不可能知道,因为你看不见。"而且,父母要尽可能少对他们说:"不要这样做!这很危险!"

因为对一个失明的孩子来说，有一种威胁比所有的撞伤和擦伤、所有的抓伤和大多数打击都要大，那就是他自己内心的孤立。

15岁的时候，我和一个同龄的盲童度过了一个漫长的下午，必须补充的是，他失明的情况和我非常相似。现在我已经很少有痛苦的回忆了，但这段痛苦的回忆至今挥之不去。这个男孩吓坏了我：他活生生地展示了如果我不幸运的话，可能发生在我身上的一切。他真的瞎了。自从他出事之后，他什么都看不到。他的能力是正常的，他可以像我一样看到东西。但是他被人阻止这样做。按照他们的说法，为了保护他，他们将他与一切隔离开来。他为解释自己的感受所作的每一次努力都遭到了嘲笑。出于悲伤和报复，他让自己陷入了残酷的孤独之中。他的身体总是蜷缩在扶手椅的深处。我惊恐地发现，他不喜欢我。

这样的悲剧比我们想象的要常见，更可怕的是，它们本来都是可以避免的。为了避免这些悲剧，我重申一遍，没有失明的人不要认为他们感知世界的方式是唯一的。

到我8岁的时候，一切都有利于我重新回归这个世界。我的父母让我四处走动，回答我提出的所有问题。他们也对我的每一个发现都很感兴趣，哪怕是最奇怪的发现。

例如:如果是我向物体走去,我怎么能知道它们是如何接近我的?是我闻到了它们吗?听到了它们吗?也许吧。尽管这通常很难证明。我看到它们了吗?显然不是。然而——

然而,当我走近的时候,它们的质量为我而改变。这变化常常会勾画出真实的轮廓,有真实的形状,有独特的颜色,就像能看到的时候一样。

我走在绿树成荫的乡间小路上,可以指出路旁的每一棵树,尽管它们的种植间隔并不相等。我知道有些树是笔直的、高大的,就像身体支撑着头一样支撑着它们的枝条,有些树则聚集在一起形成灌木丛,半掩着地面。

这种练习确实很快就让我筋疲力尽,但它成功了。疲惫并不是因为树木,不是因为它们的数量或形状,而是因为我自己。为了以这种方式感知它们,我必须让自己处于一种与旧习惯截然不同的状态,这种状态维持不了多久。我应该让树来找我。不允许自己有丝毫向它们靠近的倾向,不允许自己有丝毫要了解它们的愿望。我不能好奇,也不能不耐烦,更不能为自己的成就特别骄傲。

毕竟,这种状态就是我们通常说的"注意力",我绝对可以证明,做到这样并不容易。

实验不仅可以用沿路的树来进行,还可以用高度和宽度至少与我差不多的任何物体来进行，例如电线杆、树篱、桥拱、沿街的墙壁、这些墙壁上的门窗、凹陷或凸起的地方。

和触摸一样，我感觉到了物体的压力。但这种压力对我来说太陌生了，一开始我并没有想到这样称呼它。当我变得非常专注，不再用我自己的推力去对抗周围的事物时，树木和岩石便向我走来，把它们的形状印在我身上，就像手指在蜡上印下它们的形状一样。

所有物体有投射其自身物理极限的倾向，这产生了与视觉或听觉一样精确的感觉。我只是花了几年的时间才习惯它们，并在一定程度上驯化了它们。即使在今天，像每一位盲人一样——无论他们是否知道——当我独自走到户外或穿过房子的时候，我都会使用这些感觉。

后来我读到，这种感觉被称为"障碍物感知"，有些动物，比如蝙蝠，这种感知力比较高。

许多神秘的传统甚至认为，人有第三只眼睛，一只内在的眼睛，通常被称为"湿婆之眼"——位于额头中央的底部，在某些情况下和某些练习之后可以被唤醒。

法国作家和学者朱尔·罗曼（Jules Romains）先生在1923年前后进行了有趣的研究，结果表明存在视网膜之外的视觉感知，包括某些皮下神经中枢，特别是前额、颈部和胸部的皮肤,尤其是手,精于此道。我最近听说,一些生理学家在这方面的研究取得了成功,特别是在苏联。

然而,无论这种现象的本质如何,我从小就遇到了这种现象,对我来说,条件似乎比原因重要得多。准确地指出道路沿线树木的必要条件是要接受树木,而不是要用自己来取代它们。

我们所有人——无论是否失明——都非常贪婪,我们只为自己着想,希望宇宙像我们一样把所有的空间都留给我们,我们甚至都没有意识到这一点。好吧!一个小盲童很快就明白这是不可能的。他是被动学到这一点。因为每当他忘记自己在这个世界上并不孤单时,他就会撞到一个物体,就会伤到自己,这召唤他回到秩序中。相反,在他记住这一点的时候,他就会得到回报:一切都向他走来。

04 潜入现实生活和内心大世界

我的父母肩负着如此沉重和不确定的责任,说它是一场赌博会更准确。他们是应该把我留在他们身边,还是把我送进一所特殊的寄宿学校——巴黎的薯叟通文馆[1]?

这似乎是当时最明智的解决方案——事实上是唯一明智的方案——而且他们几乎都要采用它了。然而,他们选择了另一个方案,把赌注压在最困难的选择上,我一辈子都对他们感激不尽。

请让我明确这一点:我从来没有,现在也没有理由认为盲人学校不好。至少我知道有一些盲校(巴黎的薯叟通文馆 就是其中之一),它们的老师都有完美的智慧和奉献精神。在法国、美国、英国和德国,许多这样的学校已经适应了现代教育学中最自由、最开放的技术,并且远远抛弃了令人窒息的19世纪偏见和整个过时的教养方针。

我遇到过许多曾在这些学校就读的学生,他们当中的许多人都已经成长得人格健全，对他们的童年充满感激之情。然而，唉，问题并不那么简单，或者更确切地说，涉及其他情况。

完全治愈失明的唯一方法——我在这里指的是社会治愈，是永远也不要把它当作一种差别、一种分隔的理由，当作一种病症，而是把它当作一段暂时的障碍，这是特殊的，毫无疑问，但也是暂时的，而且是今天或者最迟明天就能解决的。最好的治愈方法是重新潜入生活——而且最好不要拖延，进入现实生活，进入艰难的社会，也是进入他人的生活中。这才是那所特殊的学校，哪怕是世界上最开放、最明智的学校也不会允许的。即使凭着独创性和理解力，它不会永远禁止这样，至少它会拖延到最后的时间。

我作出这样的判断有可能扰乱许多人的思想，让许多家庭感到不安。但这绝非我的本意。我知道有一些盲童的父母，他们的社会条件——贫穷或者仅仅是工作的原因，使得他们无法将孩子留在身边。我首先想到的是那些没有接受过完整教育的父母，他们面对这个新生的"怪物"——盲童，发现自己处于痛苦的困惑之中，简直无能为力。我特别想到这些，因为他们可能为数众多，同时处境也最艰难。

在这种情况下，毫无疑问，孩子得离开家庭，交到更有经验的人手中，也就是说，托付给那些不仅知道该做什么而且会毫无畏惧和羞愧地去做的专家手中。对一个失去眼睛的孩子来说,没有比他的父母为他而尴尬更痛苦的了,当他们想象自己的孩子"不正常",对人说起这"不正常"的时候,他们会有一种自卑感。任何情况都比这种愚蠢更好,我再说一遍,上特殊学校并不是坏事,顶多是优势少了一些。

对我来说,这个问题在几天之内就解决了:我将和我的家人在一起。我的父母在智力上和道德上都准备好看顾我。至少在最初的几年,他们准备好为我面对所有的困难,而我的年龄和处境使我对这些困难无能为力。他们明白,必须把失明的资源发挥到极致,必须让我尽快投入到整个世界中。

首先,到新学年开始的时候,我得回到附近的公立学校——这就是我5月份发生事故的学校,和视力正常的同学一起学习。为此,我不得不在10月1日之前学会用盲文读写。

他们让我明白了这种需要,我就要急忙去完成这项任务,带着一种无声的热情。6个礼拜后,我达到里程碑:又长又宽的纸上面的那些凸点,起初像沙粒一样在我的指尖下滚动,现在已经排成行列,一组一组地固定下来,每一组都有某种含义。

为了教我如何用盲文阅读,我妈妈挑选了一本她能找到的最吸引人的书——《丛林之书》[2](*Le Livre*

de la Junglek）。她的方法非常奏效，因为我探索的不是盲文字符，而是莫格利历险记，我读得津津有味。我相信这种学习方式能够清楚地解释为什么我的学习速度如此之快。

此外，我的父母很快从瑞士买来了一台便携式布拉耶盲字[3]打字机，免得我在写字板上写字时产生失望之情，做无用功。后来有人教过我如何使用写字板，但我很少用它。这块带凹槽的钢板让我很尴尬，上面固定着一张结实的纸，纸由一个金属网格固定。我不喜欢用那厚重的打孔机，缓慢地、费力地把构成每个字母的每一个点都打进网格的方框里。这就像是摸索，提醒我，我是一个瞎子，而我的思维总是比我的手势要快。

相反，我的打字机是一个玩具。她闻起来有新的味道。我喜欢她的咔嗒声，她的6个圆键控制着6个打孔凿，使字母、单词和句子像电影中的画面一样出现。有了它，我似乎在作一次发现之旅。我在写字，而且有动力，我有一种运动的满足感。我的写字速度比视力正常的伙伴们都快。

到了事故发生那年的10月1日，我准备好了，但学校还没有准备好。这个社会，连同它的法律和制度，后来对我玩了更多的恶作剧。它已经在排斥我了。

这并不令人惊讶。因为就在不久之前，盲人已经沦为社会的边缘人。他们被人怜悯，只能在小教堂里配和声，或是重新铺椅垫子，甚至沦落为乞丐。到1932年，法国虽然没有立法禁止公立学校招收盲童入学，但却有许多根深蒂固的偏见。

所以这种方法需要家人的信任。我的家人对我充满信心，坚信我能够克服一切困难，再加上学校校长善良仁慈和慷慨大度，我才得以回到学校继续学业。我被允许留校试读。

人们之所以感到不安，是因为他们认为盲人必然会妨碍他人，盲人理解、阅读和书写的速度肯定会很慢，他们既看不到黑板上的计算、图画，也看不到墙上的地图。总之，盲人就像机器里的一粒尘埃，会造成破坏。他们有理由感到不安，但只有我、我的家人（特别是我的母亲）能够决定我不会成为让人厌烦的尘埃。

一位母亲能为她失明的孩子做的事情，可以概括成一句话：给他第二次生命。这就是我妈妈为我所做的，她发掘出了自己的所有勇气——不是我的。我唯一要做的就是把自己交给她，相信她所相信的，在我没有眼睛的时候就用她的眼睛。

她和我一起学盲文。几年来，她日复一日地关注我的学习。简单地说，她完成了私人专业教师可能完成的所有任务。但除了能力之外，她还把爱融入其中，众所周知，这样的爱比任何科学都能更好地消除障碍。

在第一学年结束的时候，我获得了班级荣誉奖。毫无疑问，这是一个小小的荣誉，但对她和我来说都很重要，因为这是具体胜利的小标志，剩下的一切都不难了。

请原谅我认为我的母亲与众不同。即使有成千上万的母亲也能够以同样的天赋和智慧对待她们失明的孩子，也丝毫不会削弱我对我妈妈的敬爱。要做到这一点，母亲们需要知道适应是可能的，而且比适应更好的是：让她们孩子的生活与其他人的生活保持同步。这就足够了。如果经常听到人们谈论失明带来的好处，相信他们说的就足够了。这就是为什么我乐意讲述自己的亲身经历，讲述这个幸福快乐的故事。我只希望我不要与众不同。

事故发生第一年，我对学校的记忆是一艘船，我站在船头眺望。

我不得不说，自从事故发生以后，我的想象力大爆发。真的，我活在两个世界：一个是现实生活中的小物件和小事件，另一个是充满奇妙幻想的世界。第二个世界由同样的材料组成，但更大更广阔，色彩斑斓，是一幅美轮美奂的画卷，与宇宙的整体相协调。

那里有一条充满光和喜乐的河流，我知道它流向哪里。我站在光河边上，沿着光河的岸边走着。我的心门已经打开，通往一个避难所，一个洞穴，发生在我身上的一切都进入了那里，在那里回荡，在那里反射千遍，然后才熄灭。

至于我对船的想象，灵感来自一张桌子和一把椅子。

和同班同学做同样的事，我需要更多的空间。我的打字机比铅笔要大，我用的盲文书占用的空间几乎是普通书的10倍。教室里的"标准"课桌对我来说不够大。所以我父母给学校送来了一张白色的大木桌，桌上有一个储物柜。这张桌子放在老师的讲台旁边，在第一排学生课桌的前面。

这就是快乐的航船幻象的来源：一年四季，我都能听到后面的船员在操舵，发口令，说脏话，拖着脚走路，用脚蹭甲板，并对船长的命令作出正确或错误的响应。

那一年，我们的校长是一个慢条斯理、文质彬彬的人，除了偶尔对那些调皮的学生发脾气外，他总是态度温和、平易近人。我感觉受到庇护，开始平静地学习算术基础知识。

使用盲文打字机不可能，或者说极难，按照加减乘除的顺序把数字排列在纸上。因此，我得到了一块硬橡胶板，板上有许多方孔，同时配有一整套钢立方体。在这些立方体的六个面，有浮雕出来的盲文数字。由于盲文的图形由点组成，比视力正常的人的书写更简单，因此只需要不超过6个面就可以显示出这10个简单的数字。6旋转90°变成4，依次4变0，0变8，8又变回6。使用这个装置，我学会了和其他人一样快地数数，同学们很快就习惯了从我的方向上听到这种轻微的金属嗒嗒声，就像弹球一样。

但几个月后，我发现自己不再需要钢块和方孔了。要使头脑转起来，只需要头脑。我开始在脑海中想象所有的运算，当然，那些令人尴尬的大数字运算的过程除外。由于记忆力好，我在心算方面变得非常出色，这反过来又提高了我的记忆力。

失明真的会大大提高记忆力，这是必然的，因为眼睛不再是用来保证和验证的——顺便说一下，双眼经常被限制在这一活动中，而且这消耗了它们很大一部分精力。我记忆得很清楚，但最重要的是，我能够想象。

我很高兴在内心的屏幕上看到所有的名字、所有的轮廓，然后脑海中的屏幕像一卷无穷无尽的胶卷一样展开，真是奇妙无比。

这块屏幕不像黑板那样，黑板是长方形或正方形的，几乎没两下就碰到框架的边缘了，而且还得让位于用不上的白壁，让位于那一关上就失去了意义的门。我的屏幕跟我分分钟想要的一样大。它不在任何地方，又无处不在，我要做的就是让"注意力"发挥作用。

至于内心那块黑板上用的粉笔，它不像别的粉笔那样掉粉末，它更柔韧，更坚实，它是由我们称之为"精神"的物质做成的。我们不必咬文嚼字抠字眼，称之为物质或本质都可以。无论如何，这是一个更贴近我们的现实，语言无法描述，但可以触摸、操纵和塑造。

一旦挖掘出这些宝藏，一个失明的孩子怎会得不到慰藉？

当然，我注意到，我那些视力正常的伙伴们在许多手势上都迅速而准确，我则犹豫不决。但是一旦问题涉及无形的东西，他们就比我更犹豫不决。他们不得不打开开关，打开精神世界，关闭外在世界。这是我几乎从来没有做过的一个动作。

名字、轮廓、所有常见的物体，在我的屏幕上并非没有形状，也不仅仅是黑白色，而是像彩虹那样绚丽多彩。我不记得自己曾经有意识地助长过这种现象。任何进入我脑海的事物都沐浴在一定量的光中。更准确地说，从生物到意念的一切事物似乎都是从原始光中切割出来的。几个月后，我的个人世界变成了一个色彩斑斓的画室。

我不是这些特异景象的主人。数字5总是以黑色出现，字母L以浅绿色出现，善良的感觉是柔和的蓝色。我对此无能为力。一旦我试图特意改变一个东西的颜色，这东西本身就会立刻变模糊，然后消失。想象力是一种奇怪的力量,我确定它是发生在我的内心,但又不受我控制。

那一年,我通过五大洲和主要国家的浮雕地图认识了地理,这些地图是19世纪末位于德国的阿尔萨斯区米卢兹市附近的一所盲人研究所出版的,很精美。

自然而然,世界的大致轮廓立刻出现在了我的脑海屏幕上,我只需要在学习的过程中纠正不准确的地方并补充完整。

我可以毫不费力地找到方向。一幅关于物质世界的路线和障碍的画面就在我脑海里,这就是为什么从孩提时代起,当我们在巴黎漫步迷路时,我那些视力正常的同伴们更愿意向我求助、让我指路。我参考脑海内的屏幕,几乎总能找到解决方案。如今,当我坐车时,经常第一个告诉司机该走哪条路。

认路最灵的信鸽,毫无疑问远远超过了我的能力,但在我看来,信鸽有这样的能力并不神奇,而是很自然的事情。

我知道,许多盲人有能力从内心里重新开启外在世界对他们已经封闭的道路。否则,如何解释他们中的许多人可以独自走过一个陌生的城市而不迷路?我的天啊!比视力好的人更少迷路?

内心生活的世界之所以看起来像奇迹,难道不是因为我们生活在远离它们的地方吗?

有这个习惯加身，我遭遇到随之而来的一些令人不安的东西。我当时还不知道（这是一个缓慢的发现，从未完成），我们的内在生活也是一种"生活"，我们的内在世界确实是一个"世界"。我慢慢开始了一种也许只有智者才会有的体验——智者和诗人。但是，对我来说，这是强加于我的，我看到自己一下子就被扔了进去，在8岁的时候，眼花缭乱。我被赐予了一个机会——对此我永远也不会停止感恩——同时也得到了一种责任，一种我的整个存在可能都不足以完成的责任。外在世界存在，内在世界也存在。谁知道如何调和这两个事实？哲学家们在这里争斗，并以他们各自承认的两个世界当中的一个为名。理想主义者、现实主义者……既然这两个世界都存在，他们是不是都有些错了？这还不够。他们不都是在犯绝对的错误吗？因为两个世界都同样真实，同样敏感，因为它们是由相同的元素构成的，因为当太阳熄灭时，太阳的光继续闪耀，因为当所有物体从眼中移开时，世界的颜色仍然鲜活，最后，因为两个世界同样有人居住——因为我逐渐发现了内在世界里的居民。

在所有这些居民中，最先的也是最不可预测的，它们是字母，我们字母表中的字母。它们很快就出现了影像。但它们不再是符号，死的符号被隐藏在它们背后的活物替代；它们也不再是那些我们根据社会习俗和社会秩序在纸上描画的那些固定下来的图案。它们都有身体，有一张脸，每张脸的特征都不相同。几个月后，它们逐渐成形，变得越来越确定，它们的形象就这样永久固定了下来。我今天看它们，跟10岁时出现在我面前的一模一样。它们很早就开始鱼贯而行，带着自己的特殊意图和警告，每一个都有它自己的色彩标志：

A是张开双臂的红色；B是蓝色的天穹，俯瞰并安抚着；E是让人宁静的哑光奶油色；F是橙色；G是砖红色；H是庄严的蓝黑色西装；I是浅绿色直立的胜利之箭，给人以希望；J是淡蓝色的梦幻回忆；L是绿色，柔软的茎从生命和手中升起；M和N是一对黑色的双胞胎，手牵着手；O是苍白被蓝色所包围，平静无边的封闭之地；T是粉色和红色的用来防卫的双刃剑；U是稻草黄的呼叫和逃跑。

它们每个人都扮演一个角色，是角色而不是符号。它们固执，像活着的人一样有要求，只能做它们自己。每一个的颜色都不是像衣服一样可以换的，只能保持着。它的颜色就是它的本性，它的身份。然而，我做了一个冒险的尝试，有一天读兰波[4]（Rimbaud）的诗《元音》（*Voyelles*），我希望看到A是黑色，I是红色，U是绿色，O是蓝色，但我做不到。A仍然是红色的A，张开双臂，无限延伸；U总是在光慢慢消失的时候逃离。

因此，每一页都是一幅画，一幅风景画。书本变成了大的彩色盒子。我已经告别了那些死板的字母，告别了只有通过头脑的努力才能唤醒的字母。我发现这些字母是完全合谋的：它们互相交换远程信号，表达它们的愿望、它们的厌恶。它们有着特殊的意志，我知道它们当中的一些字母聚集在一起准备猛烈、尖叫的话语，另一些字母则齐声附和或跳舞。有时我甚至在还没有任何意义时就喜欢上了这些字母，一个更持久的色彩和弦，一个更优雅的姿态就足以让我喜欢。我遇到了懂得微笑的文字。读书成了一次旅行，我不停地四处看看。我闭着眼睛看书的日子已经过去了。

然后数字来了，它们奔驰而过，小骑兵们要么独自一人，要么集合成一支流动的部队，穿着彩色大衣，笔挺而又紧凑，它们不动声色地向前走，随时待命。走在最前面的是白色的数字1，代表皇家；7披着深绿色的外衣；8裹着樱桃红色的长袍；9立在一个金色的亭子上。500人的队伍前面是它们的黑色领袖，还有大批五颜六色的方队。每一次添加都变成一条色彩之河。我参与了数字的行动，就像人们从万花筒底部望荧光灯一样。我知道哪些数字是战士，长矛直立：557733；有些是严肃的数字，有些是满意和高兴的数字：680926。我立刻喜欢上了它们，与字母相比，它们排列得更整齐，但更冷漠。它们常常不动声色地等待命令，似乎随时准备放弃自己的权利。它们的奴性使我对它们不太友好。但至少它们还不是会迷失在抽象的黑夜的死物。它们教会了我内在世界里的忠实信徒，在我的内心里，它们连一个名字都没有，每一个想法都有其位置，保持其地位、外观和光芒。音符终于带着七首光之歌进得门来。这些是神童之歌，因为它们懂得如何制造声音，在我眼前展示自己。它们的七音对我而言已经再熟悉不过了，但我不知道它们在这个世界上还有一个以住所为表象的所在。我不知道它们是七颗星——闪烁的星星，有宽度的七彩光。我做了这个梦，并把它放进我的眼睛里：

哆（DO），白色的声音之门，自信和快乐地出发的入口；来（RE），跳动的火焰黄，连接着每一个出生的生命；咪（MI），放肆而可爱的黄绿色微光；发（FA），红色的连衣裙，因重力下垂，带着安慰；嗦（SOL），湿润的深蓝色闪着银光，祈祷和平；拉（LA），亮红色的自信之吻；西（SI），一只弓得厉害的脚像在试探漏水，天空漏下太亮的蓝光，可以看到与光暗有关的升降调，有时使光柔和，有时将光锐化到想尖叫的程度……

所有这些表演对我来说很快就变得很清楚——我不是凭空编造的。我们并没有创造内心世界。它要么因我们而存在，要么不存在。我不相信"语言炼金术"，也不太相信意念转换力。世界就在那里，我们什么都创造不了，我们最多只能创作。在我看来，现在那些声称要重启这个世界的人简直疯了，应该让他们先看看整个世界。克里斯托弗·哥伦布并没有创造美洲，他只是遇到了它。我没有胆量为我的奇迹居功。假如我不清楚是谁创造的这一奇迹，我就更没有理由自承是我。

后来我听到心理学家们谈论"联觉"。我看着他们围绕这个词斗嘴皮子，无动于衷，因为联觉没有为我的秘密给出答案。我的色彩世界只存在于我身上，别人看不到它。我不接受由他们来评判它。因为他们今天对内心世界能了解多少？可能什么了解都没有。我自己又了解什么呢？然而，有一点是可以肯定的：它和另外的世界一样存在着，它同样丰富多彩，它遵循着不同而又严格的法则，我们的感官活动并没有创造它，它的边界从来没有被划定。我知道这个世界存在于人自己的内心，只从外面来看，是看不到它的。

字母、数字、音符、声音的色彩、符号的形状，这些都是我王国的哨兵。他们很快就成了我的朋友。但他们只是前卫，在他们的身后，我看到一片广阔的土地，一个尚待建设的未知国度。渐渐地，我看到远处的道路像一幅宽阔的理想书法，房屋、宫殿里住着一整群人，在为接下来的任务做准备。我猜是这样的。

还有我还没看到的，我还得等一段时间，我怀着感恩之心在我的"神秘"之门前等待。

我已经很感恩了，因为我得到了应许：我又回到命运的轨道上去了。我的失明不再重要，这只是我生命中的一个特殊的意外。对于我的自由，我形成了一种早熟而令人安慰的观点。我相信它，这是我从不幸当中吸取的第一个教训。然而，没隔几天，我受到了三重打击：我在玩一把尤里卡枪[5]时，一支弹出的飞镖扎中了我的左眼。我把椅子从房间里搬出去时，一位失去平衡滑倒的同学的鞋子砸中了我的左眼。我在学习如何使用便携式打字机时，由于靠得太近，我的左眼被一个键击中了。我焦急地听到了这三个警告。它们想要我怎样？我不理解这种无情。这些事情的发生，仿佛是命运对它的成绩还没有把握，想要确认它，完善它。命运重复了三次它的教训。很快我就认为我理解它了，我非但没有被吓倒，我放弃了用眼看见的希望，发现了平和。

死亡……上帝的旨意……我不知道如何给这些东西命名，但我知道物发出的信号，事件的呼喊，我不觉得愤怒。小时候，我明白，我们的自由不在于拒绝任何打击我们的东西。我认为，自由就是接受事实，将因果的顺序逆转过来。我身体上的眼睛被拒绝了。别的眼睛睁开了，在我的内里睁开了，我知道这一点，我想要它。我从来没有怀疑过上帝的公平。

注释

[1]瞽叟通文馆,法国人阿维1784年在巴黎创设的世界上第一所盲童学校。1786年,阿维出版了《盲人教学笔记》。1874年英国传教士威廉·穆恩在北京创建了中国历史上的第一所盲校——最初名为瞽叟同文馆,后改为北平启明瞽目院,1954年后更名为北京市盲童学校,现名为北京市盲人学校。穆恩结合布莱叶盲文体系创立了中国第一套汉语盲字系统,即"瞽目通文",也叫"康熙盲字"。

[2]《丛林之书》,吉卜林的小说。吉卜林(Joseph Rudyard Kipling),1865—1936,英国作家、诗人。生于印度,1896年出版《丛林之书》及《丛林之书续集》,1907年出版《老虎!老虎!》,同年获得诺贝尔文学奖。《丛林之书》讲述了莫格利历险记,莫格利是狼家族从老虎口中救下的婴儿。莫格利吃着母狼拉克莎的乳汁长大,跟着棕熊巴鲁学习丛林法则和各种鸟兽的语言,跟着黑豹巴希拉学习猎捕和生活的技能。丛林世界慢慢地接纳了莫格利,但危险总是伴随着他。他凭着自己的智慧赶走了潮水般的水牛大军,踩死了丛林恶霸谢尔汗,指挥大象海西捣毁了恶人的村庄,消灭了红毛狗,挽救了狼群,最终成为丛林之王。尽管莫格利在动物世界生活了几十年,但他的人性并没有泯灭,他受到动物兄弟原始淳朴性格的熏陶,以自己的力量和智慧赢得了丛林居民的爱戴和尊敬。最后,他终于回到了人间。

[3]布拉耶盲字,当今国际通用的盲文符号,由法国盲人布拉耶(Louis Braille,1809—1852)于1824年发明,当时年方十五。这种"盲人点子法"利用纸上的凸点通过触觉最灵敏的手指尖来摸读。布拉耶盲字6个凸点组成一个单元,分两栏,可以组合成63种形式,分别表示字母表、数字、标点符号和一般常用的字。直到1932年英语国家才普遍接受布拉耶盲字。其他语言、数学和技术数

据都可以用布拉耶盲字来表示。书写时自右往左在夹于金属板间的纸上扎点,纸翻过来后,自左往右摸读凸点。布拉耶盲字可以用带有6个键的打字机。后来发明有电动凸版机。现在布拉耶系统的字母表和数字0—9,每个字符由6个凸点组成,凸起或空白,构成独特的图案。大的点表示凸点,小的点代表空白。

[4]兰波(Jean Nicolas Arthur Rimbaud,1854—1891),法国诗人和冒险家。上尉之子,16岁开始写作暴力的、亵渎神明的诗歌,创立了一种美学的教义,认为诗人必须成为预言家,应该打破束缚,控制人格以成为永恒的代言人。曾与人建立同性恋关系。在其最优秀的诗歌《醉舟》(1871)中展现了他的口头艺术鉴别能力和比喻的大胆取材。在其散文诗选集《灵光集》(1872—1874)中,试图打破现实同虚幻之间的界限。其散文同抒情诗交替的《在地狱中的一季》(1873)成为他19岁告别诗歌的作品。后来他放弃文学,从1875年起开始当商人周游世界。他诗歌中的酒神精神和从形式中解放出来的语言极大地影响了后来的象征主义运动及20世纪的诗歌创作。其诗《元音》的第一句就是"A黑、E白、I红、U绿、O蓝:元音们……"。

[5]尤里卡(Eureka)枪,以尤里卡狙击枪为原型的玩具。"尤里卡"原是古希腊语,意思是:"好啊!有办法啦!"传说阿基米德正致力于解决王冠是否由纯金制成的问题,当时他突然灵光一闪,从浴缸中站起来,大喊"尤里卡!",赤身裸体地跑过街道。后来"尤里卡"成为"欧洲研究协调机构"的英文缩写。

05 小共和国

接下来,我将介绍我童年时代的朋友,讲述我如何与他们一起生活,以及他们怎样让我免于痛苦。但这里还不是书写友谊的地方:这是一种特殊的痛苦,我们称之为"等待"。

不管有意无意,失明在明眼人的世界里并不受欢迎:它太鲜为人知,有时似乎太可怕。这就是为什么我们把盲人当作特殊的人。这特殊对待总是从孤立开始的。

我经历了孤独。我认识她和她的所有恶魔。公平地说,在坏魔力的旁边,孤独也有好的魔力。

1933年夏天,也就是在我发生意外一年后,我的父母像往常一样开车带我去朱瓦尔代度假。

尽管有汽车出入,朱瓦尔代当时是——现在肯定仍然是——一个远离主干道的法国小村庄,像夜晚的天使一样忧郁和安静,依偎在带刺的树篱和墙一般高的灌木中,村庄沿着一条河伸展开来。

这河名叫萨尔特河（Sarthe），缓慢而又深沉，在宽阔的草地中间静静地流淌，蜿蜒地流经一片无边无际的白杨林，汛期河水会漫过草地。这条河就像一位老妇人，随着年龄的增长，她变得笑容可掬、谨慎克制，能够容忍周围的生活而不参与其中。

朱瓦尔代是一个非常古老的村庄，9世纪的编年史中已有提及，当时名为加瓦多利（Gavardolium）——这可能是这个小省某位居民的名字，我怀疑这个词还源自另一个非常有诗意的拉丁语 juvare oculis，意为"眼中的喜悦"，我更喜欢这个词源。走遍了世界各地，朱瓦尔代仍然是我最亲切的地方。

9岁的时候，我在朱瓦尔代获得了巴黎无法给予我的自由。朱瓦尔代的人和物都非常友好。造船木匠的锯子告诉我，我已经离开了河，铁匠的锤子把河与教堂之间的直线切成两半，牛发出的哞哞声告诉我，我已经到达了大草地的围栏，那里的牛群聚在一起，看着路过的人。我可以拿着拐杖一个人从祖母家走到姑姑家，遇到最可怕的东西也不过是蜗牛。

那个夏天，村里的公立学校正值放假，空无一人，大门敞开着。学校庭院宽阔，与法国其他地方一样用围墙围起来，院里种满了椴树，这些树，还有一间教室和一个储藏间，成为我肆意玩耍的好去处。

回想起来，这个储藏间一定只是一个废弃的房间，也许是一个旧的洗衣房,位于院子的尽头,很隐蔽,从正门进来的人不容易察觉这里,最多比院子高出三四级台阶。

但在那些日子里,这个天花板倾斜的房间,给我的感觉完全不同。它是一个宝地,隐秘、高大,总而言之奇妙无比。

你可以想象,一个空荡荡的大房间对一个失明的孩子来说会是什么样子。墙壁虽破旧但比较平坦,没有横梁,不会被撞到,没有钩子,不会被钩住,一侧敞开,让风在微微悬垂的树叶间涓涓流淌,所有的声音形成拱顶的共鸣。更重要的是,地板上散落着新鲜的稻草和锯末,在其中的一个角落里堆着原木,有圆形的,有叉状的,还有三角形的——可用来玩各种搭建游戏,这是所有游戏中最棒的。

那个夏天我在这个储藏间里度过了很多快乐的时光。我几乎总是一个人待在那里,但我发现这种孤独很充实,充满了一个角色所需要的形式和创造力,还有一个我以前从未认识的角色:我自己。我在这个岛上,一次又一次地重温鲁滨孙·克鲁索[1]在遇到"星期五"(Friday)之前所有的冒险情节。房间里满是原木,我把原木摆成森林和岩石的样子,然后开始了探险旅程。

有的时候,我沉浸在学校给我的法国历史碎片里,把原木当作军队。在这种情况下,显然,我就是拿破仑!

不用问我是不是相信我想象中的那些人物。我也不知道该相信还是不该相信。我处于这样一种状态,每一个孩子迟早都会达到的一种状态,谢天谢地,那里没有过去,没有未来,没有梦想,没有现实,只有他们,只有他们自己,在生命中驰骋,驰骋。

在我这个储藏间里,只有我,只有神圣的想象力,还有孤独,在这里,我不需要依靠任何人或任何事情,因为房间里空无一人。

在我的身体里有成千上万种姿态,在巴黎一直被抑制着,抑制了整整一年。所有这些动作,失明的我必须仔细盘算再去做。我的内心迸发出千万个轻率和冒险的念头。这么长的时间以来,我想转圈圈,挥舞手臂,向前甩脚,跌倒再站起,对天使做鬼脸或微笑,把危险的东西拿在手里,听不到别人提醒我要小心,在各个方向上试探空间。这高于一切。

我试探空间的高度、宽度,按"之"字形行走,走直路,走醉步。事实上,几分钟后,我真的觉得头晕晕的,像喝醉酒一样。

我希望每一位盲童都能得到一个这样的储藏间,无论它是在房子的顶部还是在房子的内部。无论如何,我希望它是一个自由的场地,清除掉各种尖角、凸起、桌子、椅子、凳子、洗衣盆、钉子和电线等,特别是那些可怕的电线——毫无危险，空无一物，在那里，所有的愿望都可以一瞬间实现。

我在锯末中用原木组织作战计划。我这样做是为了纪念拿破仑，是因为对他的爱而不是对战斗的热爱，因为我并不特别好勇斗狠。除了口头外，我从来没有参与任何真正的打斗。我在这间屋子里演讲，为后来我成为老师埋下了伏笔。

我让我的声音在整个储藏间里回响！比起大败我的敌人来——我觉得这算是速胜而且很遗憾还胜得很粗略呢——我更多地是在说服他们。我大声地向他们解释说他们错了，或者至少是我希望他们是错的。由于这些游戏拖得越久就越精彩，我设法让我的敌人没有在我的第一次长篇大论中就被我说服。

很难解释清楚失明对我在这些储藏室游戏中有什么影响。事实上，这些游戏非常普通，但我却陶醉其中，这不仅仅是一种乐趣。

这是裂缝乍现，突然在我生命的结构中形成的裂缝，从中我看到了数百万种可能的行为，所有这些都令人惊讶，都在争夺我的注意力。我所要做的就是想象事情，让它们发生。这足以让我渴望它们不再被人禁止。只不过，由于我是盲人，我比别的人渴望得更强烈。

生命并没有如冰冷的雨打落在我的脸上，也没有像圆润的果实那样落入我的手中，而是在我的内在升起的一股涌流。我可以让它在内心中安静下来，也可以让它突然奔涌出去。

我9岁时玩的这个储藏室或许对其他人来说毫无意义。对我而言，它预示了我以后会做的工作，它用一种我听得懂的语言跟我说话，因为这语言既不是它的，也不是我的。它带给我的是幸福快乐。

失明就像毒品，我们必须对此有认识。

我认为，每一个盲人都感受过如吸毒般陶醉的危险。

像毒品一样，失明会增强某些感官，例如，使听觉和触觉突然变得敏锐，这通常是令人不安的。但最重要的是——就像毒品一样——失明以牺牲外在体验为代价，将内在体验放大到极致。

为盲人打开的这个世界是充满危险的，因为它比言语更给人慰藉，也因为它是美的，拥有一种唯独那些引人幻想的艺术家（如爱伦·坡[2]、凡·高[3]、兰波）的诗画才让人想象得出来的美。

我自己也经历过这个使人陶醉的世界。我经常退隐其中。我被它的光彩、母性的温暖、天马行空和对生命的幻想迷住了。但是，谢天谢地，我并没有沉迷其中。

因为那是自我封闭的内在世界，不是真正的精神世界，只是它的漫画。只有当一个人与所有现实事物的关系、内在与外在的关系整个体系，是真实存在的，他才有内在的生命，就像孩子一样。完全自我封闭的生活就像试图用松弛的琴弦弹奏小提琴曲。

像所有盲人一样，我也面临着这种诱惑。但幸运的是，这种诱惑被另一种诱惑抵消了，即应对事物，或者更确切地说是热爱事物的本来面目，探索物体的所有轮廓，与人交往的空间。我对人的兴趣胜过地球上其他任何事情。

让盲童与物理现实相协调的东西是好的，特别是他的姿势和肌肉。

我在这方面不是一个好榜样，我从来没有学过游泳，这是一个错误。我从来没有克服过对寒冷、对水的厌恶，但不是对河边所有柔软障碍物都厌恶。正是这个原因，我更希望今天的盲人都能够学会游泳。20世纪60年代，泳池成为家庭设施的一部分，这应该变得越来越容易。幸运的是，水是我唯一厌恶的东西。

我父母在朱瓦尔代我祖父的花园里安置的第一件物品是攀爬架。我似乎好几年都在那里玩吊绳、吊环，爬绳梯，在秋千上翻筋斗，玩得不亦乐乎。这是我在假期最喜欢的地方，在那里可以把梦想抛到九霄云外，沮丧的情绪也烟消云散。当我在双杠上用手臂做引体向上时，好像重力的方向突然改变了，仿佛我正带着所有的重量升向天空和太阳。

对我来说，这些设施不仅仅是一种锻炼：它是与空间的结合。

而且，我从未对它感到恐惧。从我牢牢抓住杆或绳索的那一刻起，就重新获得了别人通过双眼获得的自由。这个绳梯在我的控制下摇摆，但幅度在允许的范围内，我只需照顾好自己。我感觉悬空一点比在地面上站着更自在。

我似乎变得越来越聪明，各种阴霾一扫而空。我的触觉、听觉和视觉变得更加敏锐。

每次秋千荡起来，达到它最大的摆动使我触碰到树冠的时候，我可以看到那棵百年老树圆圆的、毛茸茸的脑袋就在我的脚下。我可以看到天空在花园的墙壁上张开，陡峭地向河边倾斜。

我可以看到四面八方的一切，坐着看，站着看，蜷缩着看，用膝盖倒挂着看。最后总是有一种奇妙的感觉：感觉自己不再是像人一样直立的动物，而是圆球形的存在。

除了攀爬架，我还会大胆地爬树，特别是苹果树，它们比较低矮，有很多树枝。我祖父在村子边上有一个果园。我经常一大早带着书去那里，爬上其中一棵苹果树，坐在它的两根树枝形成的树杈上，然后阅读。只是每隔十分钟，我就会中断阅读，去探索更高的树杈。

在我周围，空间是沉重的，我必须习惯把它握在手里，习惯于控制它。我不得不学会谨慎、恐惧，有时候甚至是不动声色——这是一个漫长的学习期。空间为我设置了一些陷阱。好吧，我得先说一些不愉快的事情。

那些能看见的人在空间里行走，他们拥有空间。我走路的时候要带着空间走，我是空间的囚犯。看得见的世界仍然紧贴在我的手上。现在它是由空气和我可以触摸的物体组成的。除此以外就是一片虚空，一片沉重的虚空，不是像睡觉一样柔软的虚空，而是四面八方被坚硬的东西、锋利的角、向下的尖刺、心不在焉的人、蠢笨的家具和石头包裹着的虚空。虚空在颤抖，虚空在变硬。它没有跟我说话，只是在威胁我。

跨越这个距离意味着进取心。对我来说，一切都按照两个新的维度组织起来：一方面是我接触到的东西——我紧握的手，我走过的路；另一方面是我没有接触到的东西——我周围混乱的躁动，那些转弯、分岔、消失的道路。世界像苹果一样被一分为二：一部分是我的，另一部分是别人的。我发现了自己的欲望。对我来说，用眼看是被禁止的，我被一种愤怒攫住了。

因为我不接受放弃，安静的沉思不是我的事，蜷缩一隅、等待，会让我泪流满面。但我喜欢用言语、手势做梦，在跑动中做梦，在跳跃时做梦，把其他的生命聚集在我的梦周围。我想赌我的生活，而不是看着它到来；我想要拿回我的生活。

但是有一个新的障碍：我无法独自一人。孤独会关闭所有通往外部世界的大门。现在想要跑步，该怎么办？我不能不跑动，但独自跑步是不可能的。我必须找一个和我年龄相仿的队友，这很容易。

人们错误地认为大多数孩子都不乐于助人，也不喜欢与成年人眼中的残疾人一起玩耍。我保证，对儿童来说，没有人是残疾的。聪明的孩子讨厌傻瓜，有进取心的孩子不会喜欢懦夫。就是这么简单，与眼睛和腿没有任何关系。

朱瓦尔代的男孩们从来没有拒绝过我伸出的手或胳膊，也没有一个男孩不情愿向我伸出友谊之手。有时候他们甚至会争论谁有权抓住我的肩膀和我一起以最快的速度奔跑，就像技术高超的驾驶员以最快速度开车一样。在比赛中，我跑的距离当然比许多视力正常的孩子还要多。我被领着以"之"字形穿过村里花园里的所有菜畦。我从一片泥土跳到另一片，穿过每一块禁止踏入的新犁过的田地。我爬过数百个树篱，被荆棘划伤，落在泥泞的沟渠里，水漫到大腿。调皮鬼所干的捣蛋事我都干过，并且乐在其中。

我从来没有单独跑过，我总是搭上另一个男孩，充当马车。但是队友合作得太好，以至于几个小时下来，马车和车夫都不知道是谁在指挥谁。

就这样,我像一个农家小孩一样认识了朱瓦尔代的乡村,并且参加了定期于9月举行的夏末庆典——苹果采摘仪式。

采苹果,或者更确切地说是捡苹果,我们需要在茂密的草丛中找到掉落的苹果然后把它们放进大柳条筐里。我比以往任何时候都更自在,因为我所要做的就是爬行,用手在每一个洞里搜索,触摸附近的东西。在这个过程中,我的手指像探照灯一样工作。9月,地上的果实都已经成熟,沉甸甸的,有的已经腐烂,散发着酒香。

地里有苹果和干草堆。

在法国乡村,干草在进入谷仓前先堆在草地上,这是一年中最疯狂、味道最芬芳的日子。

这些巨大的干草方块,在安茹省被称为 veille(守夜者),在草地中间此起彼伏地矗立着,像火山岛,像凌乱的金字塔。农民不喜欢有人爬上这些"岩石"——因为只需要10个一心捣蛋的顽童,在一个小时内就能将整个草堆推倒,散落一地。我也是这些顽童中的一员干将,我们的想法可比干草的主人所考虑的要多得多。

通常人们用一根绳子把干草垛绑在一起形成一个六面体的实心堆,矗立在田中。我们抓住绳子,爬到顶端,然后一场骚动的狂欢开始了——乱蹦乱跳、俯冲、摇动身体,其间有抓挠,有照顾,在充满芳香的尘土中释放激情。

我不认为这场游戏真的预示着什么。

如果非要说点什么的话,只能说这是爱的释放。

我所有鲜活的记忆都绑着一个别人。但又有什么可抱怨的呢?

盲人不能独自完整地完成任何事情,情况就是如此。无论是工作还是玩耍,总有一些时刻需要别人的手、肩膀、眼睛或声音提供帮助。这是事实。这种情况是幸福抑或是不幸呢?

我听盲人说,这种依赖性是他们最大的苦恼,使其成为令人怜悯的亲戚或者跟屁虫。有些人甚至把这种依赖视为额外的惩罚、不公正,并称之为诅咒。我认为他们在两个方面都是错误的。

首先,对他们自己而言,这种想法是错误的,他们在无缘无故地折磨自己。其次,他们对生活的看法也是错误的,正是他们自己使这种依赖性成为一种不幸。

嘿嘿!这些可悲的盲人,世上有人能够完全不依赖他人——即使他有双眼?谁不是在等人?臣服于更好的、更强大的或者只是缺席的存在?谁没有与所有其他人存在或大或小的关系?真的,无论是什么纽带——无论是仇恨、爱、嫉妒、权力、软弱还是盲目——这种联系就是我们的状况。所以最简单的应对方法就是爱。

我一直喜欢有人在我身边。当然，也有令人恼火的时候（有些亲密关系我不能忍受）。但是，总的来说，我要感谢我的失明，因为它迫使我与同伴有一对一的接触，使其成为一种充满力量和快乐的交流，而不是一种悲伤的交流。我所经历的悲伤，几乎总是在独自一人时度过的。

我儿时的伙伴不计其数，现在他们仍然在我周围聚集。我不再确切地知道他们是谁：他们在我身上留下了太多自己的印记，我在他们身上留下了太多的我，在这个镜像游戏里，我能认出谁？

然而，有些人已经去世了。

我属于几年之后在第二次世界大战时期被摧毁的那一代人。这就是我将要谈到的许多人已不在人世的原因。但我认为我们不必哀悼：他们不会想要哀悼，他们都是因为太热爱生命而死去的。

我首先要介绍的是朱瓦尔代的一个男孩，他的名字叫利奥波德。

我一直觉得他相对于他的年龄来说有点太高了，两条大长腿平衡性差，穿着木屐在石子路上咔哒作响地跑跳。我总是担心他会摔倒。

他的父亲是一位好木匠，在他很小的时候就去世了。他母亲经营着村里的杂货店。

利奥波德有一点耳聋。至少大家都是这么说的。在课堂上，他总是让人重复那些问题。只有我知道，他的耳聋比人们想象的要轻得多：利奥波德总是立刻就能听到那些有意义的或美好的东西。他经常突然把头往后一仰，好像在告诉你："不要说这么大声！我听得很清楚。"

利奥波德是一位农民诗人。村里人排斥他，"因为他耳朵很背"，但主要是因为他们隐约觉得他与这里格格不入。事实上，他不仅与村子里的一切格格不入，甚至与整个世界也格格不入。

他跟我很投缘，我们成了好朋友，因为在我们两个不同的头脑里有着同样的场景。我可以和他谈论光，谈论声音、树木说的话以及阴影的重量——对此他并未感到惊讶。作为交换，他每天都有一个新故事要讲给我听。这些故事几乎总是与花有关。他说，鲜花是来拯救我们的。救我们，救他，但要救我们脱离什么呢？我前面说过：利奥波德是一位诗人，甚至是一个浪漫主义者。

在朱瓦尔代的乡下，我俩经常去闹鬼的十字路口。那里有一个十字架或一棵分叉的树，根据像萨特河一样古老的传说，人们曾经在那里见过鬼。我俩不在乎鬼魂本身，在意的是鬼魂的神秘感！

利奥波德跟我说，去年他唯一喜欢的就是菊花。他在许多地方种上了菊花，当没有看到它们时，他会在脑子里想象它们，并且向我描述它们。

但这还不是全部：利奥波德从来不讲粗鲁的言语。他不吹嘘要去撩女孩，甚至不躲在树篱后面偷看她们。当他和女孩们说话时，他既笨拙又恭敬。当然，她们会嘲笑他。他对此毫不在乎，因为他喜欢女孩子的善良温柔。他几乎不属于这个村子。

一个冬日，16岁的利奥波德死于突发性肺病（当时我在巴黎，只是听说这个消息）。他们告诉我他和病魔进行了一场激烈的抗争。这可能是真的，因为他的确不够强壮。

这是我的第一个朋友，最模糊但也是最亲近的朋友之一。在一个人失明的时候，会很容易遇到这样的人物。或许因为，在看不到他们的人面前，他们才敢于展现自己。

也有乱交的时候，尤其是在乡下，下雨天，人们从花园、从变成池塘的田地跑去谷仓里避雨。

乡下男孩不会谦虚，他们也不会感到羞耻。他们怎么做就怎么说。他们会展示他们所拥有的。这很好，因为和他们混在一起，了解生活的速度比在城市里要快得多，在城市里，文明人总是遮遮掩掩、欲盖弥彰。

此外，据我所知，没有一种道德说教能比这种男孩与男孩之间以及男孩与女孩之间的自然身体接触更好。至少它使我们认识到：我们都是血肉之躯，有着同样愚蠢的欲望和同样的局限性；我们之间没有区别，除了那些来自内心和精神的差异。换言之，我们都可以被扔进同一个篮子里，像沙拉一样被拌匀，而不会失去多少尊严。

另一方面，我想知道，假如不允许他肆无忌惮地触摸他人，一个小瞎子能够对这个世界和其他人了解多少！那些有视力的人——假如有任何人感到震惊的话——应该在这里问自己，他们的眼睛在偷偷摸摸地做什么，甚至在他们完全成年之后也是如此。

在谷仓里，除了有孔洞的木板、梯子、木柴和成捆的稻草，还有"小共和国"。

这是一辆手推车的名字，人人都知道它。它在1870年属于我的曾祖父，当时法兰西第三共和国[4]已经宣布成立。而这位曾祖父——无疑是个硬骨头——摒弃了家族其他成员所有的反动观点和教派观点，高喊："甘必大[5]万岁！共和国万岁！"他的双轮车象征着这一事件，使革命永垂不朽。

它就放在谷仓中间，两个推杆像手臂一样伸向空中，对孩子来说充满了诱惑。原则上我们无权触碰它，它是因为更严肃神圣的原因而保存下来的。但是捣乱需要它，我们偷偷地推走了"小共和国"。

有时候我们有两个人，有时候十个人，紧紧抓住把手，用力推。

当"小共和国"上空无一人时，它在鹅卵石上发出滂沱大雨般的哗哗声。它颤抖着，涌入所有的车辙，威胁着要摔成碎片。害怕不能把她完好无损地带回来，就会使我们的快乐增加十倍。

当"小共和国"满载时，发出了她所有的声音。我们在车里装满了苹果、刨花、沿途捡到的野草，或修路工在路边留下的成堆的鹅卵石。

我的玩伴们故意考验我。他们推着车，我就在他们中间，跟着他们。但是，他们时不时地会故意打乱路线。他们会把"小共和国"带上一条小路或者直奔墙壁。他们说，他们这样做是想知道我能看到什么。他们的伎俩几乎总是被戳穿，因为在我面前的这个"小共和国"会立即告诉我，它被调皮鬼恶意设计而偏离了轨道，到了草地上，转了一个荒谬的弯，偏离了路线。然后我大喊，提出抗议，把车停了下来。孩子们都很高兴，因为他们发现我也是他们中的一员。

我知道这个"小共和国"很坚强，但不知道它是否幸存下来了。不管怎样，我还是会常常温柔地想起它。

也许，作为一个共和党人，它知道共和国的格言[6]。它教会了我博爱、自由和平等，还让我懂得如果我真的愿意，就可以和其他人一起参加很多活动，无论是做好事还是捣乱。

注释

[1] 鲁滨孙·克鲁索（Robinson Crusoe），《鲁滨孙漂流记》的主人公，这是英国作家丹尼尔·笛福的长篇小说，发表于1719年。笛福生活的时代，正是英国资本主义开始大规模发展的年代。1702年，他发表《消灭不同教派的捷径》，讽刺政府的宗教政策，因而被捕，并被判处枷示三次。出狱后，从事报刊编辑工作，还写了不少政治、经济方面的小册子，因言论关系又曾三次被捕。《鲁滨孙漂流记》讲述了主人公出生于一个中产阶级家庭，一生志在遨游四海的故事。一次在去非洲航海的途中遇到风暴，只身漂流到一个无人的荒岛上，开始了一段与世隔绝的生活。26年后，岛上来了一群野人举行人肉宴，鲁滨孙救出了其中的一个俘虏，因为那天是星期五，所以鲁滨孙把他取名为"星期五"。此后，"星期五"成了鲁滨孙忠实的仆人和朋友。鲁滨孙凭着强韧的意志与不懈的努力，在荒岛上顽强地生存下来，在岛上生活了28年2个月零19天后，最终得以返回故乡。在这部小说的创作中，笛福从自己对时代的观感和感受出发，以资产阶级上升时期的冒险进取精神和18世纪的殖民精神塑造了鲁滨孙这一形象。

[2] 爱伦·坡（Edgar Allan Poe），1809—1849，美国诗人、评论家和短篇小说家。1827年出版了一本拜伦风格的青年诗歌。曾在里士满的《南方文学使者》报社担任编辑。其作品以其对神秘和恐怖的渲染而闻名。小说《红色死亡假面舞会》《莫格街凶杀案》和《被窃的信件》等开创了现代侦探小说的先河。他的诗歌如《钟铃集》，优美而富有韵律感，集音韵效果之大成，其中既有由女人激发灵感的动人诗篇《安娜贝尔·李》，也有风格离奇的《乌鸦》。

[3]凡·高(Vincent Willem van Gogh),1853—1890,荷兰画家。16岁在画店当店员。1880年开始画素描和水彩画。因性好绘画,去巴黎找其弟商特奥,得以了解印象主义和后印象主义。他喜欢画静物、风景和在田间劳动的农民形象。他生活贫困,周期性地精神抑郁,住进了精神病院,但仍继续作画。他10年的艺术生涯共创作了800多幅油画,1000多张素描,生前只卖出了一幅画。他对现代绘画有极大的影响。

[4]法兰西第三共和国,正式国号仍为法兰西共和国,因为这是法国第三个共和政府而得名,在1870年至1940年作为法国的正统政府。在第二帝国因普法战争的失败而倒台、巴黎公社被成功镇压后,第三共和国于1870年9月4日成立,采用议会民主模式,一直延续到1940年,因为纳粹德国入侵而垮台。第三共和国虽然未能长期执政,但却是法国第一个长久而稳定的共和国政权,赢得法国人对共和政体的支持。

[5]甘必大(Lèon Gambetta,1838—1882),法国共和派政治家,协助第三共和国的建立。曾以辩护律师身份发表演说,捍卫共和、谴责第二帝国,名噪一时。1869年选入立法会议。普法战争中协助指挥法国国防,1870年拿破仑三世被俘后,他在成立临时政府中扮演重要角色。他说服国会批准《1875年立宪法律》,这一宪法成为新的议会制共和国的基础。1879—1881年担任众议院议长,1881—1882年任总理。他一直鼓吹民主理念和国家团结的意识。

[6]共和国的格言"自由、平等、博爱",是18世纪法国资产阶级革命时期提出的口号。目的在于联合城市平民和农民反封建。自由即"个性自由""保障人权""贸易自由""按照自己意志进行活动的权利";平等是指"法律面前人人平等";博爱提倡"人类普遍的爱"。十七八世纪资产阶级启蒙思想家已传播了关于自由、平等、博爱的社会政治思想,到1792年9月法国宣布为共和国时,才作为完整口号被提出来。雅克引用这一格言时变动了词序,突出"博爱"。

06 公立中学的试读生

在巴黎，失明的负担更重了。

街道是声音的迷宫。每一个声音，被房屋的墙壁、商店的遮阳篷、下水道的栅栏、声波高折射率的卡车的大块面积、脚手架和灯柱反射许多次，构成了虚假的形象。我无法再依靠我的感官来判断了。

人们不是在走人行道，他们是在砍路，肩膀向前像斧头一样，穿过人群，眼睛茫然。巴黎，像每一座城市一样，是一所教人自私的学校。

在战神广场，我童年的花园，我听见母亲们在儿子耳边低语："不要跟他玩！你看，他是个瞎子！"我记不清听过多少次这样的话。它们给我的身体带来了冲击，就像你把手指伸进电源插座里受到的电击一样。

我不打算对愚蠢和邪恶进行评判：它们已经被评判很长时间了。相反，我想要说的是，这些阴郁而懦弱的母亲，出于恐惧，到头来帮了我的大忙。如果她们不知道如何保护自己的孩子,至少她们保护了我免受她们宝贝孩子的伤害。

盲童的父母不必担心他选择什么样的人做朋友。那些没有教养,没有爱心的孩子,他们会小心不和盲人扯上关系。他们宁愿躲在母亲的裙边,也不敢去冒险。

在15岁之前,在开始成年的生活及其必要的交往之前,我只与好孩子交往,弱的和强的,但都是好孩子。孩子们即使不准备给予(因为给予不是童年的任务),至少也准备与我分享他们所拥有的一切。

当地的公立学校需要给我找一位向导:他愿意在下课铃声响起的那一刻,来我的桌前接我,和我一起下楼梯,甚至和我一起度过休息时间。马上就有了一位志愿者,他的名字叫培根。

这是个勇敢的孩子!毫无疑问,他是个失败者,他总是在班级里垫底。无论他如何努力——他非常努力、非常耐心地尝试提高成绩——他都无法在任何科目中找到一个不如他聪明的男孩。他连倒数第二都没做过。他一直是倒数第一。

我还记得,学校的校长看不起他,在所有其他人面前嘲笑他。但是他对培根不公正的唯一结果就是让我很珍惜培根。

这个受嘲笑的男孩有一个知名的妈妈——至少是战神广场的"名人"。她整天赶着她的一群小毛驴,经常光顾花园的孩子们花几个苏就可以骑驴。由于我是她儿子的朋友——几乎是唯一的朋友,这个身材魁梧、声音雄壮的女人让我免费骑她的小毛驴。

培根没有聪明的头脑,却有一颗金子般的心,他很少想自己,总是想着别人,对别人的理解远远超过班上那些聪明的高才生。我给他讲了一些使他着迷的故事,可能是因为从来没有人给他讲过故事。为了我,我相信他会赴汤蹈火。

因此,他是上天赐予我恩典去遇见的一长串人当中的第一个非常单纯的人,如果你愿意的话,也非常粗暴,但我的失明在他身上激起了一种不可抗拒的温柔本能。毕竟,这种共情和地球一样古老:在童话和流行歌曲中,总可以看到傻子和瞎子结盟。请不要误会,我这样说并无恶意,也没有轻蔑。

然而,培根不得不等上几年才有继任者,因为与此同时,我周围聚集了一些完全不同类型的孩子。在我看来,孩子们比成年人更愿意改变世界。他们没有时间对他们的世界感到满意。说实话,让他们感到尴尬和压抑的是成年人——包括他们的父母——这些成年人从不改变,相信这个,诋毁那个,桌子就是桌子,钱就是钱,不断重复同样的话,总之忘记了一个主要的事实:世界是双重的,三重的,无数重的,永远是新的。

我真正的朋友都属于这一类少年——探求者,不知疲倦的人,他们长大后,就成了"热心人"。

小伙伴和我交朋友时,一些相当惊人的事情总会发生在他们身上。他们不再满足于已经习以为常的那些真相。他们不得不接受我看待事物的一些方式,这些方式对他们来说几乎总是新鲜的。我和我的朋友们不是花几个小时,而是花上好几天的时间来比较我们的世界。我们还真正做了盘点。我还记得,每当我们意识到在这两个世界之间我们可以建一座桥哪怕是一座简单的人行桥的时候,我们所表现的惊喜和满足。我们只需要很少的时间就能进入彼此内心。我们正处在童言无忌的年龄,不假思索地大量抛出想法,这样我们就可以把一切都说出来了。

我真正的朋友直到我上公立中学以后才进入我的生活。上中学的第一年,大家彼此都被各自的差异所吸引。让也是如此,我很快就会讲到他。

为了和有梦想的人交朋友,我准备了满袋子的梦想——好多的梦想,我们忘记了时间,甚至忘记了下雨,满身泥泞地回家。

为了和爱吹牛的人交朋友,我积攒了很多可以吹嘘的东西。想象力在这里就派上用场了,我们会以荒诞的故事为剑,决斗一个多小时。

那些温柔的人起初会同情我(因为我看不见,他们认为我一定不快乐），后来，等到他们非常了解我的时候，他们就不再同情我了。他们已离不开我了，我们已经成为好朋友。

对于那些渴望展示自己力量的胆大孩子来说，我是最理想的保护对象。我需要他们的保护，但从没有要求过。他们都争先恐后地跑来保护我。

在我上公立中学的第一年，我见到了其中的一位，让-皮埃尔，或者更确切地说，我仍然在记忆中触摸的，是他那件厚羊毛毛衣，以及他的双肩：它们对我来说似乎是超人的肩膀。

让-皮埃尔下决心要"保护"我。在课前、课间和课后，他带我走遍了整个学校。或者，可以说，他把我像旗帜一样挥来挥去。他强迫所有男孩接纳我参加他们的游戏，那些拒绝的男孩没敢再拒绝过。他教我紧贴着他跑，稍后一点点，捏住他的脖子。他说这是最好的办法。

有了让-皮埃尔，就没有什么危险了。假如有一个不可预见的障碍，他就会挺胸向前。他几乎要感谢我给了他伤害自己的机会。

每天，他都会带我去健身房、医务室和厨房。最后，还必须去拜访看门人，因为看门人会大声地赞扬让-皮埃尔。

假如有人认为我美化了我的童年，那是因为他们对童年有偏见。

当然,也有坏孩子。我也不得不面对他们,有时候我也会掉几根羽毛,从他们那里把自尊心的伤口带回家。但更多的时候是碰到让-皮埃尔这类型的人。

我想,一个真正的诗人从来没有将真正的飞马帕伽索斯[1]的鬃毛握在手中过。然而,在我10岁的时候,当我捏住让-皮埃尔的大脖子,我就是那个诗人。我向你发誓,我对此毫不怀疑!

说服个人尚且很难,而说服组织则几乎是不可能的,最好的办法就是接受事实。我们能指望学校、委员会、行政部门或政府部门,墨守成规的团体,会友好地看待例外吗?

但是,如果你是盲人,你必然是个例外。你和其他人不一样,因为你在你的国家属于少数人,不过很小的一群。

我10岁准备上中学时,有机会再次体会到了这一点。

我被录取了,但就像两年前在社区学校一样,是在"试读"的基础上录取的:如果6个月或一年后证明我没有让整台机器脱轨,我就会被留下。1934年10月,我成了蒙田中学的六年级学生,这所学校是卢森堡花园对面的一座明亮的建筑。

幸运的是,当行政部门和学校的大门打开后,我只要应付个别的人。

我先在蒙田中学,后在路易大帝中学(Louis-le-Grand)就读,遇见了许多教师,没有一个人反对过我的存在,他们中的许多人对我的喜爱远远超过了职业良知的要求。我是否提到过一个博物学老师?他被我打字机的咔嗒声激怒了,有一天把它放在一个打开的水龙头下,作为一种报复,我要补充一句,3年后,这位老师因为精神疾病被送进精神病院。

实际上,在7年的公立中学生活中,我没有受到过不公正的待遇。更公平地说,我和所有的其他人没有两样,同样被接纳,被鼓励,被赞美。

从这个时候起,我的人生故事就和其他正常人的差不多了,以至于我常常把自己的故事与他们的混淆在一起。20世纪第二个25年开展的小巴黎人研究没有丝毫神秘之处,我生平第一次要选择自己的研究主题。我选择的主题是失明,以及失明后我们如何应对。其他的细节我就不谈了。

我的中学生活很无聊,基本上一直都很无聊,这当然不是因为我的同伴或老师们,与他们无关。我所说的无聊不是一个只想玩耍而不想学习的孩子表现出的不耐烦(尽管我也喜欢玩耍),也不是一个注意力不集中的孩子听了五分钟课就开始胡思乱想,然后又再听一遍所表现出的气恼。中学的学习过程令认真的孩子感到厌恶，而那些不那么上心的孩子则昏昏入睡。我很少在课堂上睡觉，至少没邻座的孩子睡得频繁。我有强烈的求知欲。我虽然觉得数学枯燥乏味，很伤神，但对拉丁文、希腊语和德语很感兴趣，文学、历史、地理和自然科学让我觉得仿佛在参观魔法花园。上课和写作业非但没有使我感到疲倦，反而使我感到愉悦。我畅饮知识之水，如饮甘泉。但我在学校还是会无聊。

教室的门一关上，气味就扑鼻而来。不是我的同学当中有人不修边幅，而是他们每人都有一副皮囊，在那么小的空间里有40副皮囊，实在是太多了。这就像在一片污浊的沼泽边上。那气味是从哪里来的呢？

我已经说过，假如一个人成了盲人，他就会发现心理的气味——我相信那是一种气味。我想学校里也有心理气味。

一群人因为被强迫或社会义务——这是同一回事——待在一个房间里，很快就会发出臭味。这从字面意思来理解就可以了。

对于孩子们来说，这种现象出现得更快。想一想40个10到14岁的孩子所能积累的被压抑的愤怒、被羞辱的独立、被克制的自由和无助的好奇心吧！

因此，产生了令人不悦的气味。对我来说，教室里乌烟瘴气。

我看到的是一片浑浊：所有的颜色都变得暗淡，

甚至肮脏，黑板是黑的，地板是黑的，桌子是黑的，书是黑的。而老师本人的光也是灰色的。要出现光或是颜色明亮，他必须出类拔萃，不仅因为他拥有的知识（当时的学习几乎没给我带来什么光），而且作为一个人也要出类拔萃。这种无聊就像是一个眼罩，堵住了我所有的感官。声音本身，在课堂上，失去了它们的响亮和深度，它们变得单调沉闷。我想，我花了我所有对生活的热情来抵制这种折磨。

在内心深处，我一定缺乏纪律性，虽然不反抗，但骨子里是一个无可救药的个人主义者。我就是这样的人，当然还包括失明和它带来的特殊世界，这个特殊世界被学校强暴了。

我花了好几年的时间——大概要等到青春期——才能平息我内心对课堂的反感。即使是现在，我也怀疑自己是否已经与它和解了。

我不明白为什么老师们从来不谈论他们内心的想法，也不谈论我们内心发生的事情。

他们非常详细地讲述山脉的起源、尤利乌斯·恺撒[2]的遇刺、三角形的性质、甲虫的繁殖方式和繁殖速度或者燃烧生成二氧化碳。有时候他们也谈论人，但谈论的只是人物：古代历史的人物，文艺复兴时期的人物，莫里哀[3]喜剧中的人物，还有一种比所有其他人物都要陌生的人物，根据情况被称为"个人"或"公民"，我对他们一点概念都没有。

从来没有人谈论过像老师和我们这样真实的人。

每个学科都各司一块内容，而世界不仅在我们外部，也在我们内在，这一块的内容却是完全缺失的。

我明白，老师不能够或者不愿意谈论他内心的想法，那是他的事。毕竟，我也不太愿意告诉他我内心里发生的事情。但是，内在生活又不仅仅是个人的事情。

我的同伴们与我分享了一大堆愿望和目标——我很清楚这一点。积累知识固然好，而且也是一件美事，但人们获得知识的理由，是什么原因促使其想获得知识却更有意义，没有人提起这一点。我不禁想到，在整个过程中，是不是有人在某处作怪。所以我不得不为自己辩护，我也做到了。

我调动我内在世界的所有图像，所有与生命体或生物有关的图像。在灰蒙蒙的科学大雨中，我坐在那把黑色的椅子上，坐在那张令人作呕的桌子前，倔强地编织着一个茧。

虽然我是个好孩子，但也很狡猾，设法让别人猜不出我是有敌意的。我的内在世界对我来说是如此重要，我决心保护它免遭沉沦，为了拯救它，我从未停止向公众、书籍、父母和老师作出让步。我能够成为一名聪明的学生要归功于这种拯救行动。

为了得到安宁，我开始学习他们想要我学的一切：

拉丁语、昆虫学、几何学和迦勒底人[4]的历史。

我学会了用普通的打字机打字,这样我就可以像其他人一样直接把作业交给老师了。每天我带着我的盲文打字机去学校,把它放在毡垫上减轻咔嗒声,然后做笔记。

我听讲,答问,听讲,但从来没有全身心地投入其中。有时候,我像被切成了两半。我既在那里又在别处,在重要和徒劳之间来回切换。

从这段经历——无聊像油一样浓稠,心理上的屈曲持续了多年——我清楚地看到,我应该感激它们,因为它们表明:我的灵性中有一部分拒绝脱离童年,永远不会承认既定的真理。

事实上,我永远不会放弃失明带给我的奇观,哪怕世界上没有一本书能够解释这一点。

我从父母那里接受了完全自由但非常积极的宗教启蒙。我的父亲是在无神论家庭中长大的,很早就意识到宗教的必要性。他独自一个人求索,先后遇到了几种神秘主义的学说。有一段时间,他成了一个"神智学[5]者"。他不满意,认为印度传给我们的教训是宝贵的,但与因基督降临而重生的灵魂的需要没有充分的关系。大约在1929年,他终于作出了选择。他刚刚接触到鲁道夫·斯坦纳[6]的学说。这一学说对他来说是一个启示:密传基督教[7]满足了他的所有愿望。

他加入了灵智学会。斯坦纳教给世人的东西当时很难向我解释。但我一直听到我父母的谈话，很快就听到他们朋友的谈话。其中有几个人给我留下了深刻的印象。我从中得到了一个启示：上帝是存在的，但上帝不会直接向我们显现祂自己；我们必须揣测祂，在我们快乐的梦中，在大自然给予我们的所有信心中去认识祂。祂始终存在。上帝保佑我们。

然而，就在课堂上，我遇到了我的第一批盟友，我命名为：诗人和众神。

我在书的凡身当中找到了他们，在那里他们打开了宽阔明亮的大道。他们似乎对我微笑，告诉我，一切都未曾失去。

人文研究现在可能很快就会消失。但在1935年的巴黎高中，人文研究仍然很强大。

我们的功课大致分为两个部分：今天的世界和过去的世界，古代人的梦想和现代人的梦想。我不相信这错了。至少那时的我们不会陷入今天的荒谬境地，把人造卫星和北极星火箭[8]时代与创世纪时代[9]混为一谈！这种情况在今天很常见。

我们被要求花几个小时扮演各种人物，如果你愿意的话，还可以扮演神话角色朱庇特和维纳斯、美人鱼和精灵；再演一次朱庇特、普罗米修斯[10]、伍尔坎[11]和阿波罗[12]。从会计的角度来看，这简直是浪费时间，是知识的真正流失；从实际的角度来看，这是疯狂的。也许这太疯狂了。但是谁能证明呢？就我而言，我可以向你保证，这是一种快乐的疯狂。

无论如何，从1934到1939年，作为一名学生，我的任务就是把牛顿和密涅瓦[13]、富兰克林·D·罗斯福、莱昂·布鲁姆[14]、阿道夫·希特勒、大力神和海神等不同类别的人物聚集起来，组成一个和谐的大家庭。值得注意的是，这种奇怪的人物组合却带来了更多的光。

噢，天哪，是的！我看得更清楚了。我更了解我自己了。因为在我的内心，宇宙也不是存在于二维中，而是存在于三个维度中。它流转于现在，也流转于过去。它显露在看得见的事物中，也显露在无形的事物中，显露在有重量和无重量的事物、有名字和无名字的事物中，随着它们的碎片被研究或者被制造，也显露在这些变形中。

我的脑海里翻腾不已，持续发酵，就像好几种液体倒进同一个容器里，摇晃着让它们混合，但这些液体毫不费力地叠加在一起，形成了清晰的层次。落到底部的是阿道夫·希特勒，升到顶部的是阿波罗。

我从希腊神话以及从荷马到季洛杜[15]再到让·拉辛[16]这悠久的遗产中所学到的一切，对我来说似乎都显而易见。同样这也是我最难解释的部分，尤其是还要作为作业写出来。但希腊诸神令我高兴：祂们对我来说很重要。

祂们的行为方式几乎总是滑稽可笑或令人震惊。我记得，在我12岁的时候，朱庇特每天对朱诺[17]不忠，几乎要让我讨厌朱庇特了。我完全反对祂。只是在祂们的闺闱之事和愚蠢争吵背后，众神才恢复了一致性。祂们传达的信息与我内心的经历恰好吻合。

例如，密涅瓦代表着智慧，维纳斯代表着美，阿波罗代表着光，朱庇特代表闪电、力量、发光和保护。就我而言，我知道这些真的存在，祂们不是木偶，不是文字，也不是拉丁语版本的曲解。

大人们说"这个很美""那个很合理"的方式让我很恼火，因为，我看得出来，对他们来说，"这个""那个"远比"美"和"合理"重要得多。他们只关心他们当下需要的东西，他们正在使用的东西。我还不想使用什么东西，我想看它们。

我最喜欢阿波罗。我偏爱阿波罗是有明确理由的，因为在那些书中，只有阿波罗很在意光，一如光对我的重要性。

此外，这位伟大的神是专司光的，我清楚地知道光源是光必不可少的部分。祂不太关心光是如何通过投射物体而在整颗地球上穿行的（光科学在这方面做得已经足够好了），而是关心光的诞生和重生，关心让光无穷无尽地流经万物的奥秘。

后来，我明白了，祂不是唯一的光之神，甚至不是最好的一位，耶稣基督充分利用了光，而且光是所有密传基督教的重要元素之一。

在我11岁的时候，阿波罗真的对我说话了。

还有诗人！这些了不起的人，跟常人截然不同，他们告诉那些愿意倾听的人，愿望比财富更重要，梦想比钢铁更重要！他们是怎样的人啊，那些人！他们是多么正确啊！

他们说，一切都来自我们的内心，投射到外界的事物，然后回到我们的内心。对他们来说，这就是生命、感受、理解和爱。

大多数时候，他们是晦涩难懂的——对我来说太晦涩难懂了——因为他们使用那条魔鬼般的舌头，没完没了的抑扬顿挫，把你吊在那儿，几分钟后，连后面的句子都听不见了。诗的映象从宇宙的一端跳到另一端，叙述一件事，马上又跳到其他事上。有时我怀疑，诗人只是故弄玄虚，把自己的生活搞复杂。但他们还是知道很多。

就复杂性而言，三四年之后，轮到我打破纪录了。大约在我15岁的时候，我随心所欲写了一些暴风雨和晦涩的诗。我描述了花园和洞穴。我把字典里所有的单词拼凑在一起，让所有的星系都相互碰撞，我相信每一个真诚的人在他生命中的某个时刻都一定这样做过。

奇怪的是，时至今日，更加理智和谨慎的我，却常常难以抑制地渴望从前那种躁动。诚然，那时写的都是些乱七八糟的东西，但我在内心深处很清楚，那里一分钟内所包含的生命种子比我现在（20世纪60年代）最幸福的日子所包含的还要多！

在公立中学，一位"务实派"朋友问我们这些"空想派"，维吉尔或维克多·雨果的某首诗是什么意思，我们有标准答案："它意味其意味，但还有更多的东西！你看不见吗？"大多数时候他看不见，但他总有理由安慰自己，他总叫我们傻瓜。

注释

[1] 帕伽索斯（Pegasus），希腊神话中长有翅膀的马，颜色通常为白色。他是美杜莎与海神波塞冬所生，角色是马神。他的母亲美杜莎被割下头颅时，他和兄弟巨人克律萨俄耳一起出生。希腊罗马诗人描写他出生后升天拜见众神之王宙斯，宙斯指示他从奥林巴斯带来闪电和雷声。他是缪斯女神的朋友。他被希腊英雄柏勒洛丰驯服，他允许柏勒洛丰骑着他和怪兽喀迈拉战斗。但当柏勒洛丰试着骑他前往奥林匹斯山时，它让柏勒洛丰从他马背上摔下来。宙斯将他变成飞马座，放置在天空中。帕伽索斯的象征意义随着时间而变化。从中世纪到文艺复兴时期，帕伽索斯一直是智慧和名望的象征。大约在19世纪，帕伽索斯与诗歌联系在一起，成为诗人获得灵感的源泉。帕伽索斯是一个非常丰富的肖像画法的主题，尤其是

贯穿古希腊的陶器、绘画和文艺复兴时期的雕塑。

[2] 尤利乌斯·恺撒（Gaius Julius Caesar，前100年—前44年），史称恺撒大帝，又译盖厄斯·儒略·恺撒、加伊乌斯·朱利叶斯·恺撒等，罗马共和国（今地中海沿岸等地区）末期杰出的军事统帅、政治家，以其优越的才能成为罗马帝国的奠基者。他出身贵族，历任财务官、祭司长、大法官、执政官、监察官、独裁官等职。公元前60年与庞培、克拉苏秘密结成前三头同盟，随后出任高卢（今法国一带）总督，在8年的时间里征服了高卢全境，还袭击了日耳曼和不列颠。公元前49年，他率军占领罗马，打败庞培，集大权于一身，实行独裁统治。制定了《儒略历》。公元前44年3月15日，恺撒遭到以布鲁图所领导的元老院成员暗杀身亡，享年56岁。恺撒死后，其甥孙及养子屋大维击败安东尼开创罗马帝国并成为第一位帝国皇帝。

[3] 莫利哀（Molière，1622—1673），本名让·巴蒂斯特·波克兰（Jean Baptiste Poquelin），法国喜剧作家、演员、戏剧活动家。法国芭蕾舞喜剧的创始人。莫里哀是他的艺名，法语意为长春藤。代表作品有《无病呻吟》、《伪君子》（又译作《达尔杜弗》）、《悭吝人》等。他生于巴黎一个具有"王室侍从"身份的宫廷室内陈设商家庭，父亲是挂毯商和宫廷陈设商。1644年，取艺名为莫里哀。1645—1658年，带领剧团在法国外省各地巡回演出。1652年以后，莫里哀成为剧团的负责人，并开始创作剧本。1655年，在里昂上演了他的诗体喜剧《冒失鬼》。1658年10月，莫里哀剧团应召来巴黎，在卢浮宫为路易十四演出，得到赏识。1659年11月，《可笑的女才子》上演，这是在巴黎创作的第一个剧本。1664年开始，莫里哀的喜剧创作进入了全盛时期，除《伪君子》外，创作了《唐璜》《恨世者》《悭吝人》和《乔治·唐丹》等。莫里哀是法国17世纪古典主义文学最重要的作家，古典主义喜剧的创建者，在欧洲乃至世界戏剧史上占有十分重要的地位。

[4] 迦勒底人，古代生活在两河流域的居民，闪米特人的一支，他们于公元前1000年初来到两河流域南部定居。约公元前729年，

亚述帝国征服古巴比伦王国并统治了两河流域南部，居住于此的迦勒底人曾多次起义反抗亚述的统治。公元前626年，亚述人派迦勒底人领袖那波帕拉沙尔率军驻守巴比伦，他到巴比伦后，却发动反对亚述统治的起义，建立新巴比伦王国，并与伊朗高原的米底（也称米堤亚）王国联合，共同对抗亚述。公元前612年，亚述帝国灭亡，遗产被新巴比伦王国及米底王国瓜分，其中新巴比伦王国分取了亚述帝国的西半壁河山，即两河流域南部、叙利亚、巴勒斯坦及腓尼基，重建新巴比伦王国（前626—538年），也叫迦勒底王国。公元前604年，尼布甲尼撒二世登基，迦勒底王国在他统治时国势达到顶峰，他为了让妻子米底的公主不再有思乡之苦，于是为其建造了一个满是奇花异草，并用螺旋泵不断地从幼发拉底河里取水作灌溉的花园。这个花园远看起来就像位于天空中一般，因此被称为空中花园，名满天下，被后世誉为古代世界七大奇观之一。巴比伦城被建设得宏伟壮丽，直到100多年后，希腊历史学家，被称为"历史之父"的希罗多德来到这里时，仍称它为世界上最壮丽的城市。迦勒底王国最后一个国王伯沙撒与马尔杜克神庙的祭司发生冲突，试图另立新神。结果在公元前539年，巴比伦城内的祭司在波斯王居鲁士二世入侵时打开城门，放波斯军队入城，让波斯人俘虏了国王，迦勒底王国灭亡。

[5] 神智学，亦译"通神学"。分广义、狭义。广义泛指和哲学体系相联系的各种神秘主义学说。认为通过直接认识、哲学思辨或某种物理过程就能洞悉神和世界的本性，把上帝看作是一切存在和善的超越的源泉，以喻意解释法来解释宗教典籍。一般的神秘主义限于探讨灵魂和上帝的关系，而神智学则制定人和自然的完整学说。古代神智学的主要代表是新柏拉图学派、诺斯替教、卡巴拉派。文艺复兴时期瑞士医学家帕拉切尔苏斯把科学观念和神智学思辨相结合。近代神智学接受亚洲宗教哲学的影响，其许多词语来自印度，因东方的神学，尤其是印度哲学中包含大量神智学因素，在佛教和婆罗门教的典籍中充满有关宇宙、永恒原理，众生基础等神秘观念。其主要代表人物有柏麦、谢林、斯维登堡。

[6] 鲁道夫·斯坦纳(Rudolf Steiner),1861—1925,奥地利出生的瑞士社会哲学家、精神哲学家。他是灵智学的创始人,用人的本性、心灵感觉和独立于感官的纯思维与理论解释生活。他潜心于科学,编辑了歌德的科学著作,编定歌德全集标准版本,并深受其影响。帮助建立德国神智学协会。在《自由的哲学》(1894)一书中转而钻研哲学。1912年创立灵智学会。1913年,在多纳什城成立第一个哥德学园,一所精神科学、人文科学的学校。斯坦纳到处讲演、著述。1919年为瓦尔多夫工厂工人建立进步学校,导致日后的国际瓦尔多夫学校运动。作品有《精神活动哲学》(1894)、《歌德的世界观》(1897)、《神智学》(1904)、《神秘学大纲》(1913)和《我生活的故事》(1924)。

[7] 密传基督教,又名密意基督教(Esoteric Christianity),自文艺复兴时期起同《赫密士文集》相结合,所以又称赫密士基督教(Hermetic Christianity),是一种将基督教视为秘密宗教的灵性流派的统称,认为良心与高等理智、高等情感有着直接的连接,而高等理智以及高等情感是根植于源头或造物主的,追随者相信并实践特定的密传教条和教义,这些教义只有少数人掌握,一般不为主流基督徒所熟知,甚至被主流基督教所排斥。

[8] 人造卫星和北极星火箭,1956年底美国开始研发全新的固体燃料弹道导弹,称为"北极星"计划。1957年10月,苏联向宇宙空间发射了世界上第一颗人造地球卫星,从卫星上发往地球的无线电信号,送到了每个国家无线电收听者耳中。

[9] 创世纪时代,《圣经·创世纪》所描写的时代。《创世纪》介绍了宇宙的起源(起初神创造天地),人类的起源(神创造了亚当和夏娃)和犹太民族的起源,以及犹太民族祖先生活足迹。本书也是上帝全部计划中的开始,它向我们展示神的创造怎样地完美,人类是怎样堕落的,一个民族是如何被上帝拣选发展壮大的。

[10] 普罗米修斯,古希腊神话中泰坦一族的神明之一,名字的含义是"先见之明"。普罗米修斯曾与智慧女神雅典娜共同创造了人类,普罗米修斯负责用泥土雕塑出人的形状,雅典娜则为泥人灌

注灵魂,并教会了人类很多知识。普罗米修斯还反抗宙斯,将火种带到人间。

[11]伍尔坎,罗马神话中的火与锻冶之神。

[12]阿波罗,是古希腊神话中的光明、预言、音乐和医药之神,消灾解难之神。同时也是人类文明、迁徙和航海者的保护神。亦是宙斯和勒托之子,阿尔忒弥斯的孪生弟弟。阿波罗又被称作福玻斯·阿波罗,而福玻斯是"光明"或"光辉灿烂"的意思。阿波罗是所有男神之中相貌最英俊的一个,他快乐、聪明、拥有着阳光般的气质,是许多艺术家在诗画中赞颂的对象。在古希腊诗人赫西俄德的《神谱》里,太阳神指的是赫利俄斯。他是光神海波里斯的儿子。阿波罗是艺术之神,并非太阳神。

[13]密涅瓦,拉丁语Minerva,是罗马神话中的智慧、战争、月亮和记忆女神,也是手工业者、学生、艺术家的保护神。

[14]莱昂·布鲁姆(André Léon Blum),1872—1950,法国左派政治家和作家,知名的文学和戏剧评论家,犹太人。1936—1937年当上人民阵线联合政府的首脑,成为法国第一位社会党籍总理,也是第一位犹太人总理,执政期间实行变革,提高了工人待遇。1940年"维希政府"将他逮捕,被监禁到1945年才获释。战后成为法国主要的元老政治家之一。

[15]季洛杜,1882—1944,法国文学家、戏剧家。1903年入巴黎高等师范学院学习,毕业后先后在德国及美国哈佛大学任教。1907年返回巴黎,1909年出版短篇小说集《外省的妇女》,1910年进外交部任职。第一次世界大战时应征入伍,1921年起从事外交工作。1940年德国纳粹入侵法国,季洛杜辞去外交部公职,专事写作。《西格弗瑞德》是他的第一部剧作,1928年首演后一举成名。

[16]让·拉辛(Jean Racine),1639—1699,法国剧作家,与高乃依和莫里哀合称17世纪法国最伟大的三位剧作家。代表作品有《昂朵马格》(1667)、《讼棍》(1668)、《布里塔尼居斯》(1669)、《蓓蕾尼丝》(1670)、《巴雅泽》(1672)、《米特里达特》(1673)、《伊菲莱涅亚》(1675)和《费德尔》(1677)等。

[17] 朱诺，拉丁语 Iūno、英语 Juno，是罗马神话里的天后，婚姻和母性之神，罗马十二主神之一。朱庇特之妻，集美貌、温柔、慈爱于一身，被罗马人称为"带领孩子看到光明的神祇"。

07 我发现了声音的世界

失明后,我就忘了母亲、父亲和许多我爱的人的模样。偶尔我想起一张脸,但那总是一个我不在乎的人。为什么记忆会这样运作呢? 就好像感情和它不相容似的。

难道是因为感情或爱让我们太亲密,以至于无法想起对方的模样? 也许因为我们爱他们,而从来没有完整地看过我们所爱的人。

因为看不到他们的模样,我的耳朵就记住了父母的声音。自那次事故以后,我更关注人们的轮廓和外表,只是采用了一种全新的方式罢了。

突然间,我不再关心人们的头发是棕色还是金色,眼睛是蓝色还是绿色。我甚至认为,视力正常的人在这些无用的观察中花费了太多的时间。

"他很自信的样子""他看起来很有教养"……所有这些日常对话的表达,在我看来,都只是表面性的:这是泡沫,不是饮料本身。

就我而言，我看人有自己的一套，关于他们的形象有自己的认知，但这不再与世人的想法相吻合。我经常看到世人弄颠倒了：他们称之为狡猾的那个男孩，我看到他的害羞；那个被称为懒惰的男孩，我看到他整天在想着功课，他的热情与懒惰正好相反。说实话，我对人的看法已经变得与其他人非常不同，我开始不再信任他们的判断。到头来我自己也觉得很奇怪！

坦率地说，头发、眼睛、嘴巴、领带和手指上的戒指，现在对我来说已经变得微不足道了，我甚至不再去想它们，连人似乎也没有了。在我的脑海里，男男女女都没有头或手指，或者只有头或手指。坐在扶手椅里的女士突然缩进手镯里，她整个人就变成了手镯。有些人整张脸都是牙齿，还有一些人是那么和谐，好像与音乐交织在一起。

事实上，所有这些景象都无法描述，它们是如此灵动，如此有生命力，以至于无法用语言来表达。

不！人们看起来不像我被告知的那样。特别是他们从来没有连续两分钟是一样的。如果有这样的人的话，这也不是好兆头，预示着这些人不想理解或不想活着，而是陷入了一种肮脏激情的泥潭中。我可以直接在他们身上看到这一点，因为不再有他们的脸在我眼前，我让他们猝不及防。人们不习惯这样，因为他们通常不会在一个看不见的人面前伪装自己。

我在耳边或心里可以听到父母的声音，无论走到哪里，他们的声音都很近。所有其他声音也一样。躲避一张不喜欢的面孔相对容易：与它保持足够的距离即可，把它留在外面的世界里。但是要试图用声音来做这件事，你做不到！

人类的声音强行进入我们的内心。我们真正听到的声音是在我们的内心。为了听得清楚，我们甚至必须让它在我们的头脑和胸腔、在我们的喉咙里振荡，在那一刻，它真的属于我们。这，就是声音绝不我欺的原因。

我再也看不到那些脸了，我知道我很可能一辈子也看不到它们了。有时我真想在这些面孔看起来很美时触摸它们。但社会小心翼翼地禁止这样的姿态。事实上，一般来说，社会禁止一切可以拉近人与人之间关系的姿态。社会认为自己在做正确的事情，可以保护我们免受无礼和暴力的攻击。也许这是对的：人是肮脏的动物。但一个失明的孩子怎么知道危险呢？对他来说，这样的禁令是无法理解的。

然而，我充分利用了声音——这是社会从未涉足的领域。

事实上，奇怪的是，虽然人的法律在身体方面是如此敏感，但是他们从来没有想过要限制人体裸露部分或声音的接触。显然，他们似乎并没有想到，在合法和非法的接触程度上，声音可以比所有的手和眼睛都触摸得更深入。

更普遍的事实是：一个说话的人不知道他在自我暴露。当人们对我这个小瞎子说话时，他们毫无戒心。他们知道的是，我听到了他们说的那些话，我理解了他们的意思。他们所不知道的是，我能像读书一样读懂他们的声音。

比如，数学老师走进教室，拍了拍手，很有信心地开始上课。那天他和往常一样，思路很清晰，也许比以前更有趣，甚至太有趣了。

他的声音本来应该在句末沉下来，降一两个音用低音收尾，但那天却停留在空中，转而拔高了音调。那天，我们的老师仿佛想要隐瞒什么，在他想象出来的那位观众面前装出一副有信心的样子，以证明他没有放弃，他要坚持到最后，他必须……而我，已经习惯了他收句的低沉，像节拍器的节拍一样有规律，我伸着耳朵，为他感到难过。我想帮他，但我觉得这很傻：我没有理由认为他不开心。

他仍然不开心，非常不开心。8天之后，长舌头们令人讨厌的"情报"告诉我们，他的妻子刚刚离开了他。

到头来，我听懂了很多声音，很多时候是无意识地，甚至不假思索地就懂了，弄得我对声音的兴趣超过了它所说的内容。有时，在课堂上，一连几分钟，我什么也听不见,既听不见老师的问题,也听不见同学们的回答。我太专注于他们的声音接连穿过我的脑海这一画面了。

当然,更重要的是,这些画面,多半会与表象产生明显的矛盾。例如,历史老师刚刚给名叫帕科特的学生打了满分 10 分。我很吃惊,因为帕科特的声音已经真真切切地告诉我,他什么也不懂。他只是用嘴背诵了这课,并没有用心。他的声音听起来像拨浪鼓,声音里没有任何实质内容。

声音所传达的意思我几乎是瞬间体会到的。有一些声音传递出身体的状况,让我很不舒服:有些男孩子呼吸不畅,他们应该做扁桃体或淋巴结的手术,他们的声音像被云雾笼罩着。有一些人只能发出可笑的假声,这让你一开始以为他们是懦夫。还有一些神经质的、胆小的人,他们只是偶尔会用自己的声音说话,而且含糊不清地嘟哝着,声音很小。就算是我听错了,肯定也不会错太久。

优美的嗓音(在这里优美意味着很多,因为它可能表示拥有优美嗓音的人自己本身也很美丽)即使是咳嗽和口吃,也依然是美丽的。相反,一个丑陋的声音,可以变得柔和、甜蜜,可以轻轻地咕噜咕噜,像笛子一样唱歌。但毫无意义,那声音依旧是丑陋的。

不管怎样,我发现了声音的世界,而这是一个未知的世界。在日常生活中，人们甚至几乎不提它。似乎只有音乐家和少数诗人意识到它的存在。但他们总是在声音最有魅力的时候、在它们濒临非人声可比拟的边缘拾取声音，所以他们也不是从头到尾了解声音。真的只有我才能从那普普通通的声音中揭示出一个人的状态吗？

我该怎样向别人解释，我对他们的所有感情——同情或反感——都因他们的声音而起？我试着告诉过几个人，他们对此无能为力，我也无能为力。很快我不得不保持沉默，因为很明显，这让他们感到害怕。

所以存在一种有寓意的嘈杂声。我们的欲望，我们的情绪，我们隐私的恶习，甚至我们最隐秘的想法，都会混杂在我们的声音中表达出来，通过音调、语调或节奏表达出来。一句话里，三四个音符靠得太近，就表示愤怒，即使那说话者的眼睛里并没有表现出愤怒。至于那些伪君子，他们立刻就会被认出来：他们的声音很紧张，声音之间有轻微但突兀的间隔，好像他们下决心不让自己的声音畅所欲言。

后来，人们告诉我有一门科学，即音系学[1]（phonology），由于无线电广播的发展和广告所运用的间接说服的方法，使声音的科学应运而生。

这样的科学可能吗？可能是可能，可取就恐怕未必。假如有那么一天，贪婪无耻的人掌握了人类声音的艺术，懂得如何解读它，按照自己的意愿去塑造它，这将是我们的自由的终结。

这样的人会把控隐藏的舵柄。他们将是新的俄耳甫斯[2]，让猛兽奔跑，让顽石升起。但是，让我们记住，俄尔甫斯本人也只有在不滥用秘密的情况下才有权获得秘密。

注释

[1]音系学，研究语言的语音系统的一门学科，包括对当代语言的语音系统的分析和对历史语音变化的研究两个方面。现代音系学的研究始于19世纪末期。波兰语言学家J.N.博杜恩·德·库尔德内和他的学生H.B.克鲁舍夫斯基首先提出了"音位"的概念，欧洲的其他一些语音学家如英国的H.斯维特、法国的P.帕西、俄国的Л.B.谢尔巴都对这个领域进行过开拓性的研究。20世纪30年代，欧洲布拉格学派的H.C.特鲁别茨科伊等人发展了音位的概念，音位的研究在欧洲和美国迅速发展。二战后，现代科学技术飞跃发展，语音学和声学、生理学、心理学、医学等学科逐步结合起来，出现了崭新的面貌，对现代音系学的发展产生了深刻的影响。20世纪50年代，侨居美国的布拉格学派主要学者R.雅柯布逊和瑞典著名声学家C.G.M.方特、美国语言学家M.哈利合作，以当时语声学研究成果为基础，系统地提出"区别特征"的概念，为现代音系学的发展开创了新局面。雅柯布逊等人主要从语音的声学特性出发，参考语音的生理特性，把一切语音归纳为12对区别特征，如元音性/非元音性，突发性/延续性，浊音性/清音性，集聚性/分散性，鼻音性/口音性等。区别特征是语言中能够区别意义的最小对立体，这些最小对立体都是偶值的。20世纪60年代末，美国语言学家N.乔姆斯基和哈利合作，进一步发展了区别特征的理论，创立了"生成音系学"，

成为近20年来对音系学研究影响最大的学派。

[2]俄耳甫斯,古希腊神话人物,又译为奥菲斯。古希腊色雷斯著名的诗人与歌手,传为俄尔甫斯教创始人。相传为色雷斯王埃阿格鲁斯(Oeagrus)或者光明与音乐之神阿波罗与艺术九神之一、史诗的守护女神卡利娥珀(Calliope)所生,音乐天才。善歌唱和奏七弦琴,能用弹唱施行法术,使听者(包括人神和动植物)入幻,琴声能使人神陶醉,就连凶神恶煞、洪水猛兽也会在瞬间变得温和柔顺、俯首帖耳。主要事迹载于神话故事《金羊毛》中。相传在侍奉酒神的女徒们的一次狂欢祭仪中被撕成碎片吃掉。

08 世界不分内外

一段时间以来,在我和你们聊天的时候,我不再孤单:让也来了。

大家可能没有注意到这一点,但他存在于我所做的一切和我所说的一切。如果不是担心不必要的模糊,那么在接下来的9年里,我就不会说"我",而要说"我们"。

在中学六年级的时候,几乎每一堂课,让都坐在我背后的那张课桌。他自己选择了那个座位,他不愿意离我太远。但他没有告诉过我。

就我而言,我总是想转过身去,更仔细地听他的声音,他的声音很睿智——而且比其他人的声音更清晰——这让我很开心。

我们当时还不是朋友:我们都不敢向对方提出交友。

那年年底,他的母亲来问我母亲,他是否可以每天傍晚和我一起回家,给我读我需要的书,和我一起做功课。

令我们高兴的是,我妈妈立即同意了。但当时谁能料到,这段新生的友谊会以悲剧告终呢?他和我都没有料到,我向你保证!我们都只是孩子,只知道一件事:我们彼此相爱。

让的父亲是一位建筑师,一个开朗善良的人,4年之后死于心脏病。

让的母亲自己也是一位画家:她富有想象力,温文尔雅,非常尊重他人。

11岁的时候,让的天真无邪超过了我所有的朋友:他对生活一无所知。他还不想要我教他。这出于他的谦虚,但也出于他对事件发生的时间的感觉:他一直告诉我,他可以等待,一切都会水到渠成的。

他做任何事都比我慢。有时他的手有点重,要么是用力压,要么是触碰得有点重。他和你握手时,会握得太紧太久,有点疼。

他有一副天使般的男高音嗓音,14岁以前,他都非常担心:他不知道自己有一天能否像个男人一样说话。然后,在1938年春天的两个星期里,他的声音下降了三个八度:他变成了高贵而使人有被保护感的男低音。

"保护"这个词准确地表达了让对自己能力的愿望。后来,当我们俩都发现了自我反省时,他告诉我,他很高兴自己软弱，这样他就不会去欺凌别人了。

但是，顺便问一句，他真的很软弱吗？

对老师们来说，他是软弱的。虽然非常聪明，但他慢条斯理，说话稳重——他被指责过于冷静。他的脸上总是带有一丝惊讶的表情，傻瓜们常常误以为那是讽刺。

让就这样通过所有的门——学习之门、想象之门、感情之门，以及每时每刻的交流之门，一下子进入了我的生活，这种亲密度只有精神恋爱可以相媲美，而这种恋爱也是很少见的。

他认真而严肃。也可以用其他词语来表达，比如高贵和威严，去掉其中的僵硬和一本正经的成分。他比我更严肃，不太会出于本能做出任何愚蠢的举动，在这些事情上，他对我起到了刹车的作用。

当然，我们都是勤奋的小男孩：掉进书眼里了。我送给让的最好的礼物（是他这么说的）是一本梅特林克[1]（Maeterlinck）的《佩利亚斯与梅丽桑德》（*Pelleas and Melisande*）。我们做作业，我们做梦：我们是两个身体一个头脑。

的确，他的身体比我长得快得多，所以每年他的手都会比我的肩膀高一点。让只搂我的肩膀——老天作证，他把我搂得太紧了！16岁时，他比我高20厘米，他是一个又高又瘦又严肃的家伙，而且越来越严肃。

我们一起完成了六年级的学业。这是9年中学生涯的第一年，在此期间，我们没有离开对方超出48小时过。七年之后，又有两年我们俩在一起——那是充满风暴的两年。但现在说这些还为时过早。

9年来，没有一个想法、没有一种情感是我们不曾分享的。然而，我俩却完全不同。

我们听同样的老师讲课，读同样的书，交同样的朋友，参加同样的旅行，在同样的时间等待同样的快乐，以同样的步伐行走——而且，相信我，在他长得那么高的时候，我应该很难跟上他的步伐。我们一起疯狂，一起悲伤。假如一个人不知道某事，那是因为另一个人也不知道。我们是一体的，我们已经到了可以通过心灵感应进行交流的地步。而且，尽管如此，我俩仍然还是两个人，快乐而自由的两个人，友好到我们每人每天都活了两次。

我们之间，不仅仅是友谊，还是一种宗教。

我家住的那栋楼在学校和让家的中间。让每天两次走这段路，接我和送我。

我在楼下等他，在大楼的前厅。我喜欢等他。当他稍稍迟到的时候，我的指尖有小小的刺痛感，喉咙发紧，但那不是担心，而是快乐。突然间，他挺直地出现在我面前，像一句承诺一样可靠。头一秒他从不说话。我也不说话。我们俩需要在沉默中来寻找对方。

16岁的时候，我们俩郑重地决定，我们之间再也不要说那些陈词滥调，不再说那些讨厌的"你今天好吗？——还不错，你呢？"。这发出了友谊的声音，但一分钟之后友谊就像泡泡一样破裂了。

我们曾经发誓要彼此说出真话，只说真话。假如我们不能说，那就保持沉默。

想象一下，两个男孩子，一个高个子、一个中等个子，在法兰西岛（兰布莱、圣日耳曼、尚蒂伊）的某个森林里，以相同的步幅沿着一条小路行走，不时地相互微笑，但不说话，一连好几个小时：这就是让和我。15岁的某一天，我们对自己没有把握，不知道假如我们说话会不会伤到对方。

啊！在那些日子里，我们知道这有多苛刻！我们俩都非常清楚，诚实和尊重给人的快乐比世界上所有的快乐都要大。至少，让生来就知道这一点，他教会了我。对他来说，我还不算是一个太糟糕的学生。

我们也知道如何聊天。1940年9月，我记得有一个星期天，谈话14个小时没有中断，也没有见证人。这是我们第一次长聊。我们俩聊天的时候，绝对是为了找到彼此，聊的也不是语句：你言我语都是探针。然后，几个小时过去，我们俩的头脑不再记录字句，我们只是用意念、用灵魂的运动来表达思想。我们敞开生命进行交流。

让每天都接我去上学，不管是下雨、刮风还是下雪。我们在一起时，我不记得我们有过冷热的感觉，至少我们没有意识到这一点。

我的身体从来没怎么病过，但是让偶尔会犯病。由于从来没有在医学上得到澄清，他频发可怕的偏头痛。因此，由于眩晕，他不得不整天躺着。否则，假如他冒险出门，他的手就会颤抖，声音听起来像是窒息了。他告诉我之前，我就知道他病了，但我从来没跟他说过。他要求我答应不这样做。

危机过后，他的声音再一次透着欢乐。他的第一个问题就是要我告诉他，他不在的那段时间里生活中都发生了什么。

到头来，人们看惯了我们俩在一起，他们不再清楚地区分我们。让有时对我说，我有时候也会对让说：很遗憾，总有一天我们俩会不得不分开。但这对我们来说就像死亡的念头，我们立即拒绝了这个念头。

让喜欢我是盲人，因为他认为假如我眼睛能看见，我们的友谊就不会那么完整。此外，我们俩总是互相借用对方的感官系统：今天是他看到，明天是我感知到。我们也以这种方式探险。

就这样，让进入了我的生活。我还没有很好地展示这一点。我不知道我是不是可以做得更好。

但是我成长的路上都有他，直到我们19岁。最终你会了解他的。

我有没有告诉过你——我可能还没有——让和我从一开始就有一个约定,我们两个都有权独立于对方与我们喜欢的任何人交往?

我们这样做不是为了维护我们的自由(对我们来说,从我们分享所拥有的一切开始,我们就是自由的),而是为了尊重他人的自由。其他人可以相信让而不信我,或者反之。人有时候就是这么奇怪!

这一措施是明智的。例如,1938年以前,我的大多数朋友都不能忍受让的存在。他们会把他的纯真误认为傻,他们会挤对他。我确信如此,将让与这些人分隔开。时不时地,我感到有些羞愧。但是羞愧感改变我们的行为是需要时间的。

那时候,我还沉迷于剧烈游戏。

我对奔跑仍充满激情,无论是在战神广场还是在朱瓦尔代,每天傍晚下课后,我都要沿着卢森堡公园的外门跑一圈,大约4公里的路程,跑到喘不过气来。我不得不抄近路穿过草坪,尽管指示牌上写着禁止践踏草坪,或者更确切地说正因为这些指示牌。我们玩尖叫比赛,在婴儿车和年轻的妈妈们中间散布恐慌。当时的我们认为她们似乎很老了,因此应该承受这样的待遇。我们扬起尘雾,嗅着旋转木马的乙炔味道,冲散人群,惊吓路人,突袭圣米歇尔大道的一家唱片店,听莫里斯·舍瓦利耶[2]和蒂诺·罗西[3]的最新歌曲——所有这些都是最大胆的行为。从这些战绩中,你就知道让并不是我所需要的人。

我需要那些愿意做任何事情的男孩,假如有必要,甚至在家人面前或在课堂上佯装无辜。

那时节我离让很远。我处于一个"无人区",处于童年和青春期之间的躁动地带。像我的其他伙伴一样,我充满了愚蠢的无知和早熟的熟知。

我开始怀疑,人的肉体有时候对他们来说并不方便,他们想用这具肉体来寻欢,但他们并不总是有权这样做,于是在享乐方面,会有无数的而且大多是晦涩的仪式。

我在卢森堡公园的朋友不像在朱瓦尔代的朋友,他们看女孩子的时候,总是斜着眼看。到头来,他们想着姑娘们,但从来没有碰过她们,时间长了,这对他们是一种伤害。在这方面,他们似乎生活在某个无名警察的眼皮子底下。

图文并茂的报纸、电影和无线电广播里的女孩子,使他们转过脑袋去看,而脑子里空空荡荡。

因此,我们多次前往卢森堡公园探险,晚上恋人们经常在那里会面。而我们的目标就是在他们解开神秘时给他们一个惊喜,但每次都很失望,因为没有什么神秘出现。我们看到的只不过是胳膊搂着腰,接吻的时间长得超乎想象，就像电影里一样，仅此而已。我们悻悻然回到家，热切地讨论我们捡拾的生活碎屑。

远离让，我并不快乐，尤其是远离他的纯洁。但我怎么能抗拒呢？特别是所有这些为了忘记童年而费尽心思的男孩子需要我时——他们是这样告诉我的。一些人认为，我是盲人，所以我一定是情感方面（就是他们所谓的身体运动，我无意指责他们，因为大多数成年人都会做同样的事情的专家）。更何况，一个盲人是他们梦寐以求的见证人！既然盲人看不见那些姑娘，就有必要向他描述一下。盲人不可能反驳别人对他说的话，也就没有什么可担心的了。

我参与了所有这些游戏，但是并不开心，直到最后让把我从中解救出来。

这是我多亏了他的一个例子。当他出现在那里的时候，我天性中善良的一面就绽放了。我甚至不明白，就在几个小时前，我怎么会对那些如此没有理想、如此没有希望的事情感兴趣呢。

卢森堡公园的男孩们在我看来是丑陋的。他们不再是男孩，他们也还不是男人。他们身上已经有些缥缈的东西，我不知道那是什么。而让保持着他的尊严。

让也跟我谈论女孩子，但语气与他跟我谈论星星是一样的。她们注定只能远远地看着，她们弱弱地、长时间地闪烁着不确定的光芒。"星星"们从不落地，也不应被碰触或抓住，因为她们都是甜蜜的。你甚至不必一直想着她们，因为她们和未来一样重要。

这样的谈话使我感觉很好，它承载着一种承诺，我理解让，他一个人比所有其他人加起来都更正确。

我之所以知道这一点，是因为即使在卢森堡公园我有许多轻浮的行为，但没有一个行为能使我和一个女孩说上话。我还是在家里遇到了几个女孩——我朋友的姐妹们，我幼年时的几个朋友。让以其纯真猜到了这一切，他不断地告诉我，我必须利用这个机会，因为很快就不会再有机会了。他说得很对：这是最后的美妙无邪的时刻。

在女孩们的陪伴下，我感觉很好。她们甚至是比男孩们更好的倾听者。除非她们是假装的！但是这一点当时我从来没有怀疑过。

每当我讲一个故事，编造一个虚构的情节梗概，根据我的梦想改编一本书（当女孩们在我身边时，我的创意取之不尽、用之不竭），她们都会自愿跟随我。

与男孩们不同，她们从不讨论荒谬的合理性。她们在想象中是如此自在，和她们一起我可以梦想加倍。她们总会回应我，我发明的东西越不真实，她们就越开心。她们把不可能的事情戏剧化了。

时不时地，我必须提醒自己她们是女孩子，她们对我隐瞒了一些重要的东西，这使我感到不安。但一般来说，我不会考虑这个问题。我和她们一起活在现实世界之外，我利用了我的优势。

终于有一天——一个令人难堪的日子，女孩子不再来看我了，她们已经变成了年轻的姑娘。为了找回她们，让和我还有很长的路要走。

从13岁到16岁，那些坏男孩和好女孩都抛弃了我们。那一段是我们两个人共度的时光：一个充满无尽的、无厘头的自信的时期，一片可以发现无尽的、无厘头的自信的乐土，这片乐土可以带来新生活，提醒你过去活得多么不完整；这个时期也充满了胡思乱想，一个念头刚起就被另一个取代；那是生活中一段纯粹快乐的时光，可以用一个更好的词来描述，那就是"爱"。

我们在赛纳河谷上方一座小山的一侧，在岩石和灌木丛中攀爬了半个小时。突然，我察觉到我右边的风景向下沉，我对让说："看！我们到顶了！你会看到整个河道的曲线，除非太阳晃了你的眼睛！"

于是，让跳了起来，瞪大眼睛，大声说："你说得太对了！"

这样的场景，以千百种形式，在我们俩之间频繁出现。假如这使你感到惊讶，那是因为你忘记了那些拥有眼睛、运气或幸福的人很难理解这些奥妙并运用它。

散步回来，让常常对他的家人说起我："他今天让我看到了这么多东西，真令人吃惊！"

必须补充的是（你肯定明白这一点），让花了很多时间在做梦。他不断沉浸在自己的内心世界里。当我告诉他，内心世界即使不比别的世界更丰富，但至少也同样地丰富，而且几乎完全没有被人探索过，他相信我的话。

我给他指路，我很清楚路线。现在，假如他不比我走得更远就好了。

只不过，就算他已经学会了在自己的内心深处往下走，但往上走的时候他却显得很笨拙。在这段旅程中，往上走总是最困难的。对我来说，五六年来，我一直在上下来回穿梭，这都成了一种惯例。

我向让解释。他觉得升腾很困难是因为有一个先入为主的偏见——事实上几乎所有人都有这个偏见，以为存在两个世界，一个外在世界，一个内心世界。我不得不一遍又一遍地解释，因为让想要相信我，但又做不到。这个先入为主的想法总是成为阻碍。

我们每个礼拜至少谈一次这个问题，就像人们去做主日礼拜一样。事实上，这正是一个宗教问题。

世界是统一在一起的，这个事实让我陷入困境，无法解释，因为这似乎是不证自明的。我只能重复说："只有一个世界。只有把你的一切都投入其中，外在的东西才存在。至于内在的东西，除非让外在的东西进来，否则你永远也看不清楚。"

从内在的光切换到太阳光，不是感官的问题：咔嗒一声就足够了，视角发生非常轻微的变化。就像脑袋转几度角一样。最后，只要相信就够了，其余的都是自发的。

为了说服让（这对我来说非常重要），我收集了所有的论据。如果他想要幸福圆满，就必须只有一个世界，这就是条件。

我熟悉这种喜悦，我能达到这个境界就是拜这个恩典所赐。当我在福音书中读到道成肉身[4]的时候，我对自己说，这是真的。

与此同时，我意识到，我没有做任何功德就被赐予了这恩典。我向上帝祈祷，希望让也能够得到这恩典。

假如说一个15岁男孩和一个40岁男人之间有什么区别的话，唉，恐怕男孩更有优势。男孩做任何事情都很专注，而男人靠习惯做事。

让知道如何专注，没有什么能够分散他的注意力：夜幕降临不能够，我没完没了的喋喋不休不能够，甚至饥饿也不能够。

15岁！这个年纪，什么都敢说，也总能找到一个人倾诉。我也懂得如何倾听让的说话声。

当我们中间的一个人试图从脑海中将尚未成形的

想法或者怎么也成不了形的碎片或场景描述出来，另一个人会认为这很自然：他会等待，其实心里已经明白了。

去告诉一个成年人，你不像他们那样看问题，当心你会惹恼他们。你甚至可能会让他们感到震惊。然后假如你开始描述你们之间的差异，你就有50%的机会树敌。让和我恰恰相反，我们互相支持。我们时刻留意哪怕是最微小的新奇事物。

在整整一个小时里，他给我讲舒伯特的音乐对他有什么影响，贝多芬的音乐又有什么不同的影响。作为回报，我为他展开历史电影。

我不知道这一切是怎么发生的，但每次有人在我面前提到一个事件（从提比略[5]统治时期到第一次世界大战），这一事件就会立即被投影到屏幕上——一张内在的幕布。

这张幕布，就像中世纪艺术家画的祭坛画[6]一样，可以完全打开，也可以折叠。只要我想，投影多少次都可以。

如果我需要奥古斯都[7]世纪的事件，我就把它放在那幕布上，左边隐藏着罗马共和国[8]，右边则是其余的皇帝和他们的衰落。

我可以随意放大或缩小我的视野。那些事件很少发生的时代，比如从穆罕默德的预言到查理大帝[9]加冕之间的六七世纪，我看到它们是灰蒙蒙的。那些事件频繁的时代，从美国革命[10]和法国大革命[11]开始的时代，我可以根据需要将它们剪切成尽可能多的小图片。

这样一来（不用说），学习历史对我来说成了一场游戏。多么丰富多彩的游戏啊！

在这些大大小小的图片中，我看到的不是数字或课本上的字行，而是历史上的人物和地点：圣女贞德[12]在兰斯，圣女贞德在火刑柱上，马赛大瘟疫[13]，谷登堡[14]在他的第一部圣经前，圣索菲亚大教堂[15]被土耳其人洗劫，克里斯托弗·哥伦布在他的帆船上。

让有一百次机会了解所有的细节。他孜孜不倦。他把我的世界和他的世界做了比较。他注意到，在他的世界里，图片和颜色都少得多。这几乎使他生气。"到底，"他说，"我俩谁是瞎子？"

这就是为什么，如果我要他看的时候，他很愿意去看。他真的看了，然后我就会立即利用他的眼睛。反过来，当我说"我看到了森林，我看到了日落"的时候，他也会相信我。

尽管如此，我们必须保守这些秘密：它们真的不同寻常。而且，让走了之后，我不得不等上好些年，才有勇气把它们托付给世人。与众不同并不总是那么容易。

注释

[1] 梅特林克（Maurice Maeterlinck），1862—1949，比利时诗人、散文家、象征派戏剧的代表作家。被誉为"比利时的莎士比亚"。梅特林克的剧本充满诗意，被称为诗剧。1889年，他发表诗集《温室》和第一部剧本《玛莱娜公主》。1908年发表的六幕梦幻剧《青鸟》，是梅特林克戏剧的代表作，也是欧洲戏剧史上一部融神奇、梦幻、象征于一炉的杰作。梅特林克的主要作品还有《佩莱亚斯与梅丽桑德》《盲人》《阿亚业娜与蓝酬子》《圣安东的奇迹》《蒙娜·凡娜》等。早期作品充满悲观颓废的色彩，宣扬死亡和命运的无常，后期作品研究人生和生命的奥秘，思索道德的价值，取得很大成功。1911年，由于他多方面的文学才华，尤其是在戏剧方面的杰出贡献，被授予诺贝尔文学奖。

[2] 莫里斯·舍瓦利耶（Maurice Chevalier, 1888—1972），法国歌手、演员。他的演唱风格轻松潇洒。50多年中，他向全世界观众展现了一位完美巴黎人的风度魅力。他的演唱风格轻松潇洒，给人一副纨绔子弟的形象。他的《路易斯》、《咪咪》（*Mimi*）、《吉吉》（*Gigi*）十分流行。

[3] 蒂诺·罗西，真名康斯坦丁·罗西（Constantin Rossi），1907年4月29日生于科西嘉岛上的阿雅克肖，1983年9月26日卒于塞纳河畔讷伊，法国歌手，是著名的圣诞歌曲《圣诞老爷爷》（*Petit papa Noël*）的原唱者。

[4] 道成肉身，基督教基本教义之一，源自《约翰福音》一章14节。字面意思是"变成了肉身的行为"。基督教信仰认为，耶稣是三位一体中的第二个位格，是上帝圣父的独生子，称圣子。他与上帝完全同具一个本体，先于创世便与圣父同在，即上帝的"道"（Logos, 逻各斯）。因世人犯罪无法自救，上帝乃差遣他来到世间，即以"道"通过童贞女马利亚由圣灵感孕，取肉身下世为人，宣传救世福音，故称道成肉身。

[5] 提比略（前42—37），罗马帝国第二位皇帝。14年，奥古

斯都驾崩，提比略继承由奥古斯都缔造的帝国，借由联姻关系，成为朱里亚·克劳狄王朝之继承人。提比略个性深沉严苛，执政时期并不受到臣民的普遍爱戴。执政后期，党派与家族之间的斗争、阴谋，使得他采用残暴的手段对付政敌与亲族。在罗马古典作家的笔下，他的形象被定位为暴虐、好色。但近代学者根据帝国当年的安定景象与文献铭刻等史料，重新为提比略翻案，认为提比略是一个有作为的皇帝。由于与元老院与家族的关系紧张，26年，提比略退隐卡普里岛，自此再未返回罗马，但他从未放松对政局的控制。37年3月16日，提比略于卡普里岛驾崩。

[6] 祭坛画，一种画在木板上的宗教画，安置在教堂圣坛前面，类似中国屏风。

[7] 奥古斯都，意思是"神圣伟大"，一般指盖维斯·屋大维。屋大维，（前63—14），罗马帝国的第一位元首（Princeps），元首政制的创始人，统治罗马长达40年，是世界历史上最为重要的人物之一。屋大维是恺撒的甥外孙，公元前44年被恺撒指定为第一继承人并收为养子。公元前43年，恺撒被刺后登上政治舞台，与安东尼、雷必达结成"后三头同盟"。公元前42年与安东尼在腓力比之战中打败共和派首领布鲁图和喀西。公元前36年，他剥夺雷必达的军权，后在阿克提姆海战打败安东尼，消灭了古埃及的托勒密王朝，成为罗马内战的胜利者。公元前30年，被确认为"终身保民官"。公元前29年获得"大元帅"（Imperator，又译"皇帝"）称号。公元前28年被元老院奉为"奥古斯都"，并改组罗马政府，给罗马世界带来了两个世纪的和平与繁荣。屋大维曾先后获得执政官、保民官、大祭司长等职衔，实为罗马皇帝。为加强统治，对军队进行改革，实行雇佣兵制度；建立禁卫军，驻守罗马和意大利。对外继续扩张，向西完成对西班牙的征服，向北推进至多瑙河、莱茵河一线。他善于审时度势、进退有节，处事机智果断、谨慎稳健。他所采取的一系列顺乎形势的内外政策，开创了相对安定的政治局面，为帝国初期的繁荣打下基础。

[8] 罗马共和国，古罗马在公元前509年到公元前27年之间的

政体。公元前510年罗马人驱逐了前国王暴君卢修斯·塔克文·苏佩布（高傲者塔克文或者称小塔克文），结束了罗马王政时代，建立了罗马共和国，国家由元老院、执政官和部族会议三权分立。掌握国家实权的元老院由贵族组成。执政官由百人队会议从贵族中选举产生，行使最高行政权力。部族大会由男性平民和男性贵族构成。公元前27年之后元老院支持屋大维建立元首制。屋大维大权在握后建立了罗马帝国，罗马共和时代宣告结束。

[9]查理大帝，742—814，或称为查理曼（"曼"即大帝之意）。法兰克王国加洛林王朝国王（768—814），查理曼帝国建立者。768年，在父亲矮子丕平死后，查理曼与其弟卡洛曼分别加冕为王，瓜分法兰克王国。771年卡洛曼死后，查理曼合并法兰克全部国土。774年，查理曼以援助教皇哈德良为名，派兵灭亡伦巴第王国，将势力扩展至意大利北部与中部。从772年到804年，他针对萨克森人多次发动战争，并征服巴伐利亚，击败斯拉夫人、阿瓦尔人，使查理曼帝国的势力北抵波罗的海，南至亚得里亚海的东欧西部地区。800年，被教皇利奥三世加冕为"罗马人的皇帝"。查理曼在行政、司法、军事制度及经济生产等方面都有杰出的建树，并大力发展文化教育事业。是他引入了欧洲文明，将文化重心从地中海希腊一带转移至欧洲莱茵河附近，被后世认为是欧洲历史上最重要的统治者之一，享有"欧洲之父"（Pater Europae）的荣誉。

[10]美国革命，指在18世纪后半叶导致了北美洲13个州的英属北美殖民地脱离大英帝国并且创建了美利坚合众国的一连串事件与思潮。美国独立战争（1775—1783）是美国革命中的一部分。

[11]法国大革命，指1789年7月14日至1794年7月27日在法国爆发的革命，统治法国多个世纪的波旁王朝及其统治下的君主制在三年之内土崩瓦解。法国在这段时期经历了一个史诗般的转变：过往的贵族和宗教特权不断受到自由主义政治组织及上街抗议的民众的冲击，旧的观念逐渐被全新的天赋人权、三权分立等民主思想所取代。

[12]圣女贞德（1412—1431），绰号"奥尔良的少女"，法国

民族英雄，天主教圣人，英法百年战争中的重要人物。贞德原为农村少女，在13岁时声称得到"上主的启示"，要求她带兵收复被英格兰占领的失地。在几番转折后，贞德得到王太子查理授予的兵权，于1429年成功解除奥尔良之围，同年再于帕提战役中大破英军。她在数月间接连收复法国北部大量失地，并夺下兰斯，护送查理至兰斯大教堂加冕为王，成为查理七世。但她于1430年在贡比涅的一次冲突中被勃艮第公国俘获，不久为英格兰人以重金购去，由英格兰当局控制下的宗教裁判所以异端和女巫罪判处她火刑。1431年，贞德在法国鲁昂遇害，年仅19岁。当英军被彻底逐出法国时，罗马教廷下令重审贞德一案，最终于1456年为她平反。1920年，教宗本笃十五世追封贞德为圣人。贞德是推动法国民族意识觉醒的重要人物，她本人在身后也成为西方文化的一个重要符号。自拿破仑以来，法国的军政人物都曾以她的形象进行不同角度的宣传，教会视其事迹为神迹。

[13] 马赛大瘟疫是18世纪初腺鼠疫在欧洲最强烈的一次爆发。1720年在法国马赛爆发的腺鼠疫导致市内和周边地区约10万人丧生。

[14] 古登堡（Johannes Gensfleisch zur Laden zum Gutenberg, 1398—1468），又译作"古腾堡"或"古腾贝格"，德国发明家，西方活字印刷术的发明人。他在发明印刷术的过程中有效地组合当时已知的许多不同的技术比如纺织机。此外，他的铸镜经验也使他在用一个压具把镜子装到框子里去时，产生了一个想法，能不能用同样的压具把排成词或句子的活体铅字托住，然后利用它来印刷。他研究出了特别的作为字母的合金和铸造法。用这个方法他建立了一套字母库，1455年他印刷了著名的《古腾堡圣经》，这本第一部42行《圣经》是相当美好的作品。几个世纪以来《圣经》都是寺院的手抄本，当代却非常漂亮地用文字印刷在活页纸上了。他的发明导致了一次媒体革命，迅速地推动了西方乃至世界科学和社会的发展。

[15] 圣索菲亚大教堂，是拜占庭帝国的主教堂，位于土耳其伊斯坦布尔，有近1500年的历史，因巨大的圆顶而闻名于世。这是拜占庭建筑代表、东正教的中心教堂、拜占庭帝国极盛时代的纪念

碑。它是532年拜占庭皇帝查士丁尼一世下令建造的第三所教堂,537年完工。1453年以后被土耳其人占领,改建成为清真寺。1935年改为博物馆,1985年列入世界文化遗产。

09 我是一座小巴别塔

我 8 岁大的时候,头一回进音乐厅,不到一分钟,音乐厅就变得比我听说过的任何一个传奇王国都更重要。

我在那里听到的第一位音乐家是管弦乐队里的一个孩子,名字叫作耶胡迪·梅纽因[1],他就在我前面,离我的座位只有几步远。

6 年来,从 10 月到下一年的 5 月,每个礼拜六,父亲都会在学校门口接我,叫一辆出租车,送我去听巴黎一家大型交响乐团举办的音乐会。

保罗·帕雷[2]、费利克斯·魏因加特纳[3]、查尔斯·明希[4]、阿尔图罗·托斯卡尼尼[5]、布鲁诺·瓦尔特[6],我都很熟,不用别人告诉我,我就知道那天谁在台上指挥,管弦乐队用的是明希的节奏还是托斯卡尼尼的节奏。怎么可能听错呢?

进入音乐厅是爱乐故事的第一集。给乐器调音成了我的高兴事儿。在那以后,我全身心地投入音乐中,就像一个人跌进幸福之中翻滚一样。

小提琴和长笛的世界,圆号和大提琴的世界,赋格曲[7]、谐谑曲[8]和加沃特舞曲[9]的世界,遵循的法则如此美妙、如此清晰,以至于所有的音乐仿佛都在为上帝的存在提供证据。我的身体不是在聆听,而是在祈祷。我的心灵不再有任何界限。如果泪水涌上我的眼睛,我也感觉不到它们的流淌,泪水外在于我。每当合唱队开始唱歌的时候,我都会感极而泣。

一个声音的世界,对于一个盲人来说,是何等的突如其来的恩典啊!我不再需要明了自己的方向,不再需要自我定位,不再需要等待。内心世界变成了客体。我非常喜爱莫扎特,非常喜爱贝多芬,是他们最终塑造了我,塑造了我的情感、引导了我的思想。若要问我有什么不是得自他们的?答案是否定的。

今天,对我来说,音乐的金字标准是巴赫。改变的绝不是我的口味,而是我的人际关系。在我的童年,陪伴我的是莫扎特、贝多芬、舒曼、柏辽兹[10]、瓦格纳和德沃夏克,我每周都会与他们见面。在成为一个人的语言之前——即使这人是莫扎特,所有音乐都只是和谐悦耳的声音而已。

音乐是一种几何体,但却是内在空间里的一种几何体。音乐分语句,但没有特定的含义。毫无疑问,在所有的人造物中,音乐最不似人间产物。我听音乐,就会沉醉其中，融入自己的喜怒哀乐，但它不完全是我自己。它比我更美好、更宽广、更笃定。

音乐对于有视力的人来说是美，对于盲人来说，音乐是粮食。盲人需要聆听音乐，像吃食物一样每隔一段时间吸收一次音乐的营养。否则，他们的内心就会产生一种空虚，这很痛苦。

我父亲习惯从音乐会上步行回家，这是我童年最美好的时光，也是生命中无比珍贵的礼物。

人们怎么能说音乐是一种乐趣呢？乐趣满足后只会带来精神上的贫瘠和悲伤。音乐则可以塑造你。

我抓着父亲的胳膊，耳朵里充满了各种声音，接受声音的引导。我父亲吹着口哨，唱着旋律。他给我讲关于音乐会的事情。他给我讲生活中总有一天会发生的一切，他不再需要向我解释了。智慧、勇气、坦率、幸福和爱的条件，所有这些东西在亨德尔[11]身上、在舒伯特身上都得到了充分的表达，就像正午时分天空中的太阳一样清晰。啊！假如每一位父亲都与他的儿子分享，就像我父亲那样，分享非儿子的理解力可及的一些东西，生活会变得更美好！

而谁会相信我不是一个音乐家呢？或者说不是一个真正的音乐家？

我学会了拉大提琴。我连续8年练习音阶，练习拉琴。有些简单的作品我演奏得非常好。我曾经是三重奏的成员，尽力没搞砸演出。但音乐不是我的语言。我比较擅长听音乐，但不擅长用音乐表达。

音乐是为盲人而生的，可是有些盲人并非为音乐而生：我就是其中之一，我是一个能够产生视觉形象的盲人。

我没有成为音乐家，原因很有趣：我刚在A弦、D弦、G弦或C弦上拉出一个音，就再也听不见它们了。但我能看到它们。

音调、和弦、旋律、节奏，每个都立即转化为图像、轮廓、线条、人物、风景，最重要的是色彩。

当我用琴弓拉响A弦时，眼前就会出现一道强光，并且持续很长时间，迫使我不得不停止演奏。

在音乐会上，管弦乐队对我来说就是一个画家，它使彩虹的五彩缤纷涌满我内心。

如果是小提琴独奏，我就会突然间充满了金色和火红，还有明亮的红色，我不记得曾经在任何物体上看到过如此明艳夺目的红色。当双簧管响起的时候，清澈的绿色弥漫我全身，如此清新，夜的气息扑面而来。

我在音乐的世界徜徉，观察着它的每一个场景。我沉醉其中，无法自拔，直到它让我窒息。但是我看到了太多的音乐，却无法用它的语言来表述。我自己的语言是形式的语言。

这是一种奇妙的化学反应，把交响乐变成了精神意志，把慢板变成了诗，把协奏曲变成了散步，把文字贴在图像上，把图像附在文字上，给宇宙涂上颜色，最后把人的声音变成了最美的乐器！

我和让在这个问题上争论了很久，让比我更像音乐家。所有的讨论最后都得出令人兴奋的发现，并且总是同一个结果：世界上没有什么东西不能被别的东西所替代；声音和颜色在无休止地互换，就像我们呼吸的空气及其赋予我们的生命一样；没有什么是孤立的或丢失的；一切都来自上帝，世界上的千万条道路最终都回到上帝那里；而那最美的音乐也只是其中的一条道路。

只有那些魔法之路，那些以维瓦尔第、贝多芬或拉威尔的名字命名的路，比地上的任何一条路都更多地显现上帝。

1937年，我踏上了一段在我生命中占有特殊地位的旅程。我和父母去了巴塞尔附近的瑞士村庄多纳赫（Dornach）。在一座山顶上，矗立着一座奇特的建筑——歌德堂。鲁道夫·斯坦纳（Rudolf Steiner）在1925年去世前几年建造了它。目的是为所有追随他的人提供一个工作和聚会的场所。他本人曾经在那里演说。他说：他没有预言。他以一种极其简单、完全朴素的语气指出精神世界确实存在。他不做强调，不急不躁，但是以一种平静的力量肯定，精神世界控制着我们的物质世界。他解释了精神世界是由什么组成的，为什么我们一般都忽视它们，以及这种无知的原因和带来的影响。他说，现在是时候公开揭示这些只有少数内部人才知晓的秘密了。他是奥地利人，用德语举办了千百次的讲座。在这些讲座中，他似乎从来没有创造任何东西，只是描述他当时眼前的情况。多纳赫，周围群山环绕,仍然珍视着他尘世之路的印记,深刻而不刻板，恭敬而不迷信。

几年来，我父亲一直活跃在人智学会（Anthroposophical Society）的法国分部，并具有一定的影响力。他将所有的空闲时间投入到了定期演讲上。他经常在我面前谈论斯坦纳和他的著作。渐渐地，我对他的了解越来越多，一种谨慎的、绝非被强迫的敬畏占据了我的头脑。这位了不起的人——至少在当时我能够接触到的人当中——传播的教义，让我有一种从未体验过的感觉，一种不证自明的感觉。特别是轮回转世的观念，使我的心灵完全归于安宁。我今天仍然能够感受到。根据这一新观点，任何对尘世不公和苦难的愤慨都会烟消云散。生命中遇到的种种不幸只是我们自己的责任；正是我们的无知，才导致现在的焦虑和绝望。我们必须为过去的错误付出代价，为现在的错误找到解决的法门，为今后的生活积累资粮，实现救赎。只有我们表面上的、外在的历史才是荒谬的、武断的历史。我们内在的命运只懂得平衡和互惠。另一方面,我们在一定程度上是我们自己命运的主人,我们不像许多宗教教导的那样,为生死而存在是有罪的,只有在完全屈从于色欲世界而忘记本我时才有罪。因此,永恒不再莫名其妙地投射到未来,而是存在于我们生活的方方面面,我们的生活既微不足道,同时又意义重大。

我怀着崇敬的心情聆听这些教义,但是从来没有强迫自己接受它们。我没有培养任何信仰,但接受展示给我的东西。生活本身会决定我的选择。

我在多纳赫待了两个礼拜,处处全神贯注。然而,有一件事比其他事更激起了我的兴趣。我被允许参加"体态律动"[12](eurythime)表演。在歌德堂的一个普通剧场舞台上,男男女女翩翩起舞,或者更确切地说,他们似乎在跳舞。因为体态律动并非程式化的编舞,而是一种艺术,一种新的艺术,就像音乐或诗歌一样完整,一样具有原创性。斯坦纳构思了它的原则,并制定了它的第一批规则。可以说,体态律动可以将文字与动作统一起来,将每一个声音与身体的动作相匹配,描述文字的意义,使之形象化。体态律动根据字母的内在精神含义创建了一个字母表,作为一个自由的语法。有时,体态律动者会跟着音乐舞动,有时也会跟着朗诵的诗歌舞动。当天晚上,人们会朗诵歌德的诗、斯坦纳本人的几首诗。它们深深地打动了我，因为尽管我没有完全听懂（它们是用德语说的），但我能够毫不费力地猜到它们。舞者们伴随着声音演活了文字，就像我们用手、胳膊和整个身体做出姿态一样。他们似乎舞动出了这些话语所要表达的意识，而不是像许多其他演员那样口说这些话语。对我而言，德语立即具有了非凡的音乐之美；最重要的是，它具备了神奇而独特的蜕变能力。她似乎从不确定，永不消亡。她把声音带进不间断的舞动中，带进丰富多彩的创意中，让声音时而上升，时而下降，但从未暂停它们，始终遵循着无法人为赋予的曲线。当然，她常常是粗暴的，有时还很重，或者至少是强调得有点过分，却有振聋发聩的力量。它从不自满，似乎总是在探寻并追求她的文字、她的形式。她的优雅令我沉醉。是的，我说：她的优雅，当然，不像法语的那种明亮和平稳的优雅，而是更执着、更坚定。我听到元音或温暖的双元音"u""au""eu"以非常缓慢和非常确定的节奏软化了"st""pf""cht"这些铿锵的音；其他时候，它们脚踏实地，并在结尾 -g 或 -t 强调它们的力量：Wirkung、aufgebaut。对我来说，德语成了音乐家兼建筑师的语言，用声音耐心地构建他的话语。我激情满怀投入到这一切中，这种激情持续近10年而不减，今天仍然会抓住每一个新机会，我就是热爱德语。很快，对德国及其隐藏的一切威胁和财富的热情也随之而来了。

我面对的是一个谜。从1937年到1944年，我生命的一部分时间有点不可思议——8年来，我每天都会听到德国的召唤。我感到不可抗拒地被吸引向东去。在我看来，好像每天都可能是离家的前夕一样。德国给了我生活的乐趣，提升了我所有的能力。

事实上，在那一年8月15日左右，我和父母一起，离开多纳赫，前往奥地利。在那里，我们待到了月底。我从来没有如此渴望旅行。它给我的东西甚至超过了我对它的期望。我们在泽拉姆湖住下来，位于因斯布鲁克和萨尔茨堡之间。天一直下着雨。我们每天的散步时间都被缩短。事实上，这是一段相当糟糕的假期。然而，一种深深的、感性的快乐一直伴随着我。起先我感到很惊奇，很快就意识到了这种快乐。德语对我的吸引力是顽固的，这一点没有改变。我听的是德语。我惊讶地想到我正处于欧洲中部的位置，在我看来，地理环境似乎具有某种意图。我在这片土地上的梦想就在我呼吸的空气中，在湖中的每一根芦苇中，在山谷中回响的每一声天籁中。我的梦想，爱与荣耀、耐心与力量的梦想交织在一起，我不必为它们提供支撑。我参观了大格洛克纳冰川，我本来以为，它并不比我两年前看的夏蒙尼的"冰海"更美丽。

但我来了以后对它的观点改变了，它对我来说比任何地方都重要。我漫步在雨中的萨尔茨堡，参观莫扎特的出生地，傍晚去木偶剧团看木偶戏《浮士德传奇》。这是一座被施了魔法的城市。我说不出理由，但早晨，我明白了它的迷人，在街道中的拱廊之下，突然有一个小型管弦乐队演奏莫扎特的作品，然后在我头顶上的喇叭播放几首歌剧咏叹调。但是，我在奥地利看到的一切，我在旅行中看到的许多现场表演，都算不上重要。重要的是发生了别的事情：我在短短几天的快乐中发现了两个意想不到的生命支撑——勇气和诗。

在旅行中，我一直有一种既陌生又熟悉的感觉。我有一个奇怪的信念：德国的事情关系到我个人。

14岁的时候，我是一座小巴别塔。

拉丁语、德语、法语和希腊语单词在我的脑海中混作一团，喧闹不已。每天晚上我睡觉的时候，我的耳朵都嗡嗡作响。当你是一个好学生，记忆力特别强，又对读写情有独钟，当你读得比你应该读的还要多，当单词文字对你来说已变得像众生一样真实的时候，这就是会发生的情况。

幸运的是，我找到了自我保护的方法：我发现，跟所有书籍的教导相反，越不抠文字，它们就越有意义。对待它们的正确方式是隔远望去，字句越多，就越有可能到结尾时才有意义。

我会突然停止阅读,从语词的浪潮中探出头来,站到一旁观望语言。我捕捉到移动的单词。这并不难:在我的房间里,总有一些文字在我身边飘荡。我不停地转动我的头灯在每一个字上照一会儿,然后迅速用其他文字替换。

在我看来,由此产生的联想和绑定常常令人钦佩。但我懒得把它们写下来,因为这会败我的兴。

我最大的兴趣是听文字发声,看到它们做出那些滑稽的努力,让我相信它们是有意义的。另一方面,他们不是在精神世界里流传的抽象人物:他们每一个都有自己的声音,一种飘忽不定的声音,但我的耳朵能够很分明地感知到这声音。

每个星期四,我总会去法兰西喜剧院(Comédie Française),这时候我觉得自己像个逃学者。但是你能想象出更强烈的反差吗?我要去听的是《波利厄克特》和《布里塔尼居斯》《伪君子》《阿达莉》《查伊尔》!

让例外地没有陪我去,因为他总是有活儿要干,上学都迟到。我求助于轻浮一点的——也就是说不那么尽心尽责的——男孩,他们最近或多或少爱上了某位女演员。

我使他们感觉陪着我是他们的责任,以此激发他们的热情。从顶层楼座里，他们俯视着自己心仪的对象，被特洛伊王子的残忍震惊，或者对下毒过程全神贯注。

我陶醉在每周一次的经典亚历山大体诗行中。由于我们只能负担得起离舞台最远的座位——特别是我们想在演出间隙奢侈地享用冰镇因纽特人——所以经常听不清台词。只有悲痛欲绝的哭声能够传到我们这儿。我们必须发挥想象力来填补空白，但这让我们永远保持清醒和兴奋。

漫步在文艺复兴以来所有法国剧作家的大理石半身雕像之间，沿着剧院庄严的长廊，我们对戏剧中没有听清楚的情节作出各种各样的假设，陶醉其中，兴奋无比。

演出结束后的几个小时，我的头随着亚历山大体诗行的节奏左右摇摆，就像人们所说的海潮受到月亮的牵引一样。

在顶层楼座，我听得不是很清楚：因为距离太远，也因为剧院里的狂热者（那时候有很多这样的人），他们情不自禁地和演员们一起响亮而热情地背诵马里沃[13]的散文或拉辛的诗句。由于失明，我看不到现场发生的一切。但是，我可以尽情发挥创造发明的能力。

同伴手肘一顶，足以让我明白叛徒、刽子手或情人已经上台了。耳边低语的碎片句子搭建了场景，描述着动态："她摔倒了……他要死了……右边有一把扶手椅……他正在举起帽子……"这就是我需要的全部，不需要更多。

中场休息时，亲眼看到帽子或匕首的小伙伴很认真地询问我对作品的看法。这是一个既定的习惯：我发表自己的意见，并纠正他们的判断。他们一点也不觉得我荒谬可笑。

这是真的：我看到了。对于罗马宫殿的每一个门廊，我都能指出柱子的位置。

阿格里皮娜（Agrippina）和尼禄（Nero）的妆容我看得很仔细。我从这一幕到另一幕切换我内心的光。我为什么不这么说呢？

确实，我时不时会遇到一个不信我的伙伴，他的怀疑不会让我尴尬太久。"毕竟，"我对他说，"当你读小说的时候，你看不到书中形形色色的人物，也看不到事情发生的地点。但你确实又看到了这些，否则这部小说就不够好。"闻听此言，伙伴的怀疑就会缓和许多。

我之所以喜欢剧院，是因为它像音乐一样，为我打开了前所未见的生活之门。

事实上，我还没有在现实中的任何地方遇到过"厌世者"（misanthrope）或"费德尔"（Phèdre），我真觉得这些人并非虚幻：比起我的父母或我的老师来，他们的真实性既不多也不少。

当你看到费德尔或厌世者的时候，令人惊讶的是他们的透明度。在舞台上他们无所藏匿。一切都发生在剧院了，就像在声音里一样：表象融化得像太阳底下的雪一样快。毕竟，我已经习惯于在一个女人慵懒的声音中发现残酷，一个世俗女人的憔悴，一个颇有学识的教授在修辞上的愚蠢，以及其他上百种类似的丑态。剧院里的人一定像我一样：他们有两只耳朵。

当然，还存在着一些难以理解的情况。权力欲、通奸、蓄意谋杀、戴绿帽子和乱伦，在法国喜剧院的舞台上比比皆是，让我困惑不已。无论何时，我和我的同伴在表演结束后，奇迹般地有足够的钱买一杯啤酒，这些大问题都会带着阴谋的气氛围着小酒馆的桌子疯转。我们当时认为，这个世界就是一个令人不安的问题，肯定比拉辛和莎士比亚的所有作品都要精彩。我们迫不及待地想亲自去看看，于是我们一溜烟地跑回了家。

当时，法兰西喜剧院在某种程度上有点蔑视莎士比亚。值得注意的是，在法国，对莎士比亚的热爱总是遮遮掩掩的。仿佛遇到了非自己国家的伟大人物，法国人会时不时地感到不悦。

然而，一天晚上，我在广播里听到了《哈姆雷特》的表演。我清楚地记得，自己虽然对内容懵懵懂懂，却听得如痴如醉。

这部剧和拉辛一样令人信服,除了迷雾,还是迷雾,到处都是,在诗句之间,在场景之间,在你从未完全了解的人物身上。从来不知道他们在哪里,也不知道该给他们起什么名字:他们是疯狂的还是理性的?野心勃勃还是善良无辜?在我看来,英语的模棱两可比法语所有的明确定义都来得真切。

在莎士比亚身上,我终于发现了一种像生活本身一样复杂的思想。我开始读他的译本。在脑海中把莎士比亚搬上舞台,是一种多么令人高兴的事啊!他给了我多少帮助!他把所有的阴暗和光、飞鸟的歌唱、鬼魂的呻吟,统统都倾倒出来。他从不使用抽象晦涩的词语。有了莎士比亚,再也不用想象罗密欧和朱丽叶了,而是能够触摸到他们,甚至以为自己就是罗密欧。

不再需要区分聪明、小聪明甚至大智慧。合适的和不合适的、可能的和不可能的,它们都糅合在一起,与现实世界别无二致。

莎士比亚比其他人更伟大,因为他拥有我想要的东西,我在法国古典戏剧里徒劳无功地寻找的东西——恰到好处的夸张(divine excess)。

帕克、茂丘西奥、普洛斯彼罗、亨利八世、麦克白夫人、李尔王和奥菲莉亚像走马灯一样在我脑海里闪现。他们都让我欲罢不能。为了摆脱他们,我只能做一件事:自己动手做。

在两年时间里，我创作了十几部莎士比亚式的悲剧。耶！它们都没有进入写作阶段。我完全不关心书面文本：我不是在写作，而是在创作！我是在创作。在拉丁文和几何学之间，我在幻想和戏剧中避难。那是一连串的血迹斑斑的墙壁和闹鬼的城堡。

然而，应该指出的是，我天性中法国人的一面很快又恢复了。在莎士比亚戏剧的结尾，我的英雄们认为成串儿地死去太过早了，也过于简陋。他们诉诸推理。他们彼此说了长篇大论，最终获得了安抚。他们满怀激情，却又暗自盘算，但盘算的结果是妥协、和解。总之，让死者复活，例如，通过适时安排一次会面，避免赫克托耳[14]被作弄得无耻地绕着特洛伊的城墙跑圈。在我看来，这是一种崇高的诗歌功能。我决定了，这就是我的创作。

去学校上学，让和我有两条路线可以选择。我们可以走阿萨斯街，沿对角线穿过卢森堡公园，直到圣米歇尔大道，也可以直接去巴黎天文台花园，再直行穿过卢森堡公园。

同样的距离，同样的邂逅。但是两种环境气氛却截然不同！

如果我们走的是阿萨斯街，我们就会陷入沉默。不想开口说话。想说的话悬在脑海中，使我们感到不耐烦或悲伤。如果走另一条路线，经过天文台，我们会口若悬河、滔滔不绝,不得不制止对方的高谈阔论。我永远不会把我的印象告诉别人,他们会当面嘲笑我。但对于让,我甚至不需要描述。他和我同时体会到相同的感受。

对我们来说,世界上没有两个地方是相同的。没有一条人行道是不重要的,没有一堵墙是隐蔽的,没有一个十字路口是无名的,没有一棵树是可以被另一棵取代的,没有一件不带人情味的东西。这就是我们的观察,是我们的知识,我们像珍宝一样紧紧抓住它。

终于有一年夏天,我们的父母终于聚在一起度假了。我们打算在山里待一个月。

这山名叫上维瓦雷斯山,位于中央山脉的东麓,从这里中央山脉以两个圆润而清晰的台阶向罗纳河谷倾斜。这片土地散发着柠檬草和马郁兰的芬芳,有被蓝莓染成紫色的灌木丛,松林里苍蝇和蜜蜂嗡嗡作响,陡峭的山谷两侧长满了青草和苔藓,很少露土现出岩石。

几年前我就发现了这座山,但当时让还不在那里。这山带给我的快乐我一直作为秘密深藏心底。这一次我可以细说它,歌唱它。让不会觉得这样做很愚蠢!

我们早上出发,晚上回来时已经筋疲力尽,我们的腿都抬不动了。然而,我们还是渴望待在山上,在无尽的空气里。

为了更好地给我指引,让发明了一套密码。

他的手在我的右肩上一压,这是表示:"右边有坡度。把你身体的重量放在左边。"反之亦然。

背部中间一压,这是表示:"前面直行没有危险。我们可以走快点。"

背部一压,但是在左侧,意味着:"慢下来!向右转。"如果手压得比较重,表示前面是个急转弯。

对每一个障碍物都有一种示意:要跨过石头,要跳过小溪,要低头避开树枝。让宣称,在不到一个小时的时间里,他就完善了这套方法。对我来说,我就像重新找到了自己的眼睛。就他而言,这套方法简单到可以不假思索。

事实上,他的雷达系统运行良好,无论是沿着狭窄的小路,在悬崖边缘,还是滚动的石头坠落所产生的紧张感,并不大于沿着香榭丽舍大街散步来杯开胃酒的轻松感。物理问题总有解决之道,这是从"雷达"得出的经验。

"不管怎样,"让说,"我得看看要往哪边走,而告诉你怎么走只是一个细节。"

在定位方面,我们受到日暮的启发。如果让想告诉我傍晚6点左右那笼罩柴克斯山顶的玫瑰色薄雾从哪里来又要到哪里去,他只需要说:"一分钟前它们还在3点钟方向,但是,就在我说话这会儿,它们正向2点钟方向滑去。"为了便于理解,我们一劳永逸地约定,无论我们在哪里,日暮的正午都在我面对的前方。既然在物理世界中只有视角或约定,那么掌握这个世界只需要做一件事:创造大量约定和视角,为我们所用。

当我们爬上山顶或下山穿过山谷时,一切都进展顺利。我什么也不问让,倒是他不时地给我指明地标:树干开裂的树,有角的岩石,看不到房子的屋顶,山羊刚刚经过的栅栏。剩下的由我来感知。

你可能还记得,让的心思不在风景上。他不为眼前的东西分心。在这里,他觉得自己有责任确保没有指引错误。不间断地看风景对他来说太难了。对我而言则惬意无比,那是我在这个搭档中的特殊角色。

我的责任是向让指出(哪怕这意味着打断交谈)任何风景的变化。嘿,在小路转弯之后,森林会变得茂密,有可能在较暗的光照中捕捉到光线。嗯,草地会陡然向激流倾斜,然后在溪水的另一侧又会以同样的角度升高,有望在底部出现一些铁青色和蓝色的反光。这些景象就应该由我来描述。

我沿途描述行程。我会指点那些村庄:"萨蒂略在那边,在那个小山丘背后。什么时候树木不那么高了,你就会看到圣维克多。"

总的来说,这产生了一些非常奇怪的对话。明眼人指引，盲人描述。明眼人说的是近处的东西，盲人说的是远处的东西。而他们都没有说错。

对我来说，这座山是我训练远距离感知的好地方。

是昆虫的嗡嗡声为我圈出了这片森林吗？是岩石反射的回声和寂静告诉了我眼前这座山峰的形状吗？是突然从浓浓的植物蒸腾之气中散发出的刺鼻气味，告诉我岩石上闪烁着清凉水珠的光吗？我不再自问这些问题。

一切都在说话——这一点是肯定的。没有一棵树的影子，会像邻树的同样浓密、同样参差不齐，或者以同样的方式扭曲。野薄荷有两种方式散发香味，取决于它是在肥沃的草地上还是在卵石地里。光本身会覆盖凹凸不平的地方，或者沿着凹凸的轮廓填满洼地。为了识别凹凸，你只需要跟随光。

对我来说，风景是一秒钟一秒钟地形成和变化的，当空气新鲜的时候，当风没有给我脱帽的时候，风景的变化非常精确细致，我仿佛透过放大镜看景色。当我毫不犹豫向让指出两条由山峰组成的山脉时，真叫人吃惊啊！

不管怎么样，我们还是停了下来。但是我们都不言语。事情就是这样。无论人们相信与否，无论这是否被印在书上。

在山间小路上，和其他地方一样，让和我发现了一个事实：这里不存在任何限制。即使存在的话，也从来都不是别人教导我们的那些限制。

我们周围的人似乎确信：瘸子路不平，瞎子看不见，孩子还没到懂事的年龄，生命终结于死亡。对我们两个人来说，在这片绿草如茵的草地，晨昏周而复始，这些说法都没有意义。

我们有友谊在身边。我们有无知和喜悦，我们通过这些看一切。它们教会了我们所有知识。盲人自己能够领会，他旁边的明眼人对此也心照不宣。生活如此美好，美妙无比。

注释

[1] 耶胡迪·梅纽因（Yehudi Menuhin，1916—1999），美国小提琴家，犹太人。7岁在其师帕辛格指挥的旧金山交响乐队伴奏下演出拉罗《西班牙交响曲》，被誉为"神童"。曾在欧洲、美国的主要交响乐队伴奏下演出贝多芬小提琴协奏曲，此后在卡内基大厅举行独奏会，从而进入世界著名小提琴家的行列。他的演奏具有纯熟的技巧、独特的气质和动人的魅力。

[2] 保罗·帕雷（Paul Paray，1886—1979），法国作曲家、指挥家。1911年曾获罗马大奖，参加过一战，当过俘虏，战后开始指挥乐队，20世纪30至60年代活跃于美国，留下众多录音，尤其20世纪50至60年代的十年间是录音活动最频繁的时期。他擅长法国近代音乐，晚年活跃于各地任客座指挥。他还作曲，留下歌曲、管弦乐曲以及若干小品。名作有《圣女贞德之死500周年弥撒》。

[3] 费利克斯·魏因加特纳（Felix Weingartner，1863—1942），奥地利指挥家，作曲家。出生于南斯拉夫达尔马提亚地区的扎拉。

5岁丧父，母亲带他到奥地利东南部的小城格拉茨，16岁时出版几首钢琴小品，得到勃拉姆斯的推荐。1881—1883年在莱比锡音乐学院获得助学金，并同时在莱比锡大学学习哲学，毕业时获莫扎特奖。1883年被介绍到魏玛音乐学院李斯特门下学习。之后在德国各地歌剧院担任指挥。1891年他执掌柏林皇家歌剧院，1908—1910年又到维也纳国家歌剧院接替马勒的职位。1919—1927年任维也纳爱乐乐团音乐指导与指挥，后因厌恶纳粹的独裁统治而移居瑞士。1927—1933年指挥巴塞尔乐团，1927—1935年应聘出任巴塞尔音乐学院院长。1940年魏因加特纳在伦敦演出了最后一场音乐会，之后一直隐居瑞士，1942年在瑞士温特吐尔去世。他是当时最出色的指挥家之一，被公认为是阐释浪漫主义音乐的权威，是贝多芬和勃拉姆斯的经典诠释者之一。他留下了史上第一套贝多芬交响曲全集的录音。

[4] 查尔斯·明希（Charles Munch，1891—1968），法国指挥家。另译作夏尔·孟许，自幼年学小提琴，后入斯特拉斯堡音乐学院，随普菲茨纳学作曲。毕业后到柏林师从弗莱什深造。1925年后任莱比锡音乐学院小提琴教授、格万特豪斯乐团首席小提琴。1932年在巴黎首次指挥。1938年起任巴黎音乐学院乐团音乐总监。1946年12月与波士顿交响乐团合作，1949年至1962年接替库塞维茨基任乐团音乐总监。1962年离开美国回到法国。1967年受当时法国文化部长安德烈·马尔罗（André Malraux）委托创建巴黎管弦乐团，1968年11月在该团巡回演出时逝世。他擅长指挥法国及德奥音乐作品（柏辽兹、拉威尔、圣桑、贝多芬），有出神入化的管弦乐色彩控制能力，能将音乐色彩雕琢得闪闪发光。

[5] 阿尔图罗·托斯卡尼尼（Arturo Toscanini，1867—1957），意大利指挥家。他是19世纪末和20世纪初最负盛名的音乐家之一。永远是完全凭记忆来指挥。这位20世纪最受称赞的指挥身材瘦小，被称为暴君，他在台上总是不苟言笑，严肃专注。这对于他指挥棒下的乐员来说倒不可怕，可怕的是他那高不可攀的要求。他的坚强不屈的高尚纯洁的品质使他成为一个举世瞩目的不朽人物。

[6]布鲁诺·瓦尔特（Bruno Walter，1876—1962），德裔美籍指挥家、钢琴家。1901年任维也纳宫廷歌剧院（今维也纳国家歌剧院）第一指挥。1913年任巴伐利亚国立歌剧院音乐总监。1922年后，活跃于柏林、莱比锡和萨尔茨堡音乐节。1933年后，因受纳粹迫害而离德去奥、法。1939年到其去世定居美国的23年中，达到了他艺术成就的最高峰。瓦尔特的指挥风格柔和优美，将管弦乐的各声部都处理得富于歌唱性。他继承和发展了德国的指挥传统，被誉为"莫扎特专家"。他特别擅长指挥莫扎特、贝多芬、勃拉姆斯、马勒的作品。他是马勒《第九交响曲》和《大地之歌》首演指挥者。

[7]赋格曲，复调乐曲的一种形式，"赋格"为拉丁文"fuga"的译音，原词为"遁走"之意。赋格曲建立在模仿的对位基础上，从16—17世纪的经文歌和器乐里切尔卡中演变而成，赋格曲作为一种独立的曲式，直到18世纪在J.S.巴赫的音乐创作中才得到了充分的发展。巴赫丰富了赋格曲的内容，力求加强主题的个性，扩大了和声手法的应用，并创造了展开部与再现部的调性布局，使赋格曲达到相当完美的境地。

[8]谐谑曲，一种生动活泼、情绪幽默诙谐的器乐体裁，也叫"诙谐曲"。这种体裁是在小步舞曲的基础上发展演变而来的。作曲家路德维希·凡·贝多芬首先把谐谑曲加入奏鸣曲、交响曲或四重奏等套曲形式内，替代小步舞曲作为第三乐章。后来肖邦和舒伯特又把它发展成为独立的器乐作品。谐谑曲的节奏活泼，速度较快，一般为三拍子，用复三段体写成。这种乐曲通常采用独特的音调、新奇的节奏、戏剧性的转调和强弱对比来实现一种幽默风趣的音乐效果。

[9]加沃特舞曲，起源于法国的加普，加沃特是一种法国古代的民间舞曲，也被译为嘉禾舞曲。加沃特舞曲是源于民间而后流行于宫廷、贵族社会的一种法国舞蹈音乐，到18世纪后半叶虽不流行了，但它的音乐仍作为纯粹的器乐作品被人演奏。加沃特舞曲的特点是2/4或4/4拍子，通常是小快板的速度，由短促的顿音

构成跳荡的节奏,性格生动活泼。加沃特舞曲是以长句组成的,可以说都是只有一句,尽管一首短一首长;一首像大提琴一样低诉、线条简单,一首像小提琴协奏曲一样不同彩色、意象和节奏交织,以至时空不仅交错而且互相超越。这样好像是刻意经营的,但实际上当时完全是无意的,即是说,纯粹是由内心的音乐启动并由内心的音乐带着走的。名曲包括戈赛克、托玛和吕利分别创作的加沃特舞曲。

[10]柏辽兹(Hector Berlioz,1803—1869),法国作曲家、指挥家、评论家、浪漫乐派。在19世纪的法国,没有哪位音乐家的命运比柏辽兹更为悲惨了。他为生存活得很艰苦,他必须亲自为自己筹划的音乐会而进行商务谈判,他必须为报纸副刊写杂文和评论文章来补充他微薄的、不定时的收入,他须忍受逼人最甚的金钱的苦痛。柏辽兹曾经说:"有一天夜里,我在梦中听到一首交响乐……当我第二天早晨醒来,我还记得它的第一主题……我很想把它记录下来,但我一考虑,如果我把这个主题写下来,它会使我激动要把整个交响乐作完,那么,我就无空再写什么副刊杂文了,我的收入就会减少,……而且写完之后,我就得找人抄写这首交响乐的乐谱,这样我将会负上1200法郎的债……我还会举行一次音乐会演出,它的收入不够开销的一半……那么,我将丧失掉我根本没有的、无法筹措我可怜的病妻必要的东西以及儿子的膳食费和我个人的生活必需品。因而我克服了它的诱惑,我一再强迫自己将它忘掉……第二天早上,对于这首交响乐的记忆就让它永远地消失掉吧。"他有一句名言:"每个作曲家都了解如果忘记一个没机会记录下来的念头会多么地愤怒和绝望。"

[11]亨德尔(Georg Friedrich Händel,1685—1759),巴洛克时期英籍德国作曲家。1702年,进入哈雷大学法学院学习。1703年,加入汉堡剧院,在此期间,陆续创作了包括《阿尔米拉》《尼禄》等在内的首批歌剧。1706年,赴意大利,在此期间结识了科雷利、A·斯卡拉蒂等音乐家,熟悉了意大利歌剧和器乐音乐风格及写作技巧。1710年,返回德国,任汉诺威宫廷乐长。任职期间,

曾于1710年与1712年两度赴英国,其歌剧受到英国王室和贵族的欢迎,因此留居不归。1726年,加入英国籍。并在18世纪20年代,进入歌剧创作的成熟时期,创作了《罗德琳达》《亚历山德罗》等歌剧并将其搬上舞台。1733年,转战清唱剧创作;同年,其清唱剧《底波拉》《德波拉》首演。1741年,最后一部歌剧《戴米达亚》上演。1742年,清唱剧《弥赛亚》首演。1749年,管弦乐作品《焰火音乐》首演。亨德尔的音乐用深入浅出的语言表达了巴洛克时期的先进思想,并以其宏伟的音乐风格,预示了主调音乐风格的到来。18世纪中叶,欧洲音乐正经历着一次巨大的变革,巴洛克时代复杂费解的复调音乐正逐渐被单纯自然的主调音乐所取代,亨德尔顺应了这种变化。

[12] 体态律动,即达尔克罗兹体态律动学(Dalcroze eurythmics),指瑞士作曲家、音乐教育家达尔克罗兹(Emile Jaques Dalcroze,1865—1950)创造的音乐教育体系。认为单教儿童用手指弹奏乐器是不够的,须启发他们进入产生乐曲的激情中,把乐曲的感情化为具体的动作、节奏和声音。单纯地教音乐、学音乐,不结合身体的运动,是孤立的、不全面的。为此提出体态律动学音乐教育体系,主要特点为:(1)以训练听音乐、感受音乐为主,以身体为乐器,根据音乐的速度、节奏、力度、分句、感情等变化,有控制地做出各种幅度和力度的动作,表达听到的乐曲。既培养节奏感,又有助于对音乐的全面感受,加强表演的自信心。(2)教学内容以接受音乐经验为主,听讲解少,听音乐多。让音乐刺激听觉,产生印象;以动作表现音乐,即从印象产生概念;通过音乐符号将概念转化为理性知识。(3)从教速度开始,学生按规定的速度走路或摇摆,当喜、怒、悲、惧等感情变化时,保持速度不变,探索紧张和放松的感觉。用身体表现声音的动作,须反映声音的断续等典型特征,从而培养动作的乐感。(4)采用游戏方式进行教学,要求学生在音乐进行中听到约定的信号,立即按约定信号(停止行进、转向或变换动作等)迅速做出反应。体态律动课适用于幼儿和音乐、舞蹈专业的学生。与此相似,古典芭蕾的基本动作就像字母,

编导演员运用这些字母写出不同个性、身份、情绪等的角色；现代芭蕾有相当一部分没有故事内容，也没有情节，编导运用欧洲古典舞蹈或现代舞蹈，或使两者相结合，用以表现某种情绪、意境等。

[13] 马里沃（Pierre Carlet de Marivaux，1688—1763），18世纪著名的法国古典喜剧作家。作品经常于各大剧院上演，并经常收录于法国各级学校的文学课程中。他一生共创作悲剧、喜剧共30余出，此外还有7部小说和无数篇散文。虽然马里沃的小说堪称法国写实小说的先驱，但他剧作家的身份，更广为读者所熟知。他的作品不但深受读者青睐，更成为法兰西剧院经年不可或缺的剧目。

[14] 赫克托耳，荷马史诗《伊利亚特》中参加特洛伊战争的一个凡人英雄，特洛伊战争中特洛伊方的统帅。最后和希腊联军第一勇士阿喀琉斯决斗。战前，阿喀琉斯的女神母亲为其亲自到火与锻造之神赫淮斯托斯那儿求了一副近乎完美的盔甲。这使迎战阿喀琉斯的赫克托耳以为天神下凡而胆怯不已，之后便出现了著名的绕城墙三圈的赛跑，而后雅典娜化作赫克托耳的兄弟引诱赫克托耳与刀枪不入的阿喀琉斯决战，甚至还将阿喀琉斯抛出的矛又拔起来还给阿喀琉斯，这使得赫克托耳连最后的胜算也化为了乌有，随后熟知自己原先铠甲弱点的阿喀琉斯用矛尖戳破了赫克托耳的喉咙，并冷酷拒绝了赫克托耳的恳求，将其尸体绑在战车后，拖尸回到希腊阵营中。（另一说法是将其尸体倒挂在马上，绕了帕特罗克洛斯的灵柩三圈）

10 纳粹无处不在

1938年3月12日,像每天晚上一样,我打开收音机的旋钮,开始我的欧洲之旅的时候,我突然从维也纳电台听到了奇怪的声音。那是什么?

一波又一波的嚎叫声冲击着喇叭。一群谵妄的人。《德意志高于一切》[1]、《霍斯特·威塞尔之歌》[2],音乐和声音,像上了膛的左轮手枪一样直指你。"合并[3]!希特勒万岁!合并!"德国刚刚吞并了奥地利,奥地利不复存在。我热爱的德语,已经变得面目全非,我已经认不出它的语言了。13岁的我想用想象力来对抗这种冲击,但是这一下子那冲击力太强大。历史向我袭来,她的脸和凶手的脸一模一样。

人们向我诉说着他们的苦难,而且是很多的苦难。苦难和爱,是书的永恒主题。而且,在书中,爱和苦难通常是一同到来。我不明白为什么,我的人生中并没有苦难。

我刚出事故后,感受过巨大的痛苦。但是那种痛没有持续很久,而且那是意外造成的。大家都知道,有些事情是不可避免的。

有天上午,正值课间休息,有个尖嗓音的男孩扑向了一个同学,张牙舞爪地想要去挠他的眼睛。幸运的是,那个男孩躲开了,然后大喊着跑掉了。我当时就在现场。我吓坏了。但是最后大家只是说,那个攻击者发疯了。不管怎样,这也算是种解释了。

一天晚上12点左右——那是1934年2月6日——我父亲从星形广场那边回家,声音里带着一种我陌生的紧张,告诉我,香榭丽舍大街上的示威者正在拆毁围绕花坛的金属栅栏,并把它们扔到警察的脸上,而在协和广场上,一辆巴士正在燃烧。我不太明白。这听上去就像悲剧,像小说。就像历史书里的内容——只是说得稍微温和一点,感觉不像真的。

我以前从来没有看见过人死。当然,所有的人都会死,但那是到了上帝把他们召唤回到自己身边的时候,没有理由感到愤慨。恰恰相反,应该感到高兴才是。

1938年3月,我所掌握的德语足够我收听纳粹广播电台的新闻广播。

但是我打算认真地学习这门语言,只有这样才能确切地明白那些人的意图。

半个欧洲正在向东倾斜,向柏林、汉堡、纽伦堡和慕尼黑倾斜,而我也将随之倾斜。我对此有一种不可战胜的感觉。我不知道伊于胡底,但我在为自己做准备。在接下来的5年里,我每天学习两个小时的德语。

从德奥合并到《慕尼黑协定》[4],这段时期,我的德语进步非常大。我甚至可以阅读海涅的《诗歌集》、席勒的《威廉·退尔》[5]和歌德的自传。

所有这些书都挑战着我的理性。书中和谐而人性化的语言,思想高深得令人不能一以贯之,我无法将它们与今日德国的事物联系起来:装甲师、冲锋队和党卫队、柏林体育馆里宣扬仇恨的大会以及纽伦堡集会[6],犹太人被侮辱、被逮捕,甚至惨遭虐待。所有那些逃离德国的人说,因为在德国,一个自由的人生存不下去,那里只有战争和死亡。

战争,有的人真的很喜欢战争。现在我明白了这一点。至于死亡,有的人是为了取乐而生杀予夺的。

所以整个故事都是真的:所有的奴役、所有的折磨、所有的战斗、所有的屠杀都是真的。而这一切将在我们身上重演。这只是几个礼拜或几个月的问题。假如在1938年夏天,欧洲还有任何政治家怀疑这一点,那么他们最好咨询一下我这个13岁的小男生:他对此没有任何疑虑。

我每天晚上都听广播,收听达拉第、张伯伦和里宾特洛甫[7]的讲话。9月,在通往慕尼黑的那几个礼拜里,我没有错过一次采访,没有错过一场演讲。如果我调台遇到了英国广播公司，我就只好为自己不懂英语而感到非常懊恼。我会等上两个小时，直到英国广播公司用法语或德语播送同样的信息。

我并不害怕，当时还没有感到害怕，这一点我很确定。我当时有更多有趣的表现：对不幸的好奇，对理解的需要，对神秘的迷恋，对未来的畅想，还有出乎意料。以出乎意料为最。

由于我父亲的关系，我们认识一些德国的朋友。我父亲在从事工程师职业时曾多次前往德国，在那里有了一些人脉。但最重要的是，他把所有闲暇的时间都花在哲学和宗教的研究上，在德国与一些令人钦佩的人建立了真正的友谊——一位是数学教授，一位是前巴伐利亚部长。

现在，这些在我看来像海涅、歌德、贝多芬一样温和的人士在逃亡。我听说，他们都受到了监禁甚至是死亡的威胁。

1938年8月的头几天，我父亲主动让我参与了一场冒险：他带我去斯图加特待了3天。

在乌兰绍赫山坡上，一个可以俯瞰城市的地方，我们拜访了我父亲的朋友鲁道夫·施泰纳，一所德国学校的校长。他的平静、节制中带着悲伤，打动了我。他告诉我们，所有希望和平的德国人或者相比于战争更倾向于和平的德国人，此时此刻都在受苦，或者正准备受苦。他说话很少,即使说也几乎总是用低沉的声音。尽管如此,他告诉我们,我们所有的想象都与现实不符,而且不只是德国,还有法国、英国,整个世界都会随时面临战火。

至于他,他必须在年底前离开他的国家。他明白这一点。他无能为力。

回到巴黎后,我自然而然地对我的伙伴们扮演起了先知的角色。几乎毫无例外,他们不理解我所说的。他们在家听到的不过是一些稀松平常的消息。国际事件一直都有,无论过去、现在还是将来,总会有的。3年前,意大利在埃塞俄比亚发动殖民战争[8],西方国家威胁对其进行封锁,但实际上什么也没发生。眼下,西班牙正发生着内战[9]。这些在报纸上都有报道。

资产阶级的安逸——家庭安逸,规则之一就是,人们应该读报,但不要相信报纸。媒体总是在撒谎,或多或少,但总是如此。所以最好是尽可能少地为它劳神。

对我来说,这种拒绝面对现实的做法,是我活了13年所遇到的最愚蠢的事情。我为我的同学和他们的父母感到羞愧。如果我知道怎么做的话,我肯定会去说服他们。

我发现大多数成年人果然是美丽的傻瓜和声名狼藉的懦夫。他们不断向我们这些孩子解释说,我们必须为生活作好准备，也就是说，要正确地过上他们所过的那种生活，因为那是唯一美好和正确的生活，依赖他们的引导——他们对此深信不疑！真的，谢谢你啦！在阿比西尼亚的道路上，在维也纳，在纽伦堡，在慕尼黑，在苏台德地区，很快还会在布拉格，生活在令人窒息的空气中，多么美好的前景啊！

我不再是一个孩子了，我的身体告诉我的。我小时候喜欢的所有东西，我现在肯定还喜欢。德国广播吸引我同时也让我感到恐惧的是，它正在摧毁我的童年。

外界的黑暗就在这里。一个比任何情节剧都要糟糕的地方，在这里，人们必须大声喊叫才能被人听见。在这里，当他们想要玷污的时候，他们就会谈论荣誉；当他们想要掠夺的时候，他们就会谈论祖国。

在这样的大环境里，我应该学会热爱战争。但是，不！我不喜欢战争。

我应该学会讨厌"德国泡菜佬"。感谢上帝，没有啦！我的家人劝我不要这样做。书籍和交响乐也告诉我不要这样做。我继续称呼他们"德国人"，带着尊重。

我的一些伙伴宣称自己是爱国者。我没有。我不想和他们一样，他们都是虚张声势的人，没有一个人做过丝毫的努力去了解发生了什么事情。另一方面，他们的家庭虽然充满反德情绪，但是对于希特勒和他犯下的罪行却表示纵容，这是很反常的。

我应该更清楚地说，我到处都能感觉到纳粹无处不在。现在的世界看起来像一个巨大的锅，给仇恨和暴力加热。

1938年年底，我仍然在做梦，但这是第一次。梦不是自来的，你必须守护它，让梦想王国的大门保持敞开作为你后盾。

美妙的统一被一分为二：一方面是爱，另一方面是恨；一方面是恐惧，另一方面是喜悦。

毫无疑问，未来的日子会变得艰难，一天比一天更艰难。但是即便生活的前景并不如意，它依然呈现出值得期待的样子。

让又遇到了那个他在礼拜天碰到的年轻女孩，她叫弗朗索瓦丝。在他们第一次见面之后，让为什么不告诉我她的名字？

这个女孩对我来说无关紧要，因为我从来没有见过她。此外，我可能永远不会见到她：因为她家与让家的关系不是很近。但是自从有人提到她之后，我的一切都不大对劲了。

让用一种很奇怪的方式提她：他说她有一双天使的眼睛，像榛子的颜色。最重要的是，他反复说她有纤细的腰身和小巧的鞋子，教他无法移开目光。

他不停地讲她的身材、她的鞋子、她裙子的面料，以及她脖子后面的一颗痣。当他用悄悄话的语调说到这些，我总是感觉很不自在。我想告诉他，他那个样子很可笑，但是我怕打断他，他就不告诉我更多的细节了。这个弗朗索瓦丝会让我感兴趣吗？这有可能吗？

我不像以前那样快乐了。毫无疑问，我有心思了。

那个礼拜一的早上，让第二次见她的第二天，告诉了我她叫弗朗索瓦丝，因为他再也忍不住了。在他来我家的路上，他在公交站台那里偶然碰上了她。那里太过拥挤，他只得贴着站在她面前，足足五分钟。她身材比让矮小，所以只能抬起眼看着他，回他的话。所以让看清楚了她的眼睛，瞬间那双眼睛就成为他世界的中心。

听了让这些话，我很痛苦。

真的很痛苦：我喉咙哽住了。让似乎根本没有注意到。他一直在独白。某种意义上，这也算幸运，因为就算他问我一个问题，我也会张不开口的。

但是为什么呢？一个名叫弗朗索瓦丝的女孩子有一双淡褐色的眼睛，没什么新奇的。

我的痛苦持续了好几天，它越来越大，而且越来越杂乱。弗朗索瓦丝已经与此无关了。她可以叫莫妮卡，她可以叫珍妮。她可以有一头金发，而不是像让的弗朗索瓦丝那样有一头棕色的头发。我还是会痛苦的。

唯一应该做的，就是毫不迟疑，马上告诉让。除了他，我找不到任何其他的医生。他依然爱我，他会做点什么的。

只不过这一次，我没有像往常一样很坦然地忏悔，而是作了无尽的准备。我在算计着我的行动。我很害怕。

我一味地害怕！天哪！这就是我的罪过！

这个想法一出现，我就一心想要忏悔了。我带着让到意大利门那里转了3个小时，因为我知道这个地区没什么人，除非工厂下班的时间。

首先我请求他原谅，为我尚未对他造成的所有伤害（顺便说一句，我可能正在伤害他）。我要他明白，弗朗索瓦丝只是一个契机：因为她，我才想起了我是个盲人。确切点说，我第一次意识到，我就是盲人。

我永远不可能看到女孩的头发，她们的眼睛或是身姿。至于她们的裙子和鞋子，我很清楚，那些很重要，但我又能怎么做呢？每次想到，我会永远感受不到那种美妙，我就感到恐慌。而且，一般来说，女孩们都希望被人看。所以对她们来说，我或许都不存在。

就在我说的时候，我就已经觉得我错了，世上肯定有女孩不是这样的。但是当我的演讲结束的时候，让尴尬极了。我从来没有见过他那个样子。他什么都说不出口，用手揉捏我的肩膀，仿佛是希望他的手能代替他说话。

不，不会再有后续故事了。让不再去见弗朗索瓦丝了，几乎再也没有见过她。他对待我更加好了，这使我不止一次地感到心碎。毫无疑问，如果怜悯是我应得的待遇，那么这个提示已经很明显了。

在不知不觉中，我刚刚面对了盲人所能遇到的最艰难的挑战。从这开始，两年来，我总是跌跤，从一个秋天跌到下一个秋天，直到我恢复了我的常态。

我以前经常站在我房间的窗边，聆听庭院里发出的声音。我触摸、聆听，但是再也不像以前那样去感知了。一块帷幕落了下来，我真的变成盲人了。

于是我关上窗户，把自己关在里面，给自己讲一些不可逾越的界限的故事。我嘲笑我小时候做过的梦。我的心是满满的，但我的手是空空的。我没有臂膀，无法在这个一切都需要"看见"的世界自由行动，如果独自一人，我哪儿也去不了。我发现，自己只能去做那些我擅长但是最不感兴趣的事情，在学习上大放异彩。

当我听到男孩和女孩一起骑自行车时，我的喉咙就会发紧。我只能待在家里，照例如此。

幸运的是，即使在那两年里，嫉妒和愚蠢从来没有占到我的一半，哪怕是最小的一半。

首先要感谢让，他以极大的耐心，寻找所有的证据，向我证明她的优势几乎为零。他说："你要是能知道，其实我们能看到的东西并没有多少就好了！女孩子们什么都不让我们看。"

不过同样地，我的脑海中也有一个声音。每当我有力量使它不至于沉默时，我就会听得一清二楚，它在叫我傻瓜。那个声音告诉我，我已掉入陷阱，忘记了真实世界的样子——那是在我们的内在创造所有这一切的本源世界。我必须记得，这个世界，不但不会消失，还会随着年岁的增长而增长，但是有一个条件：我必须毫不动摇地相信它。

那个声音补充道：你小时候所看到的东西，你永远不会看不到。它为我打开了美好的前景：那些随便的女孩，那些只顾自己的人，她们会让我失望。但是还有一些人，他们为人真诚。这些人是最好的，值得交往。

首先，他们希望我永远不要怀疑他们。他们不希望我放弃我所热爱的东西，因为他们也会爱上它们。最重要的是，他们不允许我拿自己去与一般的人做比较。至少我听说过：对比即痛苦，而且是愚蠢的，因为无论如何没有什么是可比的。

尽管如此，无论我多么努力，无论我多么听从那正确的声音，我要付出巨大的代价，才能重新找回我12岁时内心的平静。自打我15岁起，世界就变了个样，变得浑浊、粗鄙不堪。人们有的在工作，有的在收音机上聊天，有的在和女孩子亲热，仿佛每个人在世界上都是独自存在的。

除了让以外，我没有更多的办法与人分享任何东西。但即便是他，这种分享也不能永远持续下去吧？这个折磨我的问题同样也折磨着他，直到我们在1939年夏天相互起誓，向对方保证我们会一直这样分享下去。

我和让都发誓，将要告诉对方全部真相，不管是什么事情。而且也没有女孩子可以把我俩分开。我们刚发完誓，就惊奇地发现，我们还从来没有向对方说出过全部的真相。在我们的意识中，有无数次退缩，这是我们从未正视过的。我们被塑造得太糟糕，也就是说，害羞、自私、善变、嫉妒、拘谨、健忘，因此我们不得不承认，我们并非真实思想绝不外露的人。简单地说，我们每个人都有双重、三重打底的化妆——一套自欺欺人的心理机制。

尽管如此，我们依然相互起誓，要忠实地守望彼此。我们之间不再有秘密和客套。我们不会对任何真相点到即止。我们会直奔主题，如果真话伤人，我们就彼此安慰。

生活还是照旧，有这么多的阁员和父亲都在为战争做准备，所有的女孩都在无缘无故地笑，给人费解的眼色。当然，我们肯定不会太合得来。

注释

[1]《德意志高于一切》,是从1922年开始德国魏玛共和国的国歌。

[2]《霍斯特·威塞尔之歌》,又称《旗帜高扬》,这是纳粹夺权之前戈培尔为造势,授意以纳粹冲锋队长霍斯特·威塞尔的故事为蓝本创作的,这个歌成为纳粹党仪式的正式歌曲,1934年后作为非正式的纳粹德国国歌。歌中唱道:"……为褐衫军清道!为冲锋队员清道!群众带着希冀望向万字符……"

[3]合并,指德奥合并(德语:Anschluss),1938年3月12日纳粹德国武装占领而后吞并奥地利的事件。13日,德奥签署《关于奥地利和德国重新统一法》,德国正式吞并了奥地利,奥地利成为德国的东方省。奥地利的700多万人民成为希特勒统治的臣民,为希特勒发动大战增加了兵源。希特勒签署法令,由他担任德国和奥地利军队总司令,所有奥地利士兵必须发誓效忠于这个纳粹头子。凡是企图反对阿道夫·希特勒在奥地利举行公民投票的一切敌对活动,一律禁止。在他的高压胁迫下,99%的投票者都赞成德奥合并。对希特勒这一赤裸裸的侵略行为,西方列强仅仅表示抗议。不久,英、法、美等国又承认了德国对奥地利的吞并,分别把驻奥使馆改为驻维也纳领事馆。1943年10月,苏、美、英三国外长莫斯科会议宣布德国吞并奥地利无效,决定恢复奥的独立。第二次世界大战结束后,苏、美、英、法四国分区占领奥地利。1955年5月四国同奥签订《奥地利国家条约》,奥地利重新赢得主权国地位。

[4]《慕尼黑协定》,全称《关于捷克斯洛伐克割让苏台德领土给德国的协定》,是1938年9月29日至30日英国首相张伯伦、法国首相达拉第与希特勒、墨索里尼在慕尼黑会议上签订的条约。英、法两国为避免战争爆发,牺牲捷克斯洛伐克利益,将苏台德区割让给纳粹德国。

[5]《威廉·退尔》,是德国18世纪著名诗人、作家、哲学家、历史学家和剧作家席勒的名作。早在1796年,拿破仑的侵略战

争已波及席勒故乡,他的父母姐妹都在法国驻军的势力下生活过。1801年德国与法国签订和约,使莱茵河左岸土地全部沦陷。对祖国和自由的热爱使席勒回到重大的时代问题上来。他把1307年冬瑞士人民结盟推翻奥皇统治的史实和瑞士民间关于退尔的英雄传说巧妙地结合起来,塑造出一个反抗异族统治和封建统治、进行解放斗争的典型。它是席勒呕心沥血的一部作品。这部剧本于1804年3月在魏玛和莱比锡演出时,受到群众热烈欢迎,被看成是一部有高度现实意义的爱国剧本,是唤起人民民族意识和反抗外侮的有力呼声。

[6] 纽伦堡集会,纽伦堡被称为纳粹集会之城,在这座城市的东南郊区,占地超16平方公里的全国党代会集会场是希特勒举办军事游行的重要场地。1937年9月5日,最大的一次纳粹集会在这里举行。纽伦堡的街道排满了冲锋队员,当阿道夫·希特勒为参加国家社会主义代表大会开幕式到达这里时,所有教堂都响起了钟声。这次活动被安排成德国有史以来纳粹炫耀其力量的规模最大的一次活动。会议的规模令人吃惊,希特勒将要检阅60万人的游行队伍。成百列火车正在往纽伦堡运送军队和起军事辅助作用的人员。二战后战胜国对纳粹德国进行的军事审判主要在纽伦堡进行,史称"纽伦堡审判"。

[7] 里宾特洛甫(Ulrich Friedrich Wilhelm Joachim von Ribbentrop, 1893—1946),纳粹德国政治人物。曾任希特勒政府驻英国大使和外交部长等职务,对促成德日意三国同盟起过重要的作用,此外,里宾特洛甫直接参与了闪击波兰,入侵捷克斯洛伐克和苏联的战争。二战后被英军抓获,1946年10月被纽伦堡国际军事法庭判处绞刑。

[8] 埃塞俄比亚抗意战争,这里指的是发生在1935年10月至1936年5月的第二次意埃战争。这被认为是第二次世界大战的序幕。埃塞俄比亚又称阿比西尼亚。

[9] 西班牙内战,1936年7月17日—1939年4月1日,是在西班牙第二共和国发生的一场内战,由共和国总统曼努埃尔·阿扎尼亚的共和政府军与西班牙人民阵线左翼联盟对抗以法西斯弗朗西斯科·佛朗哥为中心的西班牙国民军和长枪党等右翼集团。反法西

斯的人民阵线和共和政府有苏联、墨西哥和国际纵队的援助,而佛朗哥的国民军则有纳粹德国、意大利和葡萄牙的支持。因为西班牙意识形态的冲突和轴心国集团与共产主义的战争,西班牙内战被认为是第二次世界大战发生的前奏。

第二部分
我的祖国，我的战争

01 图卢兹：战争与爱情

巴士司机走到我面前停下来，查看了一下，用南方人的俏皮口吻对我说："好吧，小伙子！你看不见。嘿！这一回，算你幸运。就算这场仗打一百年，你都不用参加了！"

接着，他转过身去，很轻快地在方向盘前坐下，手指敲打着仪表盘，用口哨吹起了似乎是军乐的曲调。为什么他说我不参战该高兴呢？

那是在1939年9月2日，罗纳河畔的图尔农，几小时前，全民总动员的命令贴满了法国大街小巷。先前几天，我和让待在我教母的家，那个小镇的街道弥漫着桃子和洋葱的味道。可是，就在昨晚，世界大战爆发了。

所有的男人都要去打仗，包括那位巴士司机。

他25岁，家里有妻子和一个小女儿。他把自己的故事讲给我们听。这是他开的最后一班巴士，明天早上他就要入伍了。

他不时地咕哝，叹气，但是，总的来说，他看起来并不悲伤。他在等那些要坐他的巴士去拉马斯特尔的乘客。可是今天，他大声地说："没有乘客"。他为这笑了起来。"没有人会来的。"他说。接着，他又说了一遍，仿佛是为了更好地品味这件事的结局。

五点的钟声响起。最后真的只有让和我两位乘客。然后司机唱着歌发动了巴士。他以每小时100公里的速度在罗纳河畔的一条国道上驾车疾驶，然后几乎不减速地冲进了山路的第一个弯道。

他左转，右拐，像个疯子一样开车。他为了给自己壮胆喝酒了吗？一点也不！他很清醒。只不过他就要去打仗了，他在想象战场的场景。

自从昨天早上，收音机宣告纳粹装甲师冲进波兰以后，人们就变得不一样了。我看得出来。

有些女人哭了，有些则忍住眼泪。在市政厅的广场上，老人们回忆着1914年到1918年的那场战争。那并不能让人振奋。很明显，法国人根本不知道他们为什么而战。但泽走廊、与波兰的条约，对他们来说毫无意义。

当我们的司机终于从驾驶座上下来的时候，让和我都同他一样兴奋。而且——谁知道呢——也许是出于同样的原因。事实上，每个人都很兴奋。

痛苦还是快乐？很难知道。但是到处都有冒险。

人们不再坐巴士。他们不再按时上床睡觉。特快列车鸣笛两声，停在了小车站。收音机一直播放着军乐，直到深夜。人们不再彼此写信，而是改发电报了。有传言说戈林的飞机轰炸了巴黎，还有人说炸的是伦敦。人们讨论是否会有毒气、细菌弹，或者像上次大战中那样的战壕。唯一没有人谈及的是胜利。这下没人会去柏林了。

战争的现实一滴滴地进入我的意识，就像我喝了烈酒一样。初醉消退后，一个问题越来越大，压倒了所有其他问题："战争与我们有关吗？"

让和我还没有下结论。但这并不是因为不知道答案。这是因为我们太清楚了，它太不合常理，简直称得上幼稚。因为我们只有15岁，我们是安全的，其他的一切都是烟雾！

然而，这烟雾却诡异地一天比一天浓厚，它聚集在我们面前，在我们的未来形成了一团乌云，云中的轮廓都不清楚。不过到了最后，我们看清楚了显而易见的事实："这将是你们俩的战争。"

噢，天哪！我们惊讶到焦虑，焦虑到痛苦。没有办法脱离痛苦。

让最后告诉我，就他而言——撇开幻想不谈——不祥的预感并不一定是愚蠢的。战争可能持续两年。然后他就得参战：为什么不呢？或许四年，像上次大战一样,甚至会动员非常年轻的应征入伍者。不过对我来说,这个预言太荒谬了。不可能有预兆:我完全接受不了。

这推理虽然明智,但没有带来答案:既没有给我,甚至也没有给让带来答案。我一下子就体会到了这一点,并生出一种莫名的喜悦。他并不相信自己所说的话。他对未来的愿景同我一样。不管是疯还是傻,它们都像不祥预言一样不受欢迎。

它们用尽全力拉着我们前进。对我们来说,它们更像是一种召唤,而不是一种威胁,一阵眩晕,一场磁力。

最后我对让说:"我要打仗。我不知道怎么做,但是我会的。"让不再反对。

9月份过去了,空有声势。边境上几乎没有战斗。

波兰已经被打败了,但是谁给的最后一击呢?没人知道。9月17日,苏联军队突然从东面入侵了波兰。现在欧洲只剩下敌人了。

我们的生活发生了巨大的变化(对我们来说似乎是巨大的变化):我的父亲被征召,到图卢兹的一家火药厂担任工程军官。我的母亲、弟弟和我打算随同他一起去。让也要去,因为不想离开我,他说服了他母亲也搬到图卢兹。今年,我们将第一次不在巴黎生活。我对让说,某件不可思议的事情即将发生。

有一段时间，我们的不祥预言被现实所掩饰：另一个城市，法国南部，新的口音，不一样的阳光。然而，在最意想不到的时刻，不祥预言再次降临到我们身上。但是，战争，是我们所喜欢的吗？是我们可以喜欢的吗？

人们总说他们痛恨战争，但是我们还是能发现，自从9月1日战争爆发以来，忧愁的面容比以前少得多了。

人们脸上显露的可能不是欢愉，而是感兴趣。至少没有人会在相同的时间出现在相同的场所。到了晚上，男人们不回家，不回到同样的女人和孩子的身边，也不见同样的邻居。

到处都有一种自由的感觉。人们更愿意说出他们的想法。时间本身已经成为一种宝贵的东西：人们计算时间，说它过得太快，或者太慢，总之，他们在意时间，时间总令人兴奋。

死人还没有成为麻烦，时候未到。这一年年底，在芬兰的冰湖上死了许多人：数以千计的英雄为一种不可得的自由而战斗，因此，比我们的自由——假如可能的话——更壮美。但是在法国，谁关心芬兰呢？谁像我们这样的学习地理的学生，在大地图上自觉地关注着进攻和撤退？没有其他人，或者说几乎没有任何人会去关心了。

整场战争似乎并不真实。已经有小道消息说法国永远不会发生战争,这只是一场政治上夸张的大行动。

至于我,我不同意,战争真的会发生。可以肯定的是,我所要做的就是每天晚上听德国广播。不祥的预感应验了。在1940年的那个冬天,我不再怀疑它。战争爆发了,我的战争。

乌云,怪物,就在那些纳粹的集会上。那些人群的声音太离谱了,它已不属于人类的世界。它必须闭嘴,否则我就会做点什么。

我感到焦躁不安,时而激昂愤怒,时而感到荒谬。一个15岁的男孩,一个小瞎子,而另一边是希特勒和他的人民!真是太好笑了!然而,我还是不得不管住自己的嘴,以免在我周围散播小道消息。

在图卢兹感受到了迷醉一般的幸福。所以有一条建议给你:如果你是一个16岁的男孩或女孩,你感到很幸福,那么千万不要告诉任何人,包括你的知己,你的同龄人。

假如实在忍不住,就向大人表明你很幸福,但不要抱太大希望:几乎所有的大人都健忘,他们总是认为幸福从18岁开始,甚至21岁。

而且,在任何情况下,永远不要告诉他们你幸福的原因,哪怕最自由、最有爱心的家庭也会马上担心,会认为你精神错乱。保守秘密,你就不会失去任何东西。

秘密会增长幸福感。

这个办法适用于我们——让和我。整整一年,我们一直隐藏着。

藏身之处越难以置信就越好。生活这么幸福美好,我们不该在普通的环境里倾诉,比如在街上。

然而,图卢兹的街道狭窄、曲折,铺砌得很差或者没有铺砌。排水沟蜿蜒穿过路中间。猫的气味、霉臭的石头、肥皂水、用橄榄油煎的食物、大蒜和蜂蜜的气味,每一步都在袭击你。好吧,即使是那些诗意的小巷也不再适合了。我们需要一个吵闹的地方,来调剂幸福:我们选择了火车站的候车室。

不然,我们就跑到乡下,游走一整天,原则是没有目标。如果事先知道我们要去哪里,那是一个错误。我们有足够的理智去理解这一点。

重要的是玩迷失:我们迷失在城市南边干燥、荒芜的山丘上,在阿列日河郁郁葱葱的山谷中,在被遗弃的村庄的废墟房屋中,在名字夸张的小村庄周围的荒地上——萨亚斯-昂-盖斯-库图苏尔、拉克鲁瓦-法尔加德。任何地方都可以,但是要迷路!不去想找到回去的路,心里只有自己的幸福。以"之"字形或直行的方式游走,直到筋疲力尽,这是另一种幸福。

每一天,我们都做新朋友,就仿佛第一次结交那样。这么做也是必要的。友谊是一种心理和身体的状态,很脆弱,我们会对友谊习焉不察的。每天让她焕然一新,是一种责任。这甚至是一门功课。

有时候我们不得不给友谊松绑,让她喋喋不休,放肆偏离我们所有毫无选择、毫无顾忌的梦想。有时候我们想让她坚强,甚至严厉。那些日子里,审查制度是无情的:让简直不允许我说任何愚蠢的话,我也不许他胡说。我们质疑一切,逐一审查友谊盟约的条款:忠诚、忠贞、宽容和分享。

在所有的条款中,分享这一条是最难的。我们无法明确规定分享的范围。这个问题起初是理论性的,到了3月份左右就变得实际起来。一场危机发生了。

自从搬到图卢兹后,让一直住在一个狭窄的公寓里,房子里有黑暗的楼梯,可以俯瞰一条狭窄的街道。但是,这所黑暗的房子因一个年轻女孩的出现而亮堂起来了。

"出于美德。"让说,起初他试过不去看她。但是,他的努力却彻底地失败了。

阿丽埃特(这是那个女孩的名字)真是躲不开的。毕竟,她年方十八。她甚至不用想也知道自己很美。她不是在走路,她是在飞。她不是走下楼,她是飘下楼,像一朵风中飘扬的花朵。她从早到晚都在唱歌,令人不禁怀疑,她怎么可能学会她的功课。而我们自己也无心学功课了,因为我们的耳朵不断努力地穿透楼板去听她唱歌,因为我们只剩下一个念头:和她一起唱她的歌,对着她的眼睛唱,对着她的嘴唱,然后悄悄地溜回房间,不被人发现。除非她不唱歌。如果她没在唱歌,那肯定是因为她伤心了,或者是生病了!我们真想跑过去帮她。安慰阿丽埃特是一件多美的事情啊!

像其他人一样,她什么也没说,什么也没有做。让按照分享的盟约,告诉我这些。他想知道,为什么会有这么多的差别。她唱的是很普通的词,但一唱出口,这些词一下子就有了万千意义。你还没来得及听清楚歌词,这些词就开始闪烁,就像阳光在蝴蝶的翅膀上变幻一样晃眼。

结果事情变得越来越复杂了。有那么一两个礼拜,让一直笃定,阿丽埃特喜欢他。证据就是她和他说话了,甚至接受他与她说话。在他们的共同点上,彼此交换过关于数学、作文的技巧。她说她对数学一窍不通。阿丽埃特邀请他去她家弹钢琴,当她弯腰去翻乐谱的时候,最后她的发丝拂过了他的脸颊。

一句话,让恋爱了。但是,正如你所看到的,用"爱"这个词还是太弱了一点!事实上,我可怜的让不只是在过生活,他的生活大爆发了。正是在这里,我的叙述必然变得混乱起来。因为也轮到我不再只是过生活了,轮到我也恋爱了。

这个发现太可怕了。一切都变得岌岌可危：友谊（友谊的权利和它的界限）、未来、我们的学习、生活的宁静，最后还有我们的这份"爱"。这份爱归属何人？归属让还是我呢？

如果阿丽埃特和让之间只隔了一堵墙，那毕竟是一个巧合。我要多亏了另一个巧合：我其实是最先遇到阿丽埃特并和她说话的人。从交往时间先后的角度来看，我有绝对的权利。

可能我今天告诉你们这些事情时带着一点说笑，但是，我们当时可不是开玩笑。我们在山上进行了比以往任何时候都长的徒步旅行，从一端到另一端，我们都是一样的感情爆发。

别以为我们是在打架！我们没有生气，我们在沉思。这个问题的激烈程度和严重性是如此之大，以至于在一两个小时之后，我们忘记了问题本身，没错。因此，接下来的时间里，我们两个人，和我们共同爱恋的姑娘单独在一起。我们一直都接受她一心二爱的形象，世界上似乎没有什么比这更分裂的了。

我必须说，为了让的荣耀，为了我的荣耀，也为了阿丽埃特的荣耀，我们三个人都没有破坏过这一形象。相反，她变得太温柔、太纯净，没有人费心去对比她的原型。

然而，原型就在那里，鲜活的，越来越活泼，越来越熟悉。我们现在每天都能见到阿丽埃特，但让和我都是在一起的，而不是分开的。

我们经常在公共广场上、在红砖房的阴影下的小巷拐角处见她。我们在她离开学校的时候等她。我们与她在潮湿的门廊下交谈。每当我去她家，她和让都会送我回家，我们又会回到她家，他们再又送我回家。夏夜在我们周围涌动，拥抱着我们。

在那些时光里，我们彼此说了什么，我真不知道。我们数过星星：这我记得。我们一人挽着阿丽埃特的一只胳膊，不敢太用力：她是神圣的。我们让她的声音在我们的心中和脑海中流转。她本来就是上帝造出来为喜乐之爱说话的。我想，到最后我们都会忘了她，我们的阿丽埃特，而她在我们之间嬉戏、笑着，无忧无虑，因为她比任何东西更美，因为什么都不再有意义。去它的现实！

她是梦幻中的女孩，还是现实生活中的女孩？现实生活中的，那是肯定的。她如此地令人怜爱，甚至能让我热泪盈眶。只是她活在生命中那个独特的时刻，爱情还不需要发生就能存在。

更远的北方，战争还在继续，给我们的幸福投下了一道怪诞的光。这一切都以灾难而告终。在5月和6月的五个礼拜里，法国被打败了。希特勒的军队正在南下，满载着不幸。只有他们能把我们分开。

阿丽埃特在前一天晚上离开我们时说，我们最好不要再见面了，至少不要3个人总在一起。我们不知道她为什么这么说。她自己没有解释。10分钟之后，电台宣布，德军已经进入巴黎，巴黎没有抵抗就投降了。巴黎已成为囚徒！阿丽埃特要离开我们！我们应该先思量哪件事？

终于，第二天早上，在学校的大门处，贴着一份用笨拙的大写字母手写的通知（他们可能没有时间印刷）："鉴于事态，中学毕业会考第一和第二阶段的笔试延后。从今天起，图卢兹校区全部停课，开课时间另行通知。"

大事！阿丽埃特！又有大事！我们的头快爆了。

让同意我的观点：我们不应该再只想着自己了。8天后，也许我们的祖国将不复存在。在这种情况下，公共利益比个人利益重要多了。

说起来容易！但是，情绪一下子从四面八方鞭打着我们。它们每一次都要比上一次更猛烈。我们不知道去哪里避难。

啊！法国，是的，战败了。我们的英国盟友逃跑了——他们在敦刻尔克撤退呢。你不能怪他们。法国军队也在逃跑，据说往卢瓦尔以南撤退。

在过去的两个礼拜里，有30万难民涌入图卢兹，女人、老人、儿童，甚至还有男人。他们来自荷兰、比利时、卢森堡、法国北部和东部、巴黎、诺曼底、奥尔良。他们不知道自己要去哪里,他们一直南逃,仅此而已。图卢兹是一个大城镇,他们在这里停留。

他们被塞进加龙河畔体育公园的帐篷里。其中2000人在我们中学的小教堂里过了一夜(大部分是女人和儿童)。城里的房子收留了所有它们能容纳的人:往往是5个人、有时是10个人住在同一个房间里。

市政当局很担心,人员如此密集,正是空袭的理想目标。有传言说,图卢兹即将被空袭。

市中心,就像大革命早晨的巴黎。人群拥挤在一起,密不透气,漫无目的。人们看上去既没有威胁性,也不感到恐惧。他们给人的印象是茫然无知。

沾满泥土的汽车,挡泥板上布满了机枪弹孔,没有人驾驶,歪歪斜斜地躺在路上。但是,军队在哪里?将军们在哪里?政府在哪里?有传言说政府人员在波尔多避难。可怕的消息四处传播着,随后得到了报纸和电台的证实:飞机对沿路逃难的平民进行扫射。北方的航线飞的是德国飞机,南方的航线则是意大利飞机。一个路过的男人说:"没有时间哭喊了。这一次,一切都完了。"他在说什么啊?我们很愤怒。一个国家不可能就这样亡了!至少法国不会……

但是当我们心烦意乱地拐进一条比较安静的小街时,前一天的记忆又浮现了:阿丽埃特不想再见到我们了。

我们会不会令她不高兴了？她是不是误解了我们的意图？突然，我对让说：

"我知道！是因为她爱上了我俩当中的一个。只会是这样。"

这个想法简单得令人难以置信：我们爱了阿丽埃特好几个月，却没有自问过她是否也爱我们，或者她是否想过会爱我们，或者她会选择我俩中的哪一个。她必须作出选择。我们也完全忘记了这一点。我们忽略了一个事实——一个可恶但不可逃避的事实，爱情终究是个人的事。我们一直很荒唐，仅此而已。她一定很反感我俩。

让振作起来，对我说："我们别想她了，好吗？"但是事情这么严重，有什么办法能使我们一下子不去想吗？

晚上，我们还是睡得很香（当你16岁的时候，无论如何，你都会睡得好），但我们一睁开眼睛，双重的悲剧就迎面袭来：我们的爱情和我们的法国。

你知道，尽管我们年纪不大，但我们都很聪明。所发生的一切对我们来说都是有意义的。我们知道什么是政党、政府、政治体制、同盟。我们有足够的能力区分停战和战败。

6月17日中午，贝当元帅通过电台向法国人民讲话,告诉他们法军已经失去战斗力,他们不得不投降,任何进一步的抵抗都是错误的,而他,法国资历最老、最杰出的军人,凡尔登战役的胜利者,同意与希特勒和德国国防军的将军们签署停战协议,他这算"将自己献给法兰西"。当时,我们在那里听着,并不相信他。我们还没有想到他是一个叛徒。但我们确信他是错的。法兰西的利益不等于她的军队的利害。

6月18日晚,一位几乎不为人所知且名字带有传奇英雄色彩的年轻将军——戴高乐,从伦敦向法国人民发出第一次呼吁,要求在法国仍然控制的所有领土——北非、西非、赤道非洲、印度支那——甚至在法国本土,用法兰西人民所掌握的所有精神武器和物质武器,继续战斗,抵制战火的蔓延。这段宣言我们也听到了。这一次我们相信他。我们响应道:"是!"

没有丝毫的疑问,我们将成为自由法国的战士。但那是什么时候呢?我们该怎么做呢?让的武器会是什么?还有另一个更难的问题:我的武器会是什么?我只能说一件事:我们啥也不懂,但是我们什么都明白。我们需要严肃对待生活了,就像板上钉钉,就这么敲定了。

这不是夸夸其谈,甚至谈不上爱国主义:对我们来说,法兰西是一个相当模糊的概念,而且还被一系列的事件给掩盖住了。那印在我们脑海、留在我们心中的，我们称之为自由。选择自己的信仰、生活方式的自由，使别人也能够选择他自己的信仰和生活方式的自由，拒绝作恶的自由。这有什么必要解释吗？啊！自由！

阿丽埃特也是自由的。现在她又给我们打电话了。她有权见我们，也有权不见我们。她甚至有权要求我俩当中的一个人走开。假如我们能问她喜欢哪一个就好了。我们几乎要下决心这样问的。但是，这个故事中的友谊，会变成什么样子呢？

让因为我的痛苦而退缩了，我也因为让的悲伤而退缩了。假如我俩开口问了这事，我们中的一个将不得不退出。无论结果如何，我们都只能痛苦。就在这个时候，让做了一个推理，其条理完全混乱，但对我而言却清楚无比。

第一次让说，因为我是盲人，所以会有一些影响。我与阿丽埃特交谈的机会，独自与她在一起的机会不如让的机会多。当然，我有身体上的机会。这真的不公平。让感到有道义上的责任来帮助我。于是他承诺，他只用我能做到的方式追求阿丽埃特。他会继续和她说话（如果她还愿意跟他说话），但是只在那些我无须帮助也可以表达的时间和地点跟她说话。他什么都会跟她说，除了一点：他不会告诉阿丽埃特，他爱她。我也不会，我打算像他那样作出承诺。

让反复说:"别谢我。这是将心换心。"

让觉得,法国经历了挫败后,接下来几年一定很恐怖。我们不好过那是肯定的。我们要作出艰难的抉择,还要面临危险。没有人可以确定最终不会死。

"你比我更有想象力。我热爱生活,你绝对更热爱生活。我需要你的力量。和你在一起,我永远不会不知所措。"

我们这样很浪漫,不是吗?是,也不是。因为我们信守着两个承诺——战争的承诺和爱的承诺。

我们好像还自嘲了一番。我们热情高涨,开一点玩笑没什么。

自从停战协议签署以后,阿丽埃特完全变了。她难道猜到了我们的决定——尽管这仍然是秘密,要悄悄爱着她吗?她似乎突然间对我们恭敬起来。在战争时期,女人非常需要男人。

她也在为毕业会考做准备,和我俩一样。由于我们不知道什么时候考试,所以我们决心努力学习,保持耐心。

阿丽埃特不喜欢努力学习。她承认自己一个人的时候甚至都做不到。她向我们求助。侍从、骑士从来没有因为他们的女主人的要求而如此兴奋过!他们又有何所求?

我们把阿丽埃特带到树林里,请她坐在空地中央的一棵树下,要她尽可能地温习她的功课。

让很擅长理科。为了吸引阿丽埃特,他绘图解释二次方程式、立体几何和电解原理,所有这些对女生的思维不太友好的课目,让努力把它们变得神奇或美妙。

坦白说,我的任务更简单。我的优势几乎让我感到尴尬。因为我要教的是德语、历史和那些神圣的文学,所有的文字都与爱情有关。

我几乎不敢说,三个礼拜后,阿丽埃特没有通过中学毕业会考,而我和让都通过了。对我俩来说,这是我们个人的失败。幸运的是,阿丽埃特在会考榜单前抹了几滴眼泪,比以往任何时候都更美。当然,她很清楚,这一次,我们都是男子汉,在这种比赛中,我们首先有责任赢,这一切是自然的。

毕业会考就这样过去了。我没有意识到这一点。在考法语作文的那天早上,我非常高兴,因为阿丽埃特像小妹妹一样在我的脸颊上亲吻了一下,给我带来了好运(她也给了让同样的吻)。等我考完出来时,我都不知道自己写了些什么。我的作文,得到了我中学六年来的最好成绩。

到了7月,一片哀伤的寂静笼罩着法国。德国人强行将法国一分为二:北部和南部。他们接管"北部地区"。我们周围没人有勇气去想象这意味着什么。

至于南部,它被称之为"自由区"。这对我们来说,似乎是一种嘲讽。

7月10日,在贝当元帅领导下,法国政府在维希成立。那确实是个政府,但不是法国的政府。

军事上的失败,打开了一个缺口,第三共和国和民主的所有敌人都从这里冲了进来。没过几天,字眼也都变了。人们不再谈论自由,而是谈论荣誉。因为谈荣誉更保险。他们不再谈论议会或制度,现在谈论的是祖国。我们不再谈论法国人民或他们的愿望,现在只谈论家庭,家庭更小,更容易把握。

我的父亲真诚地拥护民主原则,他说,法国正在经历一场苟且精神[1]的大回归,这种事情在法国的历史上很普遍,但这次似乎比以往任何时候都更加可怕。

8月底,成队的火车将所有难民和所有需要返回家园的人遣返北方。我父母别无选择,我们要回巴黎。

让一家也决定回去。我们恋爱的日子屈指可数了。

注释

[1] 苟且精神,(l'esprit de réaction, the spirit of reaction),也许可以另译为"极端保守精神"。

02 卢塞兰游行

1940年9月,巴黎变成了一个巨大的修道院,街上空无一人。

一年前,除了礼拜天早上交通量放缓的几个钟头,你从来都听不到教堂的钟声。现在我们能听到的只有钟声了。

在我们位于拉丁区南端的皇家港大道上的公寓里,我整天都能听到圣宠谷教堂(Val-de-Grâce)和圣雅各伯教堂(Saint-Jacques-du-Haut Pas)的钟声。如果风从西边吹来,就能听到巴黎圣母院的钟声。如果是北风,还能听到远在万神殿前的广场上圣伊田居孟教堂的钟声。钟声丝毫不差地落到我的房间里,它们穿过的街道是寂静无声的。

德军占领下的巴黎似乎在不停地祈祷。巴黎仿佛在呼唤什么人。那是一种无声的呐喊。

来吧!我们必须振作起来!这一切都是梦!回来后我什么都没看到。

傍晚时分，我们从图卢兹来到了奥斯特里茨车站。我的心留在了阿丽埃特的心里。

我们找不到出租车。已经没有出租车了。我们不得不提着行李箱，走了3公里的路才到家。途经医院大道、圣马塞尔大道和皇家港大道，我们没有看到一辆车，为数不多的行人在马路中间径直疾行。

巴黎比我记忆中的要大得多，也安静得多。除此以外，我什么也没看到。

但是灾难在哪里呢？似乎没有人知道。几乎没有小汽车了，只剩下卡车。根本没有公共汽车，人们无论贫富，都得坐地铁。香烟价格略有上涨。面包和肉也是，但很少。这一切都不算什么，不算灾难。德国人在哪里呢？

他们隐形了。他们藏在兵营或公馆里，隐匿着。如果你根本不想看到他们，你只要不去协和广场、香榭丽舍大街和星形广场就够了。在那里你会闻到他们的气味——他们香烟的气味，比我们的更甜，因为他们喜欢混合东方烟草。

在其他地方，几乎看不到他们的身影。或者，他们可能在一辆汽车里，轮胎在空荡荡的街道拐弯处发出刺耳的声音。假如他们碰巧下车，你会听到他们的鞋子刮擦地面的吱吱声，步伐僵硬——一直都很僵硬，而且很响亮。他们看起来严肃而满意，就像一个知道自己何去何从的人一样。他们真的知道吗？

他们希望能在一夜之间登陆英国，但是行动却一再被推迟了。

我在街上寻找灾难。我找不到它。也许历史上的那些灾难，当它们如同这一次一样真实，是不会一下子出现的。也许它们需要时间。明天我就会听到尖叫声，知道人们在受苦，巴黎就像囚徒一样，敲打着门等待解放。第二天，一片寂静，和前一天一样。

苦难扼住了人们的喉咙，使人感觉忧郁。房屋变得太高了，街道变得太宽了。人们被太多的空间隔开。空气本身，在空荡荡的街道上流动，鬼鬼祟祟的：它保守着自己的秘密。

我们不知道该想些什么，我们在想自己。或许每个人都只想着自己，别的什么都不想。我对让说："这是一场古怪的战争。我们永远见不到敌人。有勇气不是一件容易的事。"

但最重要的是，有勇气去做什么？无路可走。只有待在家里，独自想着阿丽埃特，用尽所有的力量一连几个小时地想她，最后得到的只是一个破损的形象，一张和我们一样悲伤的小脸，几乎看不到眼睛，几乎没有声音，一个未经装饰的形象；这是一种捏着你神经叫你站起来的悲伤，你想反抗，你只想——而且是马上——得到不存在的东西：阿丽埃特不在了，阿丽埃特走了（不！是我离开了她）；阿丽埃特，我想把她抱在怀里，紧紧抱住！

这很奇怪：在图卢兹，我没有这种欲望。我不会想去触碰阿丽埃特。我的天啊！假如我碰了她，她就会消失的！但自从她的身体与我的身体分离之后，她的身体就出现了。我只是在拥抱影子。

我们见不到爱人，也还没有见到敌人。我们很沉重，很空虚。我们越来越激动不安。

另一方面，我们再也不会知道阿丽埃特变成什么样子了：南北地区之间的通信被禁止了。

占领军当局只允许所谓的"区间卡"：一个印有表格的长方形纸板，我们只能按格式填写内容。

表格上印着"我寄往……"，你填上"好""很好"或"不错"。"我收到了你（或你们）从……寄来的卡"，然后，你看着你所爱的人写的另一张一模一样的卡，填写他们上次写信的日期，上面写的也是这些废话。

法国人心巧：我们总会让禁令为我所用，我们能插入充满意义的单词。对我们来说有含义，墙的另一边，他们又能猜透什么？

人们不再多说关于战争的事情：他们得不到任何信息。仅有的报纸是德国的，或者已经出卖给德方了。巴黎广播电台也是德国的，收听英国广播公司是被禁止的。

我们知道,这几乎是迄今为止从占领军司令部发出的唯一明确的命令。

自然,仍有成千上万的人在收听"这里是伦敦,法国人对话法国人":戴高乐将军(General de Gaulle)、让·奥伯莱(Jean Oberlé)、皮埃尔·布尔丹(Pierre Bourdan)、让·马林(Jean Marin)、莫里斯·舒曼(Maurice Schumann)。他们不断发布消息,他们的声音散发着一种自信。但是,在听他们说完之后,我们不再谈论他们。我们害怕我们的邻居。一个处于不幸之中的国家,到处都是背信弃义的人。

我们再也不知道人们在想什么了。没有办法问他们,而且无论如何,他们也不会回答。这就是巴黎真正的痛苦所在——500万人处于戒备状态,他们要么准备自卫,要么准备躲起来,决心无论发生什么都保持沉默,行善也罢,作恶也罢。

我们再也分不清怯懦和勇气。到处都是一片寂静。

与此同时,中学重新开学了。10月1日,我们进入路易大帝中学上哲学课,准备第二阶段会考。

第一天,一位新的历史老师走进教室。他走得飞快。他似乎特别清楚自己想要什么。我们都站了起来。他用一个恼怒的小手势,招手叫我们坐下。"先生们,"他说,"我要求你们听我说话,不要求你们服从我。如果人人都服从,这个国家就完了。"

他很年轻，戴着厚厚的眼镜。他身材矮小。他从不站着不动，在长凳之间走来走去。他把一只手放在一个同学的头上，另一只手放在另一个同学的肩上。他面对面地问我们，问我们的年龄，问我们的计划，问6月的战败及其原因，问我们占领军"无可挑剔"的行动，问我们是否知道戴高乐、希特勒、贝当。他问我们是否知道苏联、美国、日本，是否能告诉他世界上哪里有煤、钢铁、石油和锰。

他说话很快。我需要全神贯注地去理解他的话。在一个小时里，他所说的比我两个礼拜里听到的还要多。有了他，巴黎虽然仍被占领，但是"占领"有了新的意思，未来也有了新的意思。

他的声音柔和而温暖，充满活力。他每句话都有一个手势。思想在我的头脑中萌芽得太快，我都没时间使它们停下来以便我看个仔细。没关系！我今晚一个人的时候重温一下。

老师在说什么？他说他知道在这个教室里面至少有一个变节者！一个准备向占领军当局报告在课堂上所说言论的男孩子？这不可能。我一定是听错了。

不，没错！他重复了一遍。一股热浪穿过我的脊柱。我感觉自己好像活了过来。拒绝邪恶是会带来伤害的。有一件好事要做了。

我是盲人，这对我来说，是一个绝对的优势。

例如，经过两三个礼拜的艰难适应，我又能看见阿丽埃特了。让还是看不见她。他对我说："我眼睛闭得不够紧，看不见她。"

当然，我幸免于这种特别的痛苦。我不仅比让更接近内心世界，而且，八年来，我几乎完全认同了内心世界。我别无选择。这笔投资肯定是不错的，现在我收获利息了。

毕竟，可以看见的阿丽埃特从我身边走了，这是外在的阿丽埃特。我不假思索，就在我内心重建了她的存在。

我不知道是如何完成的。但我注意到，我在这方面下力越少，我就越成功。记忆和情感是很微妙的东西。最重要的是，没有必要全神贯注地去压迫或拉扯它们。你必须放松：用你的指尖去触摸它们——用你梦想的指尖。

使爱情以及所伴随的幸福感复活的最好方法是，轻轻抓住爱情的记忆（任何东西——阿丽埃特的一条裙子，她的笑声），任由记忆发挥作用。由它不由我，不由我所感到幸福和恋爱。我的意志不重要，它只能是一个障碍。

我试着把我的意志圈禁起来，因为它不时地从我身上逃脱。它想看到阿丽埃特，想更好地看她。意志会造成可怕的半途而废。一旦出现，就只好从头再来。

当我拴住意志，不让它动的时候，我心爱的姑娘就存在于整个房间。阿丽埃特不再像在图卢兹那样在我的左右，而是或多或少地与我分开，这取决于她是抓住还是放开我的胳膊。

现在她在我上面，在我后面，在我内心。我不再需要考虑距离和空间的无稽之谈了。

她仍然有一张脸——她有过的最漂亮的脸——和一种语声。我周围都是这面容和语声，某种程度上它们接受了我。当它们在现实世界里，也就是在分裂的世界里，我并不总是确信有这样的幸福。

我的父母把公寓的底层交给我使用——两个小而连通的房间，通向一个庭院，通过一条长长的弯曲走廊与房子的其余部分完全隔离。

这是我的领地，我拥有所有的权利。我把家具换来换去，按照自己的意愿作安排，或整洁或凌乱。

我在那里并不总是孤单一人，总有人来看望我。我接待他们。晚饭后，我向大家道晚安，就退到那里静修。这两个小房间就变成了一座寺庙。

我晚上熬夜，一直到深夜。我急切地投身于哲学研究。我想了解一切，觉得这很紧迫。我真的不知道为什么，但是在我看来，这样的机会不会再有了，我将被更多世俗的责任所束缚。

从毕达哥拉斯到柏格森[1]，从柏拉图到弗洛伊德，思想家的想法第一次进入了我的脑海。我尽可能仔细地研究他们。

事实上，人类的思维（或者我内心深处的东西）并不是一个好的望远镜：它看不清楚。注意力上的不集中常常使我感到不安。但不用太担心，因为哲学家们自己似乎并不总是看得很准。

一般说来，他们把自己的思想指向一个方向，他们中的佼佼者能够用一整本书，甚至终其一生来遵循他们所选择的研究。柏拉图[2]和斯宾诺莎[3]就是如此。但是，这种选择和他们追求所选的执念限制了他们，使他们无法环顾四周。

我看到他们的思维过程发生在一个球体的表面，但只是在某一个点上，因而失去其与整个领域的现实的联系，而这一领域并不小于这整个球体。采用这样一种方式，哲学家越是演绎、越是系统化，他的混乱就越多。诗人和大多数艺术家都做过、说过各种各样疯狂的事情，但至少他们向四面八方去延伸，在应对风险的同时却也倍增了机会。他们的混乱倒是有好处的。

1940年的那个秋天，我自己也饱受煎熬，想了很多，或者至少是在锻炼我的思维。我一条接一条地尝试了所有的道路：现实主义者和理想主义者，唯物主义者和唯心主义者，经验主义者和理想主义者。从赫拉克利特[4]（Heraclitus）到威廉·詹姆斯[5]（William James），没有一个是我不感兴趣的，但没有一个能使我完全满意。至于心理学——我们被要求每周学习9个小时的心理学基础知识和理论——我对它很反感。对我来说，心理学离题万里。它要么分析了思想和精神的特性却不考虑人们可能会质疑它们的存在，要么遽然否定思想和精神。心理学只关心外在的表象。

表象和反应！这只不过是它们的作用。怎么能把这些视为人类生活的全部呢？对这些表征的解释必然是值得怀疑的，因为这些人连自己都不了解，遑论了解他们所评判的人呢。

当看到某些现代思想家在编造客观性的神话，我就很生气。对这些人来说似乎只存在一个世界，人人同此世界，而所有其他的世界都被算作是落后倒退的幻想，何不直接称其为——幻觉？我付出过代价，知道他们错得有多离谱。

我知道。天哪！只要在一个人身上从这里拿走一点记忆，从那里拿走一点反射性联想，拿走他的听觉或视觉，世界就会立刻被改变，另一个完全不同、完全协调统一的世界就会诞生。另一个世界吗？不！是同一个，但却是从不同的角度来看，用全新的尺度来衡量。因此，所有这些所谓的"客观"的一切体系都被打乱，被打得东离西散，甚至不能作为理论，而是异想天开。

在我看来，尤其是心理学家（除了少数例外，如柏格森），似乎完全错过了重要的内心生活。他们把心理当作一个主题，但他们不去谈内心生活。他们在内心生活面前很尴尬，就像母鸡发现自己孵出了一只鸭子一样。当然，要我来谈论而不是经历内心生活，会比他们更尴尬。何况我当时还只有16岁。在我看来，应该由他们来告诉我，他们根本没有告诉我任何东西。

哲学家们让我的大脑发挥作用，我的大脑很乐意跟随他们。他们给大脑的训练增强了它的肌肉。我更好地运用大脑的力量，日复一日地自我定位，但是，它没有到过任何港湾。我到处听到的是问题。答案，从来都没有。

那一年，我们的哲学老师身体很虚弱。这个好人已经严重衰老了。幸好有书。我们在同学之间激烈地讨论这些问题，这对我来说是件新鲜事。

有人说，从这个被占领的、寂静如棺材的巴黎，散发出烦人的气味。人们因为害怕而憋在心里的话都变成了挑战。几乎所有和我同龄的男孩都受到了触动。那些毫无触动的人都是傻子小丑，我们跟他们断绝了来往。

我们的焦虑比成年人的更全面。这并不在于想知道谁会赢得战争，以及什么时候赢，会不会实行食物配给（会的，已经开始了），最危险的敌人是纳粹主义还是布尔什维克主义。我们想学着如何活下来。那是更严肃的问题。我们想学快点，因为我们觉得明天可能就会太晚了。从西班牙边境到俄罗斯边境，地上空中都有死亡的迹象。甚至不仅仅是迹象，而是生死的战斗。

学着活下去的感觉在我们心里怦怦作响，迫切地想要跳出来。假如我们不设法使自己的生活比我们长辈的更好，愚蠢和屠杀的狂欢就会持续到世界末日。就让人们沉默吧。人啊！假如他们能够在沉默中生存下去的话，就让他们沉默吧。反正我们做不到沉默。至于他们的畏惧，看起来太像猥琐了，令我们感到恶心。

我们不宽容哲学家，不宽容我们的老师，不宽容我们的家人。这样更好，我们需要准备自己的力量。

那年冬天，在巴黎，学生们很庄重。有些人甚至面露悲戚。能不庄重吗！1940年11月11日，为了纪念1918年的胜利，香榭丽舍大街上发生了一场示威。这是第一次示威，巴黎人第一次也是唯一一次对德国说不。这是学生们干的。第二天，在黎明时分，大约有20人被枪杀。

我们仍然在笑。是的，我们笑。我们甚至玩得很开心。生活的平衡不会像这样在一个时机就被破坏了。只是，从昨天开始，每天早上醒来时，不知怎么的，我们都好像多活了好几个礼拜。

一个幸福国家里的男孩永远不会停止做孩子。但是,一个苦难国家里的男孩在他们养成男人心理之前、在他们的身体长成之前,就已经是男人了。他们还像10岁的孩子一样噘嘴,随时准备拉长脸,眼睛里闪烁清澈的泪光,手指上沾染着墨渍,说着八卦的俚语,脑子里藏着他们没有触碰过的女孩子,然而,他们已经是男人了,对于做和必须马上去做的事情,有着理解和热情。他们的问题比世上的答案多一千倍。

我就是这样。我的同学们都是这样。我们囫囵吞枣地接受了这些研究,也因为缺乏更多干货的知识食粮。无论如何,我们并没有被文字所迷惑,也没有被科学、哲学或报纸、耐心甚至恐惧所迷惑。我们害怕没有生活:是的!没有权利,也没有时间。害怕别人告诉我们必须这样做、不能那样做(说得好像他们知道似的!)。我们很急切,也很坚定。无论如何,我们都要尝试!从家里出来,我们是成对而行的。但等我们到学校,我们就有8个、10个或12个人。这是不可错过的。

伙伴们从邻近的所有街道向我们聚集。有些人甚至绕了很远的路来跟我们会合。学校的门房被这一景象逗乐了,他把头探出窗外,喊道:"来了!卢塞兰游行!"

这确实有点像我的游行队伍：在让的大手推动下，我总是在中心。

其他人的这种存在几乎成了累赘。为了恢复我俩的亲密关系，让和我不得不躲进我的公寓里：皇家港大道上的那两个小房间，我的僧侣小室。外面有一群人——"你吸引了他们，"让说，"他们需要你。"我还以为是我需要他们呢！毕竟，也许这两方面都是真的。吸引力一直是个谜。

让接着说："你知道他们几乎总是在看你吗？即使有点困难，即使还必须同时看着旁边人的肩膀。他们以为你看不到他们，也许，这就是他们这样做的原因。"

游行队伍沿着圣雅克街走下去，又走上来，肘对肘肩并肩，一点也不混乱。我有时候想知道，这么好的秩序是从哪里来的。

大家轮流开口说话。有开玩笑的时候，也有严肃的时候。所有的人都很冷静，在兴奋时会故作沉默，好像是在战斗序列中。在任何情况下，都不能谈一个话题，那就是功课。经一致同意，无论谁谈及功课，都得离开游行队伍。优先考虑严肃的事情！我们是多么认真，甚至谈论女孩子我们也很认真。

我走在中间，我很高兴。没有任何具体的原因。我很高兴能和那些像我一样不想对生活闭上眼睛的男子汉在一起。我完全忘了我们要去上学。在课堂上，我忘了我是在上课。我已经走在了未来当中。但我不知道未来会是什么。弗朗索瓦(他是游行队伍中的一个)出生在法国，但他家是波兰人，而且很穷。他的父亲在20年前就已经移民了，在北方某地一家工厂当一名金属加工工人。

弗朗索瓦充满热情。但这不足以将他与我们其他人区分开来，因为我们这一群人都热情洋溢。他的热情方式，我们说是"斯拉夫人的方式"。情绪从他瘦高(也许有点太瘦了)的身体里涌动爆发，就像放电一样。情绪使他做出无法克制的动作：双臂交叉在胸前，双手放在你的双肩上，同时用变了音的、更圆润的、更温暖的声音对你说话；突然停在路中间，比别人快两步，热切地盯着我们所有人，然后说这么一句："生活是美好的。"弗朗索瓦正在主持他的个人弥撒。

我不是说过他有热情吗？事实上，他对一切都有热情，而排在首位的是他对法兰西的热情。他热爱这个国家。他似乎比我们更了解她。他通常称她为法国，有时候他称之为波兰。对他来说，这是同一的。我认为他是对的。

在老师面前，我们不得不装假，我们讨厌这样。我们必须表现得很有理智——我怎么知道是什么样呢——表现得很超然。我们不得不把我们的激情搁置起来。除了那个和其他老师不一样的历史老师。他要求我们在他的课堂上做真实的自己,忍不住就笑,生气了就愤怒。

6个月之后,这个了不起的人物仍然像第一天一样活跃。他的博学令我们倒抽一口气。他把数字和事实像冰雹一样砸向我们。他不时地搓着双手,神采奕奕,同时发出友好的笑声。我们开始理解他了,看得出,他有了一个想法。

历史教学大纲到1918年就终止了,因为这种短视的谨慎据说适合学校的课程。不要在意这些!没有大纲历史课照样讲。

他继续超越大纲讲课,甚至在放学以后。如果他知道没有别的课程在等着我们,他就会叫我们再等一个小时,两个小时。他会微笑着宣布:"我不留你们。想离开就离开!我不介意。"所有人都自然而然地被这个令人难以置信的事实、信息,对各个国家和各个时代的新观点,以及呼吁清醒、常识、能量和觉醒的旋风所吸引,除了两个人。我们注意到了他们:他们准时离开。我们很快得知,他们参加了一个与德国人合作的青年运动。

他们一关上身后的门,老师就会说:"现在我们是在自己人中间了,我们继续吧!"

他把德国的历史延续讲到了1918年的战败之后,

历数了魏玛共和国、施特雷泽曼[6]、老兴登堡[7]、通货膨胀、罢工、苦难、社会民主党的破产，一直到希特勒"政变"和纳粹怪胎的诞生，现在这个怪胎的整个身躯都压在我们头上。

他谈到了德国国会大厦纵火案和真正要对此案负责的人，以及1933年由残忍的科学组织建造的历史上独一无二的地点——达豪集中营，在巴伐利亚州，离慕尼黑10公里。

他从一个破旧的公文包里拿出来闻所未闻的文件——《我的奋斗》以及阿尔弗雷德·罗森堡[8]、约瑟夫·戈培尔、朱利叶斯·斯特雷切[9]的声明的完整译本，所有这些是民族社会主义德国热闹的噩梦。

他告诉我们什么是种族灭绝，以及它是如何进行的。不是在理论上，而是此时此刻实际发生的，就在离我们不远的波兰和捷克斯洛伐克。弗朗索瓦不是犹太人，但我听到他气得直哼哼。

我们的老师无所畏惧，这是多么洒脱呀！无论他在这场战争中做了什么选择，他都知道原因是什么。在把一切告诉我们之前，他是不会离开的。

终于有一天，他正面问了我们。他问我们，法国是什么，她的目的是什么，她在世界上处于什么地位。我们必须回答他。他的问话不是反问句。

不出所料，弗朗索瓦比其他人答得更好。他说，法国刚刚被打败,但这并不意味着什么,只是说整个欧洲都被感染了,这场传染病必须得到紧急治疗,否则世界将被毒害,是整个世界。而且弗朗索瓦说(他半站起来,没有再坐在椅子上),法兰西不仅仅是一个国家,她还是一种生活方式。这时,我们的老师比以往任何时候都更坚定地搓着手。

在他看来,弗朗索瓦是对的:一个人必须爱法国。但是要有智慧,这是最困难的部分。人们必须明白,法兰西帝国已经受伤,也许已经死亡,时代的变化非常快,力量的天平正在绕着轴心摆动。你必须看到,尽管有盖世太保和国防军,德国并不是问题的全部,而只是问题的一部分。

他希望我们超越国界,因为,他说,国界是一件行将破裂的旧紧身胸衣的骨架。他用我们非常喜欢的那种亲切的微笑声来顿住自己的话语。我们已经非常喜欢这种笑声了。"先生们,"他说,"这场战争不是民族战争,不会再有民族战争了。记住这一点!世界是一体的。这可能并不舒服,但这是一个事实。每一个民族主义者都是一根落后的老油条!"

我们很着迷,跟着他超越国界:向东是俄罗斯,向西是美国。对他来说,只有这两个国家是重要的:苏联和美国。德国的力量只是暂时的:它那只是一个巨人般的疯狂,不会持久。

俄国人和美国人可能不比其他人更好，但他们肯定更有活力，生活最终总会走上对的道路。苏联和美国还没有参战，但是它们正在卷入战争。这不是一种希望，而是命中注定的。

在接下来的6个礼拜里，他开始向我们描述了布尔什维主义的诞生、列宁的统治、斯大林的统治、莫斯科的大清洗运动。他根据自己翻译的俄文文本，为我们解析了《苏维埃社会主义共和联邦宪法》。他告诉我们，3年来，以莫斯科南部和哈尔科夫（Kharkov）、第聂伯罗彼得罗夫斯克（Dnepropetrovsk）等乌克兰城市或顿巴斯（Donbass）地区为中心的俄罗斯重工业、冶金工业，已经成建制地向东转移到乌拉尔北部的那些新城市，如马格尼托戈尔斯克（Magnitogorsk）、车里雅宾斯克（Chelyabinsk）等，甚至更远的西伯利亚的库兹涅茨克盆地（Kuznetsk Basin）。最近，像意大利面和罐头食品一样重要的食品行业也如法转移。

这还不清楚吗？这不是给1939年8月23日的《苏德互不侵犯条约》一个令人惊讶的启示吗？苏联会是希特勒的朋友吗？

假如布尔什维克是真诚的，那就不可能是希特勒的朋友，因为他们是在捍卫人民的自由。假如他们不真诚，那也不可能是希特勒的朋友，因为他们怀有秘而不宣的世界帝国梦想，不可能长久地容忍纳粹帝国。

苏联举足轻重。我们没有权利让自己被西方世界自1917年以来对俄的幻想所迷惑。俄罗斯既老成得可怕，又年轻得可怕。它的力量在于其人民的谦恭和老实，以及在专制制度下积累了几个世纪的关于幸福安康的焦躁。

苏联是个未知数，美国也是未知数。

"啊，那些人！"我们的老师在谈到美国人时说，"如果他们的聪明像他们的慷慨一样多，那我们就得救了。"

大西洋彼岸的未来，比欧洲所愿意承认的更远大——我们永远不要忘记这一点。那里是一片广阔的大陆，富饶，人口众多，几乎呈几何级数增长。美国代表着人类从未有过的进取精神所取得的前所未有的最大成功。

就像所有的年轻人一样，美国充满了兴奋和自私，但也充满了世界上最坚定的宽容和信心。

美国人喜欢创造，喜欢建设，总之，他们喜欢行动，如果他们把这种风气保持得足够长久，他们将成为欧洲的头号希望。说起来很可怕：唯一的希望，也许。

老师教我们理解，关于1929年的崩溃、大萧条，关于富兰克林·德拉诺·罗斯福的第一个任期，关于他的第二个任期。我们听说了新政、美国从大萧条中迅速复苏、田纳西河谷法案、重新造林计划、落基山发电厂。在我们的生活中，纽约、费城、匹兹堡、克利夫兰、底特律、芝加哥、旧金山、洛杉矶、明尼阿波利斯，以及德卢斯、托莱多、罗切斯特、密西西比和密苏里、阿巴拉契亚山脉和休伦湖，不再仅仅是名字：它们是值得注意的地方，在这些地方，每年有成千上百万人想象出成千上百种新的生活方式。

我听了，我明白了。法国的边界，我的边界，四面八方都在崩溃。在一位中学教师的魔杖下，在他的魅力以及他的能力之下，17岁的法国小男孩逐渐变成了一个西方淘金人。

1941年3月，我不得不走向黑板，或者更确切地说，走上讲台：我的历史老师让我接受测试。一个月来，我不得不读了大约20本书：有些是关于苏联的，有些是关于美国的。我必须为我的同学们总结这些书，并作出综合分析，就像我们平时夸夸其谈的那样。

这真是我第一次不得不在公开场合发言，我在恐惧的重压下，在笔记的重压下不知所措。焦虑一直都有，笔记却消失了。

我坐到老师的位置上，开始了我的发言。我的手在桌面上摸来摸去，一番徒劳，没有摸到笔记。我一阵慌乱。这时我听到了熟悉的搓手声和亲切的笑声。"我拿走了你的笔记，"老师说，"当你去旅行的时候，你会把你的行李放进行李车里的。"

顿时，我更加慌乱了。这时，有东西在我的脑子里亮了起来：我想起了我那块内在的屏幕，我发现我可以轻松地阅读我的笔记。它们甚至比纸上的更清晰可辨。几个月来，我怎么就忘了这个神奇工具的存在呢？我真是个傻瓜！

另一方面，在我说话的时候，我的语音让我安心：它听起来基本是自然的。至于同学们的沉默，那是个好兆头：他们对我没有恶意，有的人甚至想要帮我。我很确定这一点。我感觉到他们向我倾斜，特别是弗朗索瓦和让。

一个小时之后（人人都告诉我，我持续讲了一个小时！我简直不敢相信自己的耳朵），我听到了自己的结论，老师鼓起掌来，他从不鼓掌，尤其是对学生。我到底说了些什么？

过了一会儿，我从其他人那里听说了细节。我说了一些似乎令人震惊的话，即战争才刚刚开始，只有到苏联和美国卷入战事之后，我们才真正知道战争的走向，而这种双重干预肯定不会拖很久才到来……我的天哪！但我怎么能说出这些话来呢？我并没有准备它们。更绝的是，我不懂这些，完全不懂！

我不得不面对这样一个事实：我的思绪比我的意识跑得更快。这个小小的发现足以让我做梦。我也确实没有辜负这个小发现，追我的梦。

注释

[1] 柏格森（Henri Bergson，1859—1941），法国哲学家、作家。1868年，得到了波拿巴皇家中学（后改名孔道尔塞中学）的奖学金，成为一名寄宿生，开始中学学习，并对哲学逐渐产生兴趣，决心专攻哲学。1877年，毕业于波拿巴皇家中学。1878年，被巴黎高等师范学院录取，大学期间，有唯物主义倾向，对当时崇尚的康德主义持猛烈的反对态度，逐步具有独立思考的精神。1882年，毕业于巴黎高等师范学院。1889年，完成了论著《论意识的即时性》，提出了关于时间的新概念，标志着他的学说——柏格森主义开始逐渐形成。1914年，当选法兰西学院院士。1927年，凭借哲学著作《创造进化论》获得诺贝尔文学奖。柏格森主要倡导生命哲学，对现代科学主义的文化思潮进行反拨。他宣扬直觉，认为唯有直觉才可体验和把握生命的存在，即真正唯一本体性的存在。他还提出并论证生命的冲动。柏格森著有《形而上学论》《论意识的即时性》《创造进化论》等著作。

[2] 柏拉图（Plato，前427—前347），古希腊伟大的哲学家，也是整个西方文化中最伟大的哲学家和思想家之一。原名为亚里斯多克勒斯（Aristocles），亚里斯多克勒斯的意思是取名恰当的（well-named），后来因为他强壮的身躯而被称为柏拉图（在希腊语中，Platus一词是"平坦、宽阔"等意思）。其主要作品为对话录、《理想国》。柏拉图指出：世界由"理念世界"和"现象世界"所组成。理念的世界是真实的存在，永恒不变，而人类感官所接触到的这个现实的世界，只不过是理念世界的微弱的影子，它由现象所组成，而每种现象是因时空等因素而表现出暂时变动等特征。由此出发，柏拉图提出了一种理念论和回忆说的认识论，并将它作为其教学理论的哲学基础。在《理想国》中，有一个著名的洞穴比喻来解释理念论：有一群囚犯在一个洞穴中，他们手脚都被捆绑，身体也无法转身，只能背对着洞口。他们面前有一堵白墙，他们身后燃烧着一堆火。在那面白墙上他们看到了自己以及身后到火堆之间

事物的影子，由于他们看不到任何其他东西，这群囚犯会以为影子就是真实的东西。最后，一个人挣脱了枷锁，并且摸索出了洞口。他第一次看到了真实的事物。他返回洞穴并试图向其他人解释，那些影子其实只是虚幻的事物，并向他们指明光明的道路。但是对于那些囚犯来说，那个人似乎比他逃出去之前更加愚蠢，并向他宣称，除了墙上的影子之外，世界上没有其他东西了。柏拉图利用这个故事来告诉我们，"形式"其实就是那阳光照耀下的实物，而我们的感官世界所能感受到的不过是那白墙上的影子而已。我们的大自然比起鲜明的理性世界来说，是黑暗而单调的。不懂哲学的人能看到的只是那些影子，而哲学家则在真理的阳光下看到外部事物。

[3] 斯宾诺莎（Baruch Spinoza, 1632—1677），荷兰哲学家。他不承认神是自然的创造主，认为自然本身就是神的化身，其学说被称为"斯宾诺莎的上帝"。斯宾诺莎认为只有民主政体才能保证思想和言论自由。他反对君主制，说君主制表面上维持和平，其实实行奴役。他也贬低贵族政体，说贵族政体排斥其他阶层的优秀者。他认为，民主制是最优越的，在民主政体中，人人能表达意见。斯宾诺莎从自身经历中痛切地意识到思想自由的重要性。斯宾诺莎从天赋人权出发，痛斥对思想和自由的压制。斯宾诺莎在宣传思想自由的同时，还强调人在行动上要守法。在艰难的生活条件下，他仍然坚持哲学和科学的研究，他的思想通过通信方式传播到欧洲各地，赢得人们的尊重。

[4] 赫拉克利特（Heraclitus, 约前544—约前483），古希腊哲学家，爱菲斯学派的创始人。第一个提出认识论的哲学家。他有一句名言："人不能两次走进同一条河流。"这句名言的意思是说，河里的水是不断流动的，你这次踏进河，水流走了，你下次踏进河时，流来的是新水。川流不息，所以你不能踏进同一条河流。他主张"万物皆动""万物皆流"，这使他成为当时具有朴素辩证法思想的"流动派"的卓越代表。赫拉克利特还认为，事物都是相互转化的。冷变热，热变冷，湿变干，干变湿。核心思想是"变"，"变"却是永恒不变的。他还明确断言："我们走下而又没有走下

同一条河流。我们存在而又不存在。"

[5]威廉·詹姆斯（William James, 1842—1910），美国心理学之父，美国本土第一位哲学家和心理学家，也是教育学家、实用主义的倡导者，美国机能主义心理学派创始人之一，亦是美国最早的实验心理学家之一。终其一生都在探讨超个人的心理现象与超心理学，认为人的精神生活有不能以生物学概念来解释的地方，可透过某些现象来领会某种"超越性价值"；并强调人有巨大的潜能尚待开发，人的意识只有很少一部分为人所利用。他曾参与类似禅坐的静坐活动，表示静坐是一种唤起深度意志力的方法，可以增加个人的活力与生命力，也做灵媒的实证研究。

[6]施特雷泽曼（Gustav von Stresemann, 1878—1929），德国外交家。在魏玛共和国时期他当了百日总理（1923）和6年外交部长（1924—1929）。在没有武力支撑下，他利用拉帕洛条约、洛迦诺公约和柏林条约三个条约，成功地拆散了反德同盟，为德国复兴打下基础。他比肩俾斯麦，甚至可以说超越了俾斯麦，因为他的德国缺乏俾斯麦德国的实力。他的力量来自他能调整自己，接受德国战败这一事实，因为他能抑制住自己的民族主义意愿，创立合理的外交政策，怀着复兴的信心。

[7]兴登堡（Paul von Hindenburg, 1847—1934），德国陆军元帅，政治家，军事家。魏玛共和国总统。出生于德国波兹南（今属波兰）军官家庭，曾参加普奥战争和普法战争，1903年晋升上将。一战爆发后，在东线坦能堡会战中击败俄国军队后晋升为陆军元帅。1925年起担任德国总统。兴登堡在军事生涯初期是一个出色的军人，但是晚年其黯淡的精神力量、陈旧的思想和狭隘的观察力使他昏聩地任命希特勒为总理。

[8]阿尔弗雷德·罗森堡（Alfred Rosenberg, 1893—1946），第二次世界大战中纳粹德国中的一名重要成员，为纳粹党内的思想领袖，也是纳粹党最早的成员之一，比希特勒加入纳粹要早九个月。罗森堡曾担任纳粹刊物主编和德国在苏联的东部占领区政府局长，经常对党内成员发表演说，内容包括种族清洗、地缘政治、生

存空间和纳粹主义。在战后，罗森堡被盟军抓获，并于1946年10月16日执行绞刑。

[9]朱利叶斯·斯特雷切（Julius Streicher, 1885—1946），早年是小学教员，后参加纳粹党并积极参与纳粹的宣传活动，他是反犹刊物《前锋报》《冲锋报》主编，屠杀犹太人的主谋，被称为"天字第一号犹太迫害狂"。与纳粹党报《人民观察家报》以其严谨的学者一般的态度宣传纳粹主张不同的是，《冲锋报》以其狂热的、出位的反犹宣传著称。1946年10月16日，被纽伦堡国际军事法庭判处绞刑。直到今天，"斯特雷切"和"冲锋报"在西方人的眼里成了恶意的、种族歧视的宣传的代名词。

03 自由军志愿者的创始人

韦斯伯格是一个瘦小男人的名字,他留着山羊胡子,头发花白,总是很有礼貌,总是很好客。他是让的父亲的老同学,以一种平静的慈爱待让,让只需要每个月都去拜望他一次。

他是个单身汉,很爱让,把让当作自己的儿子。

他一生都在勤奋地研究生物学,他在制药领域取得了真正的发现,但是他太谦虚,对于利用自己的发明赚钱也太心不在焉,所以:他一直很穷。

每次拜望韦斯伯格回来,让都满心欢喜。老人向他展示了许多新事物,使他爱上了这些新事物。

4月初的一个晚上,让到克利希大道作这个月例行的拜望。但门房在他经过时拦住了他,告诉他四楼那位老人已经不在那里了:两天前,在早晨5点左右,德国警察把他带走了。"一共有三个人来找他,"门房说,"他们都很有礼貌,尤其那个最高的人,他说法语。"但是,当他们带走那位可怜的绅士的时候,她补充道,那个高个子(当然是军官)转过身来对她说:"用不着难过。他只是个犹太人。"

几天后,属于德国的巴黎电台宣布,德国军队使用的电话线在布列塔尼靠近海岸的地方被法国恐怖分子切断,10名法国人质刚刚被枪毙。

一天午饭时分,我离开学校,一个我不认识的年轻人在我经过时抓住我的手臂,把我拉到大厅的一个角落,用焦急的声音说:"杰拉德今天早上被盖世太保抓走了。我想他在健康监狱[1](La Santé)。"

啊,健康监狱!这座巴黎监狱的名字,第一次离我如此之近,产生个人的牵连。

这个年轻人继续说:"我是杰拉德的哥哥。我自己也很危险。我们的父亲去年6月在伦敦加入了法国自由军(Free French Forces)。你一定已经知道了。他们当然是把杰拉德当作人质。既然你是他最好的朋友,我觉得有必要告诉你。"

3天后,我病倒了。

我不敢说这是因为韦斯伯格、杰拉德和人质。总的说来,我的病很普通:一种严重的麻疹,几个小时内发作的,在四五天之内大爆发,当它消退时,我体内有一股很大的能量释放出来。我犹豫着要不要说出来,但我觉得就是这样。我对此没有疑问。

从发烧的最初几个小时开始,我就清醒地意识到,我的身体正在清除毒素，排出异物。这毒素既是肉体上的，也是道德上的。我对此深信不疑。

在我发高烧的时候，我直打寒战。但奇怪的是，我的头脑并没有失去清醒。我看到战斗正在进行。

情绪将我的身体和思想推向各个方向。我拼命往前扑去，把敌人赶走。

很快，生病的念想就不再引起我的兴趣：它不是微生物，也不是病毒侵入，而是一种决心。

这决心从头到脚地征服了我，我根本无法抗拒。它已经为我把好了方向盘，驱使我去到在它之前我未曾想到过的地方。

这个决心给我下达了命令。首先，我不必对我的家人说什么，至少不能现在就说。我要尽快与我的两个战友弗朗索瓦和乔治见面，他们要优先考虑，但是要一对一：连让也不要在场。稍后，我还得联系其他十几个人。名单都已经准备好了。

新的决心没有告诉我该对他们说什么，这无关紧要。到时候我就知道了。我只剩下一件急事：治愈我的身体，去冒这个险。

多亏了麻疹！它化解掉了我一大堆恐惧、欲望、意图和愤怒，这些恐惧、欲望、意图和愤怒把我紧攥在拳头里好几个礼拜，单凭我自己是永远也无法开解的。在我康复的第一天，我在房间里大声对自己说："占领军就是我的病。"

那是4月,我们的第一个纳粹春天。青春、占领和康复使我热血上涌。当我看到我的祖国到处都是不动声色的人,我的太阳穴都在跳动。最近,为了指称这些人,所有这些什么也没说、什么也没做的人,流传开一个新词"观望主义者"(les attensters)。

他们在等什么?等恐惧到来吗?恐惧,像穷凶极恶的微生物一样肆虐,等它吃掉我们所有的生活乐趣(它很快就会做到的,因为欢乐已经所剩无几了),等所有的韦斯伯格都被逮捕都消失吗?法国只剩下两种人:人质和人质因其而被杀的人。我不希望这样。

当然,"希望"再次成为一个空洞的词。我无论如何不相信,所有观望的人都喜欢观望。他们不能自顾自地观望。再说,他们真的都在观望吗?你是怎么知道的?在那个年代,人们没有任何交流。

在交谈中,一旦出现"纳粹""盖世太保""酷刑""枪杀"等词语,你的交谈者身上就会有什么东西关闭了。我对这一现象非常敏感,我几乎听到了一种特殊的声音。这时你永远不知道人们是闭上他们的眼睛,还是闭上他们的嘴或者握紧他们的拳头。在你面前,他们只剩下一堆拒绝。

成年人尤其如此。但最近,这种恶已经蔓延到我的同龄人身上。

这就是我要与弗朗索瓦和乔治讨论的主题：我要告诉他们为什么每个人都沉默，我要向他们证明所有的理由都很糟糕，我会让他们说话，或者我要替他们说话。

我脑子里有话，喉咙里有话。但是用它来写小说或诗歌是没有用的。这不是演讲的时候，我满胳膊满手都是这些话。

假如我以前不明白占领到底是什么，那是因为它太有势力了，而且，它们几乎是无形的，悄然进行的。纳粹已经发展出一种全新的方式来潜入欧洲的躯体：他们保持着自己良好的秩序，很得体地立正——至少在法国如此。他们从我们这里偷窃，掠夺我们，拿走了全国85%的农业和工业生产。但他们不提它，或者几乎从来不提。他们不威胁任何人。他们只是签署了征用令。

在军队的背后（大家都知道，不坚定的人会心生恐惧，这更有效果），有一个秘密：这不像以前的战争。在这场战争的底层，没有暴力。却有更糟糕的：一种强迫观念。打造纳粹欧洲，也就是说，消灭一切非德国的东西，或者征服它。

这种强迫观念它未必表现出激怒：没有人看到它唾沫横飞。它有一套管理机构——这是它的秘密。所有的计划都事先定好了。从纳尔维克（Narvik）到圣让德吕兹（St-Jean-de-Luz），以及最近几天到克里特岛（Island of Crete），这些计划都安全地放在办公桌的抽屉里。在巴黎，这样的抽屉在索萨伊街（Rue des Saussaies）、劳里斯顿街（Rue Lauriston），在盖世太保占据的所有建筑里。

这一次，我似乎明白了占领是什么。不会有大屠杀。纳粹可能更有技巧。或者，如果有技巧的话，他们会一个人一个人地做掉，一个一个地让人消失。有一天（也许几年后）我们会意识到，在我们的法兰西，没有一个杰拉德，没有一个自由人，没有一个韦斯伯格。

麻疹一好，我想要说话的决心又成了第二波病症：它也令我发冷，刺痛我的舌头。我当时很痛苦，真的。于是，我对让说："不如我们学跳舞吧？"

我怀疑伦巴舞、狐步舞和我新的自由病之间的关系，可能连细心的读者都察觉不到。然而，它们之间的联系非常简单。我还没有准备好，还没有完全准备好。我的思想在沸腾，传递到了我的身体，给了我一种我不知道该如何称呼的细菌毒性般的力量——也许是宇宙洪荒之力。

在我的内心，有一股力量在为行动做准备，它必须克服万难才能够开路。

我在两个礼拜之内学会了从华尔兹到摇摆舞的所有基本舞蹈，非常快，就像在盛夏解渴一样。我满怀热情地守着摇摆舞跳。不是出于审美的原因，你可以想象得到！真正的摇摆舞就是驱魔的舞蹈。

当你伸臂弹指，挥舞着一群女孩子，连续五六个小时，她们的香水阵阵袭来时，你总会筋疲力尽的。那就这样吧！但你还是驱走了恶魔。它们都是被造出来令人意乱神迷的，无论是政治上的恶魔还是个人生活上的恶魔。

此外，正如人们所说，他们把"个人"问题和"普遍"问题严格区分开来，在弗朗索瓦、乔治、让和我看来，这非常令人厌恶。国家的事就是我们的事。这"毫无疑问"！

这是一个事实，从我在4月末的几天与他们每个人的第一次谈话中就显露了出来。

到5月初，我已经过上了与理想战士相称的苦行僧生活。

每天——包括礼拜天——我都在四点半钟天没亮时起床。我的第一个动作就是跪下来祈祷。

"我的上帝，"我祈祷道，"请赐予我力量，让我兑现我的承诺。既然我做的是好事，它们也是你的。现在有20个男孩——明天也许有100个——在等待我的命令，告诉我该给他们什么命令。就我自己而言，我几乎什么都做不了，但如果你要我做，我几乎什么都能做。最重要的是，请赐予我谨慎，因为我不再需要你的热情，我已经充满了热情。"

然后我快速地冲一个冷水浴。接下来，我就会从卧室的窗户探出头来，倾听巴黎的声音。

我比以往任何时候都更认真地对待巴黎。我没有热血上头，也没有认为自己要对整个城市负责！每天晚上从午夜到五点，是"宵禁"时间，把巴黎变成了个半死不活的城市。3天前，我成了负责人之一。没有人能够阻止，哪怕是我自己！

是其他人希望这样，我的战友们。在一个礼拜前，当我与弗朗索瓦，以及两小时后与乔治第一次谈话时，我还在想，我说出来的这些暴风雨般的句子对他们来说是否有意义！我真是这样想的。弗朗索瓦在我说出第一句话时就高兴得几乎要叫出来。他吻了我——这是我们战友之间从未做过的动作。他结结巴巴地说："我们都在等你的这句话。"我必须咬住舌头才能够不去追问："期待我？为什么是我？"

剩下来的一小时，不得不用来往这把火上泼冷水。我几乎还没有对弗朗索瓦说完我们不能再忍受占领了，他的脑子里就冒出来一连串的计划。都不是疯狂的计划。相反，它们的时间安排就像战斗演习报告一样（自去年夏天以来，他肯定没有想过别的），但这些计划太鲁莽，可能会在一个小时之内威胁到我们所有人的生命。

我不得不承认，我什么都想过了，就是没有想过危险。而现在，弗朗索瓦把危险直接扔给了我，就像一记拳头打在脸上。我的危险，同时也是他的危险，还是所有我要与之交谈的伙伴的危险。我需要时间来适应这个现实：我将不再说一个跟行动无关的字眼。我迫切需要神的帮助。我答应自己每天都要祈祷。

乔治的方式不同于弗朗索瓦。乔治是一个大胆而专注的小个子法国人。然而，他缺乏智力天赋，这耽误了他的学业。他已经20岁了。而且，与弗朗索瓦不同，他只能理解具体的东西。他缠着我，要知道我计划的细节。对我来说，它是直觉，它不是计划！

所以我突然发现自己有义务在现场即兴组建一个组织。

乔治问道：

"你想联系什么样的人？多少人？你什么时候需要钱？要多少钱？你打算把你的行动总部放在哪里？你想采取什么样的纪律手段来控制成员的活动？你打算什么时候告诉伦敦你的存在？"

你的存在！你的行动！他们都比我走得更快。但是，如果我对他们的步伐感到惊讶，我对自己的步伐就会更加惊讶。通过一种巧妙手段，尽管我不知道自己有能力驾驭这项特技，而且我从未在任何地方学过。我不仅跟上了弗朗索瓦和乔治，而且还走到了他们前面。以很小的差距,但确实是领先,领先了一句话、一个头。

例如,我听到自己对乔治说,只有经过两个月的尝试,我们才能知道行动的规模,在这两个月结束之前,所接触的伙伴不应该被当作完全意义上的同志,而应该被当作童子军,在最初的20人中,不可避免地会有10人左右退出,但只能在组织真正建立之前的最初阶段才允许这种退出。在那之后,将是军事化管理,因为它是地下组织。

乔治一定是听到了他想听的话,因为他最后说:"我向你发誓……"他犹豫了一下,然后脱口而出:"我以我母亲的名义向你发誓,我和你在一起。"

第二天,我召集了另外3个朋友到我的房间。在上学和放学的路上我又遇到了另外两个人。

当我意识到我并没有对每个人说同样的话的时候,我产生了一种担忧——几乎是一种怀疑。对有些人我说鼓劲的话,对另一些人我说安抚的话。没有任何精确的算计,但出于令人信服的理由,我对乔治和弗朗索瓦和盘托出,我对让只说了一半。

四五天后,十几个男孩子围着我要求采取行动。这引起了我的恐慌,以至于我脖子上的肌肉痛苦地僵硬起来。我这个瞎子能做什么?然而,他们都在等着我。

我没有同任何人商量,我也没有时间商量。我发出了预备会议的邀请：会议将于下个礼拜二在让家的公寓举行。联系到的10位同志将在5点钟准时到达。

他们去了那里，但不是10个人，而是52个人。当我听到从大楼狭窄的楼梯上传来一波又一波的声音时，我还愚蠢地以为我们被人告发了呢。

但是，10分钟后，那52个男孩子杂乱地蹲在玻璃天棚下的大客厅里，都看着我，突然沉默了，我从来没有听过人们突然安静下来，其中一个（我想是乔治）对我说："危急时刻，请你发话！"我脑子里充满了一种未知的清晰，我的心不再狂跳。我一下子就明白了我寻找几个礼拜都没有找到的东西。

我的同志们的内心在我面前似乎是敞开的，我只需要读懂它们。至于我自己的内心，它不再困扰我：我把它用于一个必定具有真理力量的事业，因为它向我指示了我先前从未说过的话。

我告诉这52个人，他们一言既出就不能收回了。他们再也关不上今晚对他们打开的门。我们——他们和我，将要做的事业称为抵抗运动（resistance movement）。

事实上，我们中最年长的人还不到21岁，而我还不到17岁，这一事实并没有使所有的行动变得简单，却使其中一些行动成为可能：人们只要把我们当成孩子就不会怀疑我们。至少，不是马上怀疑。在今后6

个月里,必须充分利用这种偏见和这种机会。

在最初的 6 个月里——如果有必要的话,还要有一整年的时间——我们的抵抗将是被动的,我们要作好准备。

首先,我们要一个接一个地设立行动小组。设计一套无可争辩的规则:这次 52 人大会是一次愚蠢的会议——当然不是故意的,但可能是必要的——但这将是最后一次。除非有必要的例外情况,否则,行动成员每次会面不得超过 3 人。

在准备阶段,我们必须毫不犹豫地抛弃一切幼稚的梦想:所有的密谋策划和如同大仲马之父[2]一般的游击战的梦想。在进一步通知之前,行动中不会有任何武器,甚至连一支猎枪都没有。而且,在谈话中也不提到武器。

此外,在谈话中,不会有任何需要讨论的问题。从这个晚上起,我们不得不过上严格的双面生活。一面是作为年轻人,与我们的家人、老师、不熟悉的同学和喜欢的女孩们坦诚相待,另一面是作为战士。那些有时间谈情说爱的人仍然可以继续,他们可以同她们谈恋爱和说傻话,但其他一概不谈。至于家人,他们是主要的危险:他们的本意是好的,但是他们会阻挠或嚼舌头。

距离我说出所有这些话不到一个礼拜,机器开始运转。我成了一个抵抗运动的领袖。

在我面前的院子里，初升太阳的光在那里发出了第一缕声音，同时，隔壁面包店的烤炉散发出香味，盐味和糖味混合的那种芳香，闻起来和抵抗运动以前一样香甜。它带给你的是对幸福而非行动的渴望。在等待我的所有危险中，还有一个危险，那就是来自日常幸福的诱惑。

我剥夺了自己做梦的权利。不管怎样，现在我的梦想只能有一个方向。我永远不会知道我所走的路的尽头是什么，直到这尽头"临头"。

在乔治、弗朗索瓦以及另外两人雷蒙德和克劳德的压力下，不得不成立抵抗运动的中央委员会。中央委员会！这听起来几乎很滑稽，就好像我们在玩锡兵一样。但这不是玩锡兵。这是必要的，我们正在为此而努力。

他们4个人设计了我无法设计的东西。总不能去咨询专家吧，比如政治家、官员、记者，甚至是我们的父母。一旦必须让52个男孩去做某件事，或者更糟糕的是，要阻止他们做某事，就要有策略。

前一天，第一届中央委员会的会议在巴黎南部边缘的奥尔良门（Porte d'Orléans）附近召开，在一座看起来像蜂箱的简陋建筑里，我们在楼梯上不停地走来走去。而且，我们每个人都按照事先确定的路径到达和离开，彼此的路线各不相同。只有乔治和我是两人同行：我必然是个例外。

中央委员会一致决定，除了一张弃权票——我的，在头3个月里，我将全权负责招募。委员会认为，这种风险理所当然地属于我：作为道义上整个事件的发起人，而且还作为一个盲人。

这是我的职责，我的专长。他们说，我有"对人内心的感觉"。在第一次接触时，我不会误判。此外，我会听得更清楚，注意力更集中，我也不会轻易被欺骗，我不会忘记姓名、场所、地址或电话号码。每个礼拜我都会报告招募的情况，而且不必借助于小纸片或清单。任何书面证据（哪怕是用密码写的）都意味着一种风险，我们都无权去冒这样的险。

我投票时弃权了，也回绝了提供给我的东西。世界上没有什么能够比朋友们的信任和这种危险更能帮助我度过这几个礼拜，这危险比他们自己所经历的更大。

以后，如果我不得不从事间谍活动，不得不携带武器，不得不逃跑或战斗，我会把这些任务交给别人。我来殿后。我必须这样做！在我的双眼谴责我不去战斗之前（假如它们还在的话），我应该先利用这双眼冲在第一线。

在不到一年的时间里，近600个男孩子踏上了通往皇家港大道的道路。他们是来看我这个盲人朋友的。

如果我说,在大多数情况下,他们甚至不知道我的名字,也不问我的名字,就会更容易理解当时的情况以及保守秘密的分量了。

原始团队那52人中的某一位,会不断观察他的一个同伴好几天,有时候是几个礼拜。如果他最终认为这人值得信赖,他就会把这人送到我这里来。

指示很严格:在任何情况下,我都不会接待那些未经通报的人。假如他们比约定的时间晚到5分钟,我也不会接待他们。假如他们的到来不符合这些条件,假如我又不能赶走他们(这可能有点麻烦),我会请他们进门,不过,假装一场误会,我什么也不会说。核心团队的成员知道我不是开玩笑的。他们更清楚这一点,因为他们自己不是在开玩笑。"去瞎子那里吧,"他们对新手说,"等他看过你,我再跟你说事儿。"

然后他们解释说,我住在皇家港大道,就在鲍德鲁克妇产医院的对面,我家的门在一家药店和一家糖果店之间,他们必须从大楼的主楼梯走到三楼,门铃声两长一短。我会亲自开门,带他们进我的公寓。如果我问他们任何问题,他们只管回答就是。

在最初的几个礼拜,只有非常年轻的男孩子(17—19岁)来这里,他们即将完成高中学业。但是渐渐地,出现的男孩更自信也更难了解,他们来自文学院、科学院、医学院、药学院、法学院以及农学、化学和物理高等学校的大学生。抵抗运动以活细胞的节奏增长。此外，它还有一个名字：我们是"自由军志愿者"（Volontaires de la Liberté）。

每个礼拜，我都会向中央委员会报告我的决定。某某某被毫无保留地录用了：他进入法学院团队，与其他人平等。另一个留用"察看"：他将被观察一段时间。一个基本小组必须包括两个成员：一个人全力以赴行动，另一个把风，不向任何人透露他的意图，并专门负责监控可疑情况。

对于那些没有经历过这段占领时期的人来说，这种预防措施似乎有些夸张。但事实并非如此。未来将证明这一点。至于我们的计划，它们是否大到需要600名年轻人来执行？他们真的很谨慎，但也很难说服。它们证明了我们聚集所有力量是合理的。

第一项任务：向民众提供信息。当时在法国出现的唯一报纸，从第一行到最后一行都要经过审查。在精神上，有时在文字上，都是纳粹报刊的复制品。而且他们往往做得更绝，应了那一句话："背信弃义者比强盗更可恶。"法国人对这场战争一无所知，因此他们只能依靠直觉。

诚然，在伦敦有自由法国电台。但它的广播十有八九是受到干扰的，弄得人们根本听不清字句。此外，收听英国广播也被禁止。尽管德国人事实上只是零星地进行监测,但恐惧不敢越雷池一步,很少有家庭收听。我们的第一项工作就是出版一份报纸。

一份报纸,或许这在最初超出了我们的能力范围,那就用散页印刷的通讯,然后手递手地秘密传阅。

抵抗运动的几位成员负责关注英国和瑞士的广播。我们将收集战争的真实新闻,把它整理好,传播出去,并对它作出评论。

引导公众舆论,纠正舆论,是当务之急。不要忘记,在1941年年中,我们的大多数同胞(几乎整个欧洲)都失去了希望。纳粹的失败似乎是不可能的,至少遥遥无期。我们有责任宣告,大声喊出我们对盟军胜利的信心。信息,当然重要。但勇气更重要,还有清醒的头脑。我们决心不隐瞒任何事情,因为要对抗这样一个怪物——失败主义,以及另一个怪物——冷漠。我们必须尽一切努力防止法国人习惯于纳粹主义,或者把它看作是与历史上的敌人没有两样:是一个民族的敌人,一个暂时获胜的敌人。我们知道,纳粹主义威胁着全人类。它是一种绝对的邪恶,我们要说出来。

我们第三项任务的路更长。有必要在法国青年当中发现所有完好无损的东西。有必要区分强者和弱者,区分忠诚者和懦夫。现在没有时间考虑细微的差别了。

我们知道,盟军的胜利归来不会在一夜之间发生。

我们也知道，等到这发生的时候，祖国需要大批准备就绪的人来迎接并协助解放者。

准备就绪的人是指几个月前也许是几年前就自己承担了义务的人，他们在耐心和秘密工作中考验了自己，他们不会背信弃义，不会软弱。

不仅要招募成年男子，还要招募年轻的男子汉。事实很明显。我们周围30岁以上的男人都为他们的妻子儿女感到害怕。这些担心是正当的理由。不过，他们也担心自己的财产，担心自己的地位，这让我们很生气；最重要的是他们顾惜自己的生命，他们比我们更惜命。我们没有他们那么害怕——未来的岁月将证明这一点。在法国，五分之四的抵抗军运动成员是30岁以下的男子汉。

我们可以用不同的方式来提供帮助。我们这么年少，可以非常容易地到处游走，假装玩乐，开玩笑，吹口哨，双手插在口袋里闲逛，在工厂出口处闲逛，靠近军营附近或德国车队附近闲逛，在食堂里闲逛，在人行道上闲逛，甚至还能翻墙。一切都对我们有利，会有各种各样的帮助，甚至女孩子的帮助。

"自由军志愿者"将建立一个情报网络，不是专业的特工组织，而是更好的组织，由全身心投入的隐形特工组成，成员是看起来完全无害的年轻人。最后，我们必须与伦敦取得联系，即使是这样的困难也没有吓倒我们。

最后,在我们的日常工作中,我们要发起一个非武装的抵抗运动。但是中央委员会要把我们这些在1939年被动员或自愿参加的、知道如何运用武器的人——大约20人——召集起来。我们准备在巴黎周围甚至在偏远的农村建立一些培训中心。我们已经联系了阿帕戎(Arpajon)和利穆尔(Limours)之间地区的农民。根据一个周密的计划,我们要让100人为任何可能发生的情况作好准备。没有人会幻想自己是不可或缺的,但我们都有被需要的自信。让我们回到我的公寓和我在那里所作的咨询吧。

新来的人(有时候在同一个晚上来三四个)对我这个神秘的年轻人会有什么印象呢?

来访者只知道我的一件事:这是个瞎子。如果他正确地遵守了门铃的密码,他就会跟着我穿过一条黑暗的走廊(我几乎总是忘记开灯),两扇门在他身后相继关闭。

最后,他被领进一个狭窄的房间:一扇俯瞰庭院的窗户,一张床,一张扶手椅,留给来访者坐,另一张椅是留给我坐的,这是一个低矮、狭长的小屋。透过门可以看到第二个房间一个又薄又矮的橱柜,可以看到一堆堆的盲文书爬满了房间的三面墙。

在他面前,有一个男孩,短短的烟斗在不停地叼动,掩饰不住男孩稚嫩的青春。但是，这个男孩说话的煽动感和自信是他所没有预料到的。他既有成年人的自信，又有孩子的热情或类似的东西。无论如何，他说话时既神秘又坦诚，容易让人信任。

新来的人对盲人有怀疑吗？盲人蹚这浑水干什么呢？无论如何，假如他仍然有任何怀疑，他还有双眼睛，他只需要用眼睛观察就行了。假如他被情绪所感染，他自己可以安心地脸红、动一动脑袋或手指、肌肉抽动、缩回、微笑，瞎子看不见这些动作。

在这段时间里，我用我所有的直觉工作。我当然没有什么工作方法，而且我也没有想到要采用这方法。我知道，了解我的访客的唯一方法是试探他。

首先是"扯白话"。谈话的前10分钟没有具体的主题是绝对必要的。毕竟，这本身很可能就是一种方法。

我设置了一整套模糊的访谈方式——模糊或者突如其来——但与我的意图无关。一些来访者很快就被这种奇怪的交谈开场方式激怒了。由于愤怒是一种非常难以伪装的情绪（假装的愤怒听起来总是不对劲的），这样节省了时间，我立刻就了解他们了。

他们中的大多数人肯定都会感到困惑，一半也是担心。于是他们千方百计地试图切入正题。他们喋喋不休地作复杂的解释。没有什么比复杂的解释更能说明一个人的情况了（正如每个心理学家都知道的那样）。

最终，所有这些策略都无关紧要。如果我能够洞察心灵和良知（我对此毫不怀疑），那是因为我是盲人，没有其他原因。

在很小的时候，我就养成了猜测的习惯，因为我已经看不见了，我读懂姿态传递出的意思而非姿态的动作本身，然后把意思组成一个连贯的宇宙。

此外，我承认我非常乐意做这项工作。面对来访者，引他们说出通常不会说的话，因为这些话在他们心里藏得太深了，突然在他们的声音中听到最无与伦比的音色——信任，这让我充满了像爱一样的笃定感。它在我周围画了一个神奇的保护圈：我不会出事的，我脑海中的光是如此强烈，带来的是一种喜悦。我变得坚不可摧了。

我也变得万无一失了，或者几乎万无一失。中央委员会的同志和抵抗运动的所有战友都知道这一点。他们告诉我，一些人说这话时用的是挖苦的、令人尴尬的语句，而另一些人如弗朗索瓦或乔治，则是带着宗教般的信念。

我们中的一些人日渐习惯了一些奇怪的现象。自从发起抵抗运动以来，我们的精神力量都增强了。各种晦涩难懂的问题都变得更加清晰。我们所有人的记忆力都变得无比强大。我们从话语和缄默中读出信息。两个月前似乎不可能的事情，那些在我们面前像墙壁或幽灵般矗立着的行动，现在被破解为成堆的琐碎易行的行动碎片。

乔治把这称为"恩典状态"（l'étatdegrâce），这是对的。就我而言，我感觉到我的意识已经进入到与另外几百个内心的交流当中，随同他们的痛苦和希望而成长。

这些强化每天都在发生：我发现自己知道一些没人教过的东西，早上醒来时，我会产生一种全新的、令人信服的想法。三小时后我发现其他两个、十个同志也有了相同的想法。抵抗运动的灵魂诞生了。我只是灵媒。

然而，抵抗运动的灵魂，谁能说出她是什么呢？在我们"自由军志愿者"当中，就有20种形象。

比如，乔治是一个民族主义者，我指的是一个爱国者，甚至是一个好战分子！他一唱《马赛曲》就没完没了，这首歌让他哭得像小女孩。我们都取笑他！

所以，他参与抵抗运动——而且他是像狮子一样在行动的——那是为了"拯救法兰西"。德国该置于死地，但随之而亡的是英国和整个五大洲！我想好好转化他，但我花了三年多的时间也没有转化成功。

克劳德和雷蒙德是哲学家。他们认为，法国只是民主国家中的一个，必须捍卫的是民主本身，民主值得付出所有的勇气。

其他的人，比如弗朗索瓦和让，以及不久之后的大多数人，对于他们战斗的理由，心知其然而口不能言。

语词对他们和对我来说，都是无足轻重的。他们参与战斗是为了荣誉、自由、理想、生存权、贞洁、基督教、尊重……很简单，他们再也无法忍受轰炸平民和使平民受饿，无法忍受公开场合的谎言和撒谎合法化，无法忍受以友谊的名义抢劫、以保护的名义施行警察暴政。

最重要的是，我们不再想把一头巨兽（甚至是一个人——阿道夫·希特勒）当作神来对待。"上帝既不是德国人，也不是俄罗斯人，更不是法兰西人。"我不断向乔治重复这句话。"上帝即生命，凡残害生命的，都是与上帝作对。"

我们不希望囚犯因为是囚犯而受折磨，也不希望犹太人因为是犹太人而被杀害。但是，纳粹到处施行酷刑和杀戮。

自从 6 月 22 日早晨，德国人入侵苏联以来（我们的历史老师说得很准！），他们在加利西亚（Galicia）、白俄罗斯（White Russia）和乌克兰（Ukraine），焚烧一片又一片的田地，一座又一座的房屋。

8 月 23 日，有消息传来，他们在同一天枪杀了两名法国人——共产党领袖加布里埃尔·佩里[3]（Gabriel Péri）和保守的、信天主教的军官德蒂安纳·多尔韦

（D'Estienne D'Orves）两位英雄。二人的死讯是官方的，伦敦已经证实。

但鲜为人知的是（我们当然知道的），10天前，一个抵抗运动网络的87名成员被捕，其中包括几名著名的人类学家和民族学家。那些像我们一样出于理想主义而投入战斗的男男女女，他们出版了两份地下报纸：《法国继续》（*La France Continue*）和《抵抗》（*Résistance*）。我们收到的这些报纸都是一捆一捆的，有上千份。这个运动的成员四处传递这些报纸。我们得知，这些人当中有几个在巴黎三大监狱弗雷斯纳（Fresnes）、健康监狱和切尔什－米迪（Cherche-Midi）已经被杀，其他的人则被押送到德国：送进要塞或集中营，慢慢地死去。——恐惧在每个人心中升起：我们也将遭遇这一切。夏季，德军在俄罗斯的胜利令人震惊。伦敦正处在轰炸之下。美国按兵不动。也许我们的抵抗是没有希望的。

这一切让弗朗索瓦的斯拉夫人好战的本性再次释放出来。他摇晃着我说："多好的狂欢派对呀！多好的节日啊！要是等到这一切都结束了，就没这样的机会了！他们都是胆小鬼，那些人以为我们是为胜利而战，呵呵！我们为快乐而战！"当然，我们战并快乐着，即使是这样小规模的战斗。在努力中，我擦出了火花：我通过了第二阶段会考，评语是"非常好"，就像一朵花一样！这比抵抗运动的难度要小得多！接下来我要去上大学了。

就在这时，杰拉德（我的朋友，因为父亲在伦敦而被扣为人质）被释放了，不知道什么原因。他匆匆赶到我家来，和我讲了5个小时。等到他离开的时候，他也是抵抗运动的成员了。

此时，他比任何人都更了解情况。他曾经看到有的人从盖世太保的审讯中残缺不全地出来。他听说而且也看到，每天都有人被杀。但这并没有令他犹豫不决。恰恰相反。

事实上，我的战友中没有一个人在犹豫。说实话，他们中的许多人都渴望战死。20岁就战死很有可能。比20岁以后死亡的概率大得多！我们投入勇气之中：我们是鱼，勇气是水。我们在勇气里游来游去，眼睛只盯着彼岸。

注释

[1]健康监狱，（La Santé），音译为拉桑特监狱。始建于1867年，曾经是法国大部分公共处决的场所，监狱的位置非常偏远，几乎很少有人涉足这里。这里一共可以容纳2000名罪犯，曾经关押过各色人等，从超现实主义诗人阿波利奈尔到传奇杀手卡洛斯，政治罪犯很多。这里有着长期虐待罪犯的历史。监狱的名字在法语中的意思是"健康"，和内部的条件形成了鲜明的反差，讽刺意味极浓。

[2] 大仲马之父(1762—1806),即老仲马,托马斯·亚历山大。法国侯爵达维·德·拉·佩耶特里与黑奴的私生子。以母亲的姓氏"仲马"从军,骁勇善战,屡建奇功,随着法国大革命的爆发,仲马以火箭般的速度提升,1793年7月13日当上准将,两个月后升少将,不久后以32岁的年纪当上了西比利牛斯方面军总司令。拿破仑掌权后,对仲马十分欣赏。但在埃及问题上,身为共和派的仲马与拿破仑产生了矛盾。最后仲马告假回国,途经那不勒斯王国被擒,被囚禁在塔兰托,被人投毒,一年零八个月后获释。回家后的仲马身无分文,他给拿破仑写信要求补发所欠军饷,并请求恢复现役,被拿破仑断然拒绝。当年一起浴血奋战的老战友都很冷淡,仲马在绝望中去世。

[3] 加布里埃尔·佩里(Gabriel Péri, 1902—1941)。1917年参加社会主义青年组织,1921年参与创立法国共产党,1924年进入法共机关报《人道报》编辑部工作。纳粹德国占领法国后,参加地下抵抗运动,1941年5月18日被捕,同年12月15日被枪杀。

04 中央委员会

我上面，就没有别人了。这种发号施令的孤独开始让我付出代价。

我告诉我父母我参加了什么样的运动。他们勇敢地压下自己的担忧，给了我充分的支持。但我们商定好，我不再告诉他们任何事情。有什么必要来倍增风险呢？他们把公寓交给我们使用，这就够危险的了。

甚至在中央委员会，我也找不到人给我任何建议。如果遇到困难，我们都一起苦苦挣扎。我们都是学徒。我迫切需要一位导师。

只欣赏和尊重自己的人真可怜！他的灵魂是残缺的。我需要一个我可以向他倾诉的人，他可以监护我，而这个人必须是非凡的，因为我们的事业非同寻常。让和我一样感受到了这一需要，有一天，他带我去见我们的历史老师。

这个人很完美。他听了我们对他说的话，表示赞同，不过很快他就打断了我们。"我知道的够多了，"他对我们说，"剩下的你们自己留着。我对你们有充分的信心。今后每个礼拜回来见我一次，每次我给你两个小时。把你的困难带给我，它们令我着迷。作为交换，我会尽我所能帮助你们的。"我别无所求。有了这种支持、这种信心在我身后，我觉得已经准备好接受危险，甚至是接受不幸，就算它们会要降临。

我的让习惯不了我们的新生活。在他看来，不信任似乎是一种可怕的感觉。这并不是他没有勇气，而是有精神洁癖。像我们所有人一样，从那时起，他不得不怀疑别人，认为他们隐瞒了自己的意图，或者他们在撒谎，有时候自己也会撒谎以确保别人告诉他实话。但是，旁敲侧击、说话绕圈子，他认为是玷污心灵！他厌恶得发抖，可怜的让！他绝没有想到，追求理想会如此复杂。

他的快乐一直都是把自己的全部一下子掏给那些对他微笑的人，而且永远不会收回来。他是一个像水晶一样清澈的大男孩。水晶怎么可能让自己变混浊呢？

他对我说："我永远成不了一名优秀的抵抗运动战士。我只是因为你才去做一名抵抗军的。把我送到你需要的地方，如果是我代替你去，我也不害怕，我会去的。但是，请记住！假如是我独自一人，我就不会做任何事情，我没那力量。"

让开始在巴黎四处走动，执行我托付给他的差事。

尽管有敌人,而且他也清楚这一点,但是他不能去想他们,因为这对他来说太痛苦了,所以他径直前行,大长腿的步态有些僵硬,他从不环顾四周。他不够谨慎。"谨慎让我难受,"他说,"这太愚蠢了!"

另一方面,弗朗索瓦和乔治则如鱼得水。他们越是要隐藏,就越聪明。尤其是弗朗索瓦,装成喜剧中的仆人模样。每次走进优裕舒适的公寓时,他只从后楼梯进入,"以免引起门房的注意"。为了"看起来不那么像个学生",他穿得像个工人。他已经养成了环顾四周的习惯,即使他和我单独待在我的房间里,他的头仍然转个不停。

这一切并没有损害他的健康。哦,不!他没有任何症候群:他这是在做工作,而且做得很好。

他使自己成为一个"全职特工"。这是我们使用的表达方式。为了更好地投入抵抗运动,他不舍昼夜,甚至中断了学业。他住在一所阴暗房子顶层的阁楼里,女仆的房间,可以直接上房顶,以便在必要时方便逃生。抵抗运动的募捐保证他每个月有1000法郎的生活费,使他免于挨饿。他这样生活了两年,越来越瘦,越来越敏捷,越来越快乐。他的声音带有一种像电击般使人震惊的特征:他可以把懦夫变成英雄!"这一切都来自我的波兰祖先,"他说,"我们已经被迫害了5个世纪。"

即使是让也无法掩饰我们有敌人这样一个事实。我们的运动发展得非常迅速。

我们每月出版两次通讯和信息公告，目的就是让人们处于清醒和积极的等待状态，谴责所有我们知道的纳粹罪行。罪行的消息从四面八方涌来。

我们出版的只能算公告，还不是真正的报纸。尽管如此，我们还是必须消耗纸张。而由于纸张的销售完全由占领军控制，所以不得不偷纸。乔治和弗朗索瓦组织了"突击队"。

接下来是油墨，然后是油印机。没有同谋，我们一无所成。每个同谋又都是潜在的叛徒。接下来，何时何地开动油印机呢？中央委员会向我提出了这个问题。他们似乎都承认，我是获得特殊恩典的人，必能找到解决办法。而且，出乎意料的是，他们是对的。因为就在第二天，我接待了一位医生，一位年轻的精神科医生，是一位同志叫他来找我的，因为"他有情报"。

精神科医生亨利在法国警察局有朋友：他有时可以提前一两个小时告诉我们，警察根据德国人的命令设置的检查点。这些信息非常有价值。

但很快，话题就转移到了他的病人身上：他在圣安娜精神病院治疗的那些可怜的疯女人。不经意间，油印机的解决方案从他嘴里漏了出来。圣安娜有专门为"疯子"准备的软垫病房。它们很少被同时占用。

其中的一间就可以作为我们的车间。亨利负责安排这件事。当我向中央委员会报告这个消息时，中央觉得这很自然——这么快就习惯了奇迹！

我们的通讯写得不是很好，至少它们是有毒性的。它们在整个抵抗组织中手递手地传阅。我们甚至组建了三个第一级的总发行团队。

弗朗索瓦负责第一组；乔治负责第二组；丹尼斯，一个新来的人，负责第三组。

丹尼斯，哦，那一位！一位20岁的好小伙子，头发金黄像麦子，天真的眼睛，粉红的肤色，他的语音中甚至带着一种胆怯加恳求，双手火热，皮肤像女孩子一样柔软，他很虔诚（他常常在口袋里面拨念珠），随时准备对任何事情发笑但从来都不显露出来，因为害怕引起别人的好奇心，而且他总是对我们彬彬有礼——老派而略显笨拙的礼貌——好像把自己当成一个乳臭未干的小孩子，把我们当作功勋卓著的老江湖。

通讯的广泛分发，意味着在巴黎的建筑物中奔跑，从门缝中塞入油印件——团队中的一个男孩看着出口，其余男孩则脱下鞋子拎在手上，从一个楼层飞奔到另一个楼层。

叛徒越来越近了。隐瞒这一点是没有用的。我们并不害怕职业叛徒。我们知道他们很罕见，而且几乎总是很笨拙。但是一些不由自主的变节者也是有的，他们才是魔鬼！要保护自己免受那些被恐惧吓坏的人的祸害！

一个令人不快的发现，但是不得不接受：巴黎有一半人都可能会是背信弃义的人。他们没有犯罪意图；他们不会去"伤及密探"，如他们所说。但是，他们想要保护他们的家庭、他们的钱财、他们的健康、他们的地位、他们在大楼里的声誉。对他们来说，我们是"恐怖分子"，尽管他们不这么明说。他们在家门口、在电话里谈论这个。假如我们不用对付他们就好了！他们绝对比盖世太保更有害。像所有的懦夫一样，他们反复无常：他们会轻描淡写地谈论我们，也会不假思索地告发我们。

他们真的告发了我们。1942年1月，我们抵抗运动的一个成员被捕了，因为他的隔壁邻居，一个好人，经常在杂货店、面包店说，他不知道"街对面那孩子"身上带的是什么印刷品，假如他是那男孩的父亲，他就会阻止这种事，因为这很危险。

有一天，乔治对我说："我得让你看看尼维尔。这家伙在我看来绝对不安全。"像其他人一样，乔治活在这样的想法中：作为盲人，我拥有作为失明的补偿的天赋——异乎寻常的天赋——看穿人的表象。

他要带我去见尼维尔。在他看来，尼维尔有一段时间"好得过头了"：太热心，消息太灵通。也许是荒谬的指控，乔治想，但他想确认一下。

于是，一天晚上，他带我去了意大利广场和奥斯特里茨车站之间的一个废弃的工厂仓库，在那里，在一堆空箱子、斑驳的墙壁、生锈的铁丝卷和通风管道中，甄别开始了。

这个尼维尔对我来说是一个陌生人，我也不相信乔治的疑虑。但是，当尼维尔一进来，进出一声堆满笑容的"你好"那一瞬间，我就毫不犹豫地作出了诊断："抛弃这家伙！尽快摆脱他！"

他温暖的声音、他圆润的话语，使我一开始就看到了一张脸。但在这张脸的后面还隐藏着另一副面孔，几乎立刻就可以察觉到。而这另一张脸，时而逃开，时而蜷缩起来，时而不由自主地回来。感觉像是浮肿了，这家伙的声音里有起泡泡的感觉。

他夸夸其谈了半个小时。也许他以为我们喜欢他。他一离开，我就对乔治说，他的怀疑"是完全正确的"！乔治告诉我，在会面期间，我显得似乎心不在焉的样子。

我在内心深处做了一次旅行，这是真的。我心里有一间密室，每当我动念头想要去那里的时候，一切就会变得简单而安全。特别是人们被褪尽外在的掩饰：从甜蜜中，我可以听到威胁，从夸耀中，听到恐惧。

这个明镜般的地方——是不是很有趣！——这就是我8岁失明之后开始熟悉的内心空间。

我从来不知道我的直觉使我们幸免于多么大的不幸。但是，几个月后，在一次与德国人合作的大会上，人们看到嫌疑人尼维尔出现在国民联盟（Rassemblement National Populaire）的安全部门的队伍里了。他戴着党徽，和其他人一起高呼："希特勒万岁！"

当我感受到身体能够带给我快乐的时候，那真是无比幸福的时刻。

到礼拜天，和让一起步行25公里，中间不歇脚，这足以消除小小的身体不适——尤其是那些由于用脑过度造成的不适。晚上我们累得筋疲力尽。第二天，我们5点钟起床时，感觉新鲜得像是来到这世上的第一天。

我的力量之泉永不枯竭。我熬夜的时间越长，睡眠就越好。我学得越多，就越能学。

我的记忆只能说"是"。她为一切腾出了空间：为我的抵抗工作所必需的1050个巴黎电话号码腾出了空间——我在1942年就把这些电话号码牢记在心，以免留下任何字据——我的记忆中有莱布尼兹的单子体系学说、土耳其的19世纪史，甚至还有西塞罗整整15页的拉丁文书信。每当有一批新的事态发展出现在她面前，而不是强迫她接受它，她就会扩展——一个更简单的过程。

我的心是一个不断成长的世界,它还没有找到自己的极限。假如我的理智在努力的过程中稍有动摇,我就会求助于我内心的其他宇宙——心灵的宇宙,希望的宇宙。它们马上接力,推着我一直奔跑。

我还没有男子汉那样的刚强,我像孩子一样有弹性:这也是我在1941年到1943年之间的表现。今天,在我疲惫的中年生活中再遇到它们时,我几乎都无法理解它们了。我于1941年秋进入巴黎大学。我选择了学习文学:它适合我的能力和品位。等到学习结束,我唯一喜欢的职业,那能够使我与其他人直接接触的职业,将会是外交官和教师。

然而,我并没有成为一个完全普通的学生。在我的教授的建议下,我进入了一个特殊的班级——超级班(la première supérieure),我相信这种班级只存在于法国。全国只有十几个这样的班级。它将中学毕业班中最聪明的文科学生集中在一起:每个班大约40名学生,所有人都经历了一场激烈的竞争。

我们把别人投入到体育运动中的热情,投入到了智力运动中。这绝对是巨大的狂热!

在两到三年的学习结束时,视情况而定,超级班最优秀的学生参加选拔考试:如果成功的话(这并不容易),就可以进入法国教育界的最高学府——位于乌尔姆街的巴黎高等师范学院。

我们要做的功课非常密集（一条知识的生产线），无论如何都无法与大学常规的课程相提并论。每个礼拜30个小时的课时，根据才能和学识挑选出相应的教授，教我们拉丁语、希腊语、法国文学、哲学、古代世界的历史和1715年[1]至今的世界历史。不要对这样的激进学习一笑置之！在超级班，老师治学严谨，学生认真刻苦。

我不得不跟随这趟地狱列车两年，而且——哦，令我惊讶的是——我跟上了它的速度，取得了巨大的成功。但是，与此同时，我还必须参与抵抗运动。

这很快就变成了一种挑战：我到底能不能成功？我一直强调要平衡我的两种生活——公开的和地下的。我的日子在学习和抵抗运动之间以可怕的速度切换。早上，从4点半到7点，我以两倍、三倍的速度看完书。从上午8点到中午，我听老师们讲课，疯狂地做笔记，同时尽可能地吸收知识。下午，从2点到4点，我还在上课。4点钟，抵抗运动的工作开始了。

工作包括有沿着事先确定的路线穿越巴黎以提高安全性，也有开会、调查、判断、讨论、下达命令、焦虑、使犹豫不决的人回到正轨、控制基层小组、呼吁那些把抵抗运动当侦探故事的人保持冷静、审议通讯中的文章、筛选新闻。会议总有点浪费时间，这些会议既不能通过信件——因为审查，也不能通过电话——因为"监听台"。当时已经是晚上11点钟了，我停下来，我想仅仅是因为宵禁临近。

最后，我独自一人在房间里，重新投入到学习中，直到我的手指在盲文页上变得僵硬，我不停地学习，学习。

我对生活的兴趣，我对生活的信心是无限的，所有的事物，即使在第十次遇见时，也与初见时是一样的美妙。这种激情使我能够克服疲劳，能够忍受糟糕的食物，甚至寒冷。

占领时期的那几年冬天特别寒冷。好心人说，战争时期总是这样，他们中的大多数人坚持认为，冬天的寒冷是因为战争，但一些更无畏的人说，战争就是寒冷。无论如何，在巴黎，已经没有足够的煤炭来取暖了：法国的煤炭都被运往德国。晚上，家里只烧了一个炉子，而我不得不把自己隔离在房间里，所以我几乎没有得到一点点温暖。为了能够阅读盲文（触觉在10℃以下就会消失），我不得不把手指放到距离抛物面散热器那有限的热源3厘米的地方暖手。

我再说一遍：这些都没有使我感到困扰。对于所有像弗朗索瓦、乔治、丹尼斯一样的战士和我自己来说，四季如春。我们甚至在生活的痛苦中发现了一种令人振奋的兴奋感：困难只会让我们越战越勇，冲破各种障碍。

我们也有苦难，但是性质完全不同。最令人信服的是，我们谁也不能忽视的一个事实：我们是特殊的。

特殊的人，我们！就在我们确信我们在做最简单的事情，"唯一要做的事情"的时候？毫无疑问，我们的人数很少。1942年中期，"自由军志愿者"并没有使我们抱有幻想。为了留住这600名男孩，我们……我们拒绝了6000个男孩。再说，青年是社会中优秀的群体：最无私，最无畏。经过两年的占领期，北方地区仍有少量的抵抗军战士。就本质而言，无法统计出具体人数。但是乐观主义者——比如精神科医生亨利——说大约有两万人。

在路易大帝中学的两个超级班级，也就是被老师们毫不避讳地称为精英班的班级，90个男孩子中，我们只有6个人——包括让和我，同意参加抵抗运动。

至于其他人，他们甚至没有考虑过这个问题。有些人是出于道德上的懒惰（让对我说："我向你保证，这些人在生活中永远都不会幸福。"）；有些人是因为那种常常伴随着智力过度开发而生的毛病无力选择；有些人是出于资产阶级的利己主义（才19岁的人啊！）；有些人是因为胆小女神[2]（那位伟大的女神）。最后，还有一些人，也是最令人心碎的，他们选择了对立的那一方。

当然，在最后一种情况下，这样的人并不多。但是，那两三个人在课堂上耐心地收集每一条线索——把它们写下来——教人们相信我们6个人是抵抗运动的成员。他们从来不会错过一场法德协会（L'Association France—Allemagne）的集会，他们歌唱法西斯主义即将在全世界实现，他们窥探，他们告密，他们谴责（总有一天我们以牺牲自己为代价来认清这些人），这两三个人对我们的伤害比冬天的寒冷更严酷。

仅这一点，就证明了希特勒可以把不分国别、没有国界的懦夫当作他的盟友。相比之下，我们更喜欢——到目前为止——那些死在俄罗斯的德国人。

他们证明了，纳粹主义不是一种历史罪恶，仅仅限于一个时代、一个国家，这不仅仅是德国病（难道杀死所有德国佬，世界就会变幸福？）纳粹主义是无所不在的病菌，是人类的地方流行性疾病。只要在风中抛出几把恐惧，到下一个旺季就足以收获背叛和折磨。

我们超级班只有6名抵抗战士。至少，日复一日，我们更加清楚自己为什么要抵抗，这不仅仅是出于爱国主义。受到威胁的不是法国，而是人类。

当时我们的法国文学教授是一个"合作主义者"——就一个——我们6个人不得不压制自己内心的厌恶，紧握彼此的手商量好多次，以免把他的耻辱吐到他脸上。

如果还有人认为我们太苛刻,就像"真正的小疯子"一样,我不打算为自己辩护。这样的严厉,他要么接受要么离开。但你知道有谁选择用纵容作为战斗的武器吗?

弗朗索瓦有一天问我,在别人身上,我最不能容忍的缺陷是什么,答案就像左轮手枪里的子弹一样从我嘴里蹦出来:"平庸。"

我们笑得很开心,因为就在我喊出我的答案那一刻,他也喊出了他的答案,一样的答案。毫无疑问,我们有相似的活力。

平庸,中庸!无论他们是天主教徒、犹太教徒还是新教教徒,无论他们是自由思想家还是没有主见的人,抵抗运动的战士们都有一个共同的"信条":生命不该打对折。

这一信条成了我们的第二天性。"我必须克制自己,"乔治说,"假如有人出于讨好而应承我,就为了要我们不去打扰他,我真想揍他一顿。"至于我,我把人群分成两个部分:"强硬派"和"懦弱派"。

在懦弱方面,我们发现的不是懦夫,也不是背信弃义的人——背信弃义者几乎总是犯错的强硬派——而是犹豫不决的无形族群,所有赞同我们所做的事情而自己却小心翼翼地不去做的那些人。现在已经不再是一个"善意"的时代了。

1942年是暗无天日的一年。从欧洲来看，它似乎有好几次是完全失败的。德国在苏联的进攻比所有预期的都要深入。到了夏末，它们在斯大林格勒郊区被打断了牙齿。但在我们看来，德国到达斯大林格勒就已经越过了苏联的心脏地带。

德国人首次公布了他们的一些屠杀行为。奥斯维辛（Auschwitz）和卑尔根-贝尔森（Bergen-Belsen）的地名出现在了"自由军志愿者"的通讯上。

的确，美国已经参战了。我们那位历史老师绝对是一位先知！不过，美国还很遥远，仍然在全神贯注地投入到太平洋彼岸的战斗中，我们知道这些战斗是可怕的，但究竟有多惨烈，仍模糊不清。

最后，11月8日，盟军在北非登陆：这是两年半以来欧洲的第一个好消息。但紧接着德国人军事占领了法国南部地区。法国的最后一丝独立倒塌了。因此，抵抗运动的组织，不仅要从南特到巴黎、从巴黎到里尔，而且还要从里尔到马赛，在全国范围之内开展运动。对我们这些讨厌平庸的人来说，这是宛如杂技的前景。上帝会宽恕我们！我们几乎要为法国的不幸而欢欣鼓舞了。

那时，我日复一日地从普世智慧的伟大源泉中得到了滋养，我的顾虑产生了。"我太绝对了！"我对自己说。

哲学家们口口声声说：世间万物都是善恶参半，真理总是至少有两面性；另一个人的所作所为，以及我们认为是犯罪的行为，往往是最初的错误的结果，一个非常小的错误，而且很难发现，也许我们以后会犯下它。

这类布道，我的几个朋友已经对自己讲了一段时间了。

12月底，乔治不读哲学家的书，因为哲学家的理论"粘"住了他的头，他对我很严厉。"你在退缩，我的好兄弟！"他对我说，"你所有的聪明计划都落空了，它们成了噩梦！运动停滞不前：3个月来，我们还是那600个人，我们还是在发传单。你看不出来这场该死的战争比我们进行得更快吗？"

我看得很清楚。这让我寝食难安。必须采取新的举措，但我不知道该从哪里开始。

幸运的是，乔治有个主意。只有一件事能使我燃烧起来："女孩子。"

我，我犹豫了。我很了解乔治的这一面，他的夜生活的一面。他比我大3岁，1939年入伍，18岁投身军营，他的爱情观有点粗俗："及时行乐。以后就要成家了，到那时候我们再严肃起来吧！"

我和弗朗索瓦为了乔治还真吵过架。在这方面，就像在所有其他方面一样，弗朗索瓦是个天使，但这并不妨碍他理解乔治。他反复说:"无论这些人以什么方式去找力量源泉,如果他们找到了,我祝福他们。"毫无疑问,在这里,又有必要作出妥协:道德纯洁不一定与肉体纯洁联系在一起。

正如乔治喜欢说的那样,"真正的士兵总是坦荡的淫棍"。

于是他们开始治疗我。但治疗方法并不像你所想象的那样。乔治非常尊重我,不会带我去不道德的场所。他甚至从未有过这种想法。

只是有一天我没有抵制住诱惑,和他谈起了阿丽埃特,他没有直接取笑我,不过他要我知道,我是"一个不同寻常的傻瓜",爱上了一个除了微笑之外从来没有给过你任何东西的女孩子(即便如此也都是匆匆忙忙的,这反而使她看起来更美),爱她还不知道她是否同样爱着自己,在分开两年后仍然固执地爱着她,从来没有受诱惑去用别的女孩取而代之。这种固执在乔治看来不仅可笑而且非常危险。这体现了一种令人难以置信的不现实的心态,足以说明我的想法是多么迟钝。

就这样,好几个礼拜,我被拖着从一个"惊喜派对"到另一个"惊喜派对"。这些乐子将我两年来所熟悉的那些朴素的家庭舞会远远地抛在后面。

我不了解乔治怎么会在我不知情的情况下有这么

多朋友,而且都同样轻浮。由于在被占领的巴黎真酒很少见,我们喝一种起泡的酒,也能喝醉人,但是很慢。

大多数女孩子脑子里空空如也。似乎没有人介意。我自己也习惯了。

我尽力克服害羞,尤其是最近总冒出的一个念头:以为我瞎了就不能取悦女孩子。事实上,我和其他人一样讨人喜欢(撇开我的严肃,这完全没有用处)。你只需要说点什么,用某种语气说出来,就当是在表演,说什么不重要。你只需要喝酒,对平凡的感受赞不绝口,不停地跳舞。

我们立即得到了回报。女孩子真是个奇特的物种!她们会向你的身体甚至你的思想注入生命力。

这并不是说她们很美。至少对我来说不是。我的朋友在我耳边悄悄地说:"和亨丽埃特跳舞!这是个美女,老伙计!"对我来说她不是。她不可能美,她脆弱而又自负。她在她柔滑的抚摸之下磨利她的爪子,于是我从她身边跑开:我去找那些不太漂亮但至少看起来想要去爱的姑娘。

假如我的审美跟别人的不一样,那就糟了。我们都有一个共同点,即陶醉感。手搭着胯,傍着胳膊的曲线,环抱肩膀,放空头脑,卷入到女孩子身体散发的彩虹光中,倾听这里的裙子、那里的手帕的沙沙声,不想停下舞步,因为只要女孩靠近你,每个滑步她的头发都贴着你的头发，世界都可以坍塌——你都不在乎——所有这一切治愈了我，正如乔治所说的那样。

就在那时，在郊区大户人家的前厅里跳完舞，一个全新的想法突然出现在我的脑海里。

每天都有盟军飞行员被德国战机击落。我听说过上百遍，大多数飞行员是靠跳伞幸存下来的。假如他降落在德国，除了千分之一的机会外，他们都会迷路。但如果他们落在法国呢？

好吧，他们也会迷路（他们中的大多数都不懂法语）。除非有像我们这样的人来搭救他们。

我打算告诉抵抗运动的各省小组（我们这时在诺曼底、布列塔尼、诺德和弗朗什孔泰都有小组），必须寻找跳伞的飞行员，把他们送到巴黎，送到我们这里来。

被找到的飞行员身着便装，将由一名抵抗运动成员护送：我们的人对他必须寸步不离。

这是一个很好的计划，但是到达巴黎之后，如何安排这些飞行员？如何把他们送到西班牙边境？如何让他们通过边境？

我向乔治介绍了我这个绝妙却不可能实现的想法，他大笑起来：他有办法！冒一点很小的风险就足够了。他说，6个月以来，他一直在与一位叫罗伯特的人（一个冷静的人，40岁，已婚，天主教徒）会面。罗伯特从没确切地说过他到底在做什么。但是，从各种迹象来看，乔治确信他所做的正是我们所想的。我们要去见他，为他提供抵抗运动的支持。

事实上，罗伯特在两年前就已经开始护送盟军飞行员回国。他在巴黎和巴黎地区建立了一个惊人的伪装系统。他的网络在西班牙边境、在加泰罗尼亚和巴斯克一侧大约有50个人，他们是登山者和海关官员。有一个环节是他所缺的，至少在某种程度上缺，就是分布在各省的人——勇敢而敏捷，能够不动声色地在乡下打听到情况。我们正是他所需要的。现在，我们出现了。

新的想法发散出新的细节：飞行员之后，还要制作假证件。在巴黎，地下工作者每天都在增加（除了弗朗索瓦，我们又有了另外5个人），假身份的问题变得至关重要。没有食品券就不能再吃东西（包括面包和土豆在内的所有东西都是配给的），而且只有那些出示有效证件的人，才能够在市政厅领到食品券。另一方面，假如一位抵抗战士以他的真名被捕，那对他的家庭来说是多么危险！自由军志愿者要制作假证件。

我们都没有幻想这会很容易。为此，我的第一道命令下给了阿拉斯（Arras）和里尔（Lille）的小组。在法国北部，1940年5月和6月，许多村庄遭到轰炸，有的地方被夷为平地。在那里,市政厅的文件找不到了。如果我们仔细询问居民,就会得到真实的姓名。我们的第一批假身份证明就用这些无法追踪的死者的名字。

1943年1月,我们还处于伟大事业的边缘。然而,我们都没有想到,我们很快就会完全进入历史的大门。

注释

[1]1715年,法国国王路易十四逝世。他是世界上在位时间最长的君主之一(1643—1715)。他的执政理念包括:朕即国家;构成国王的伟大和尊严的不是他的手中的权杖,而是他的手执权杖的方法;只有君主才有权思考、决策,其他人只有执行的义务。

[2]胆小女神,可能是指希腊神话中的农业、谷物和丰收的女神德墨忒尔(Demeter),她有着温和的态度、热情的笑容,但她很胆小。

05 地下报纸的全国发行负责人

生命中重要的事总是在不经意间到来，而且总是来得那么快、那么直接。我与那位年轻军官的相遇也是如此。他是一名年轻的坦克军官，在乔治的要求下，我准备见他。见面五分钟后，我面前的绝对不再是一个军官：这是一位哲学家，一位谋略家，一位兄长，我的领袖菲利普！

我来解释一下。

不到一个月的时间，罗伯特的网络就和我们抵抗运动的网络对接了起来。四名英国皇家空军飞行员已经被当地人护送到巴黎：两名来自第戎附近的山丘，一名来自兰斯附近，第四名来自亚眠郊区。

丹尼斯和乔治负责在北站、东站和里昂站接上他们。只有他们知道（他们也必须知道）罗伯特的藏身之处。

我们从来就没有对罗伯特产生过任何当真的怀疑，这次我们已经是崇拜他了。想象一下，一张永远笑容可掬的脸，一位行者的抖包袱，不过这位行者的侃侃而谈是在思考。突然之间，罗伯特不再是在开玩笑：他不断深入自己的内心深处。他在那里做什么呢？他可能在祈祷。他要鼓起勇气。他在任何时候都需要很多勇气：他是法国最暴露于风险中的人之一。

他非常清楚，假如这位唐纳德·辛普森或约翰·史密斯不是皇家空军飞行员，而是德国间谍，他会发生什么？这种情况曾经发生在邻近的组织中。死的就不是一个人（他，罗伯特，作为头儿），而是30个人，50个人，而且还是在经历了怎样的审讯之后。

他也很会开玩笑，须臾不忘谦虚。他特别谦虚，从不以第一人称称呼自己。他会眯着眼睛说："组织想知道是否……组织已经作出决定……"这个人简直是个传教士，宽容他人的一切过失，对自己的过失毫不容情，进入纳粹的地盘就像进了异教徒的地盘一样。

罗伯特绝对不想我们帮他太多。据他说，我们的工作应该与他的工作完全分开。最后他要求我们本人与他本人不再见面。"我闻到烧煳的味道了，"他说，"假如要入火海，我不想有你们陪着！"

就在他最后一次与乔治见面时，他给了我们一个名字——菲利普，参加过1939—1940年的战争，现在26岁。他附带说了句："我只能帮你们到这儿了。"以前不管他说什么，这总是他的结束语。

1月31日上午11点左右（当时巴黎很冷，但阳光明媚，有些事情你是不会忘记的），乔治和我在等菲利普。

坦白讲，我们对这次会面没抱太大的希望。尽管有罗伯特的托付，我们依然保持着警觉，每一根头发都是立着的。"拜托！"乔治对我说，"假如你不喜欢这家伙，给我一点示意，这样我就可以闭上我的大嘴巴！军官是我的软肋。假如这个军官很活跃，我很可能就找不着北了。"

进来的不是现役军官，而是一个身材魁梧的男人。

一米八八的个头，与身高相称的胸围，有力的臂膀，握力强劲的手，他的步伐迅捷而有力，整个人散发着兄弟般的保护气息。同时，他的说话声音不太洪亮但很温暖，一种几乎是在当下就能使人感到亲切的声音，它所承载的信念，能够从内心触动你。

我这么描述其实挺糟糕的：我看到进来的不是一个人，而是一股力量。这人是领袖，这个无须言说。他可以随心所欲，在房间里每一张扶手椅上依次辗转，撸起裤管挠腿，因为唾液流淌的烟斗妨碍了他，所以演讲变得费解，他用手捋头发，提不谨慎的问题，自相矛盾（在会面的前十分钟里，这些事情他至少做了好几遍），然而你就是不在意。他把一件权威的斗篷披到你的肩上。你带着无法控制的幸福在它的褶皱里翻滚。

这不是有失公允的权威：它当然也不是精心策划的。这更像是女人施的魔法，她们一接近你，你就被迷惑了，几乎瘫痪不能动，至少在开始的时候是这样的。在最初的半个小时里，乔治和我根本无法提出丝毫的反对意见来。

我面对眼前这个粗枝大叶、滔滔不绝的大魔头，想知道我们这是从哪里找到的怎样的怪物。我的理智、内心保留的对他人的不信任，这一刻都派不上用场了，我完全顾不上想起它们。据说势力会迷惑人心。这个人就有这样的势力。

他似乎有着无穷的能量。无须言语，就能自然地流露出情感、意图与想法。他确实是一种真实的现象。

他摇动着狮鬃般的头发，懒洋洋地伸展双臂，然后又突然立正似的拉自己站起来，高大而善良、温柔，健谈而又神秘，每隔两分钟就准确得像个钟表匠、含糊得像个糟糕的老师，他将信心和全无动机的概括糅合在一起。

他聊了一个小时，我们知道他已婚，他很爱他的妻子，他妻子想要个孩子，于是他提前疼爱这孩子。还有恩培多克勒、圣奥古斯丁、柏格森和帕斯卡的名字，贝当元帅、路易十六和克列孟梭[1]的名字，他都说了好几遍。我很确定！我听到了他们。我说不清楚把这些名字放进谈话中是要谈什么,但他们就是进来了。菲利普是一种真实的现象!

他在一个小时里告诉你的事情,大多数人一辈子都不会告诉你。听他说话,感觉世上无难事,哪怕是在1943年1月的巴黎,哪怕是在抵抗运动中。对于无法解决的问题,他在一个小时里作出修正:他抓住它们的头发,在他的大脸庞前面摇晃它们,直直地盯着它们的眼睛看,然后大笑。等接受完这样的洗礼后,无法解决的问题就不会再出现了!

此外,菲利普说得好:"在某些情况下,没有什么比做英雄更容易的了。"于是,只剩下一个道德问题:没错,就是这个"容易"。在这里,他再次援引了圣奥古斯丁、帕斯卡、圣方济各·沙勿略。

你懂的,我很困惑,这意味着我很幸福。不是像爱情那样的幸福,但也是一种幸福:我的幸福,乔治的幸福(他没有开口,但我觉得他和我一样被吸引住了),也是菲利普的幸福,他似乎已经很钦佩地了解我们了——尽管他几乎没有听到我们的声音——确定无疑地信任我们俩,对我们历数我们所做的一切好事,冲锋陷阵什么的,话一直没停。

他很高兴成为抵抗运动的一员,和我们一起做同样的事情,和我们一起。最后这一点只是一个细节,就这么定了。

我这么描述可能会产生误会,让人觉得菲利普是个轻浮的人。当然不是。或者说,乔治和我很轻浮,这么快就追随他了。也不是。在那些日子里,任何相遇都可能牵涉到生死,人们之间的关系比今天更加清晰明朗。我们要么彼此保留,要么相互托付。没有第三种选择,你必须很快地作出选择。

我们还补充一点。菲利普已经把他的赌注都摊开了。"我一下子和盘托出了,"他说,"如果不行,你们就不会再见到我了。"

他认识罗伯特已经三年了。罗伯特为他担保。战前,他和我一样是超级班的学生,我们有共同的老师。最终,他决定不向我们询问我们的秘密,而是袒露他自己的秘密。

他在1941年春天建立了一个抵抗组织,与我们自由军志愿者同时。他的组织叫法国抵抗阵线(Défense de la France)。

他有一份地下报纸,每个月印刷一万份。绝对不是油印的,是印刷的;真正的报纸。事实上,乔治和我都很熟悉这份报,我们也分发过一定的数量。

法国抵抗阵线有一家印刷作坊,几个业余的爱好者现在已经变成了专业技工。作坊里有轮转印刷机、纸张、武器(左轮手枪、帕拉贝伦[2]手枪),在巴黎有十几个秘密场地,其中一个地方的墙壁用软木完全封闭以便进行嘈杂的工作,几辆伪装成送货卡车的货车,一个伪造文件的场所能够每个月生产2500张"可以乱真"的假证件。一个完美到位的报纸编辑委员会,有无线电设备,虽然简易但能用。它能与伦敦的戴高乐将军的政府保持持久的联系。他们在巴黎南部、北部50公里外,在塞纳瓦兹(Seine-et-Oise)以及勃艮第的农民当中建立了牢固的合作关系,以备在必要时逃离首都,另外有大约50名特工,经过了两年的考验,像他自己一样可靠,菲利普说,其中大约15人已经完全潜入地下。

对于我们这些无所事事——虽然光荣但却没有更多的进展——的自由军志愿者来说,这打开了一片新天地,一片真正有规模的天地。

但是我们的用处就更明显了。因为法国抵抗阵线拥有我们所没有的一切,却没有我们所拥有的东西。它是一个参谋部、军需部和工兵部,却没有部队。我们是一支部队,不过它的将军们(乔治、弗朗索瓦、丹尼斯或者我)从来没有时间去完成必要的训练。

我不必有更多的防范,转向乔治,紧张地留意着他,这时听到他低声说:"干吧!"于是,我对菲利普说,我们共同抵抗的方针是明确的。作为自由军志愿者的创始人,我将运用这一客观事实赋予我的权力:我会要求我所有的人加入法国抵抗阵线。在八天之内,我就会知道哪些人拒绝跟随我——出于恐惧或想法太多——我将与那些人决裂，不惜一切代价。

以法国抵抗阵线的工厂为基础，报纸的印刷量和发行量在几个礼拜之内要增加10倍。乔治和我作出了承诺，菲利普也作出了承诺。为了做成这件事，需要有足够的人力，与机器的印刷能力相匹配。准确地说，我们的600名男孩就是人力。

在过去的两年里，我们可能没能让他们做出什么大事，却将他们的士气消磨到了崩溃的边缘。我们能调动这些人，并对他们、也对我们自己负有责任。

距离这位哲学家兼军官占领我的公寓，刚刚过去不到两个小时。他与我们交换了一个由投递点、邮箱和秘密通路构成的复杂网络。他给了我们五六个联络官的"战时"名字。其中有3个女孩子的名字。我惊呆了，从来没有想过抵抗组织中还会有女人。没过多久，我就知道自己错得有多严重。

菲利普离开了。在6个月的时间里，我们几乎每天都要碰头。

乔治和我几乎没有说话的力气来评论这件事，一方面因为我们的幸福感，另一方面是因为无以言表的信念。必须沉默，我们在向未知进发，向着终将胜利（又必定艰险）的命运进发。

接下来的6个月，意味着一场战斗，非常特殊而且没有间断的战斗。我们只看业绩就够了，所以我将不加评论地报告这段时间发生的事。

我们初次见面不到一个礼拜，菲利普就约我去一家小酒馆的后屋。我家的房子，在过去的一年半里人来人往，成了一个"跟踪目标"，真的太明显了。我有理由冒这个险，但是他没有理由。他不会再踏足那里。他告诉我，法国抵抗阵线指导委员会要求我成为其成员之一。乔治同时也被接纳了，作为我形影不离的伙伴，我的替身。

我要同乔治一起去开会，永远不同其他人一起。此外，有必要确立一个原则，即从此刻起，所有重要的出行，只能乔治陪同我。"为了你和我们大家的安全，"菲利普说，"我们需要一个眼观六路耳听八方，反应灵敏得如野兽的人。乔治是不二人选。你需要乔治。"

从我第一次参加指导委员会的会议开始，我就意识到工作的所有层面都发生了变化。我看到我们在全国范围内展开行动，尽管还是地下状态，但却是正式的。

菲利普也在会场，另外还有两个25—30岁的年轻男子，一位年轻女子和一个女孩。他们掌管着抵抗运动的线索。这些人沉着冷静，各司其职，而且互不透露线索。

作为指导委员会的成员，我立即参与到报纸的编辑委员会中。

我们的新朋友说，我们之所以能加入他们，是因为他们希望我们能在6个月内建立报纸的发行系统。法国抵抗阵线的资源都是我们可以支配的，但发行工作只能依靠我们自己。

前一天，在自由军志愿者中央委员会，我签署了我们组织与法国抵抗阵线——或者正如我们现在所称的"法阵"——的盟约。我预料到我的两位哲学家克劳德和雷蒙德会有反对意见。我知道他们仍然高贵地纠缠在推理和犹豫之中。

事实上，他俩确实不认同这个匆忙作出的决定。这导致了大约30个成员——他俩的支持者的损失。但是，抵抗运动的其余部分已经与法阵合并了。

我向法阵指导委员会提交了一些数字，除了乔治和我之外，所有其他人都感到惊讶：他们能否将下一期报纸（2月中旬）印刷两万份而不是一万份？如果像我们所设想的那样，我们带到法阵的发行团队（总体上已经组织起来了）能够适当地吸收第一任务，我们就要求3月1日的发行量按3万份印制，依此类推（每期加印一万份），直到我们达到队伍的能力极限。我自己没有办法计算出这个极限，但我确信我们的潜能大得很。我了解我们的600名男孩，他们既守纪律又满怀热望。指导委员会让我担任报纸发行的"全国负责人"。

就在那时，我是盲人这个问题第一次被提出来。

在他们眼里，除了身体上的不便，倒是没有别的后果。每一次行动时，必须要有人照看我，帮我留意那些只有眼睛能看到的威胁。另一方面，这个人也必须执行我的决定或手势，只要任务需要用到眼睛。乔治脱口而出："那就是我了。"

一对完美的组合，因为乔治能够做到我所不能做到的，反之亦然。从那一刻起，为了准确说明实际情况，我不能再说"我"，而是说"我们"。

我们的主要武器是报纸。《保卫法国》是一份真正的报纸。它很简陋，只印了两页（我们不得不等四个月才印到四页），但它还是印出来了。另一方面，我们有四家地下报刊同行——《抵抗》《战斗》《解放》和《法国义勇军》——都没有做得更好。他们分头做了同样的事情。他们的报纸我们经常过手。但我们绝对没有一个可以溯源的渠道。这就是地下斗争的特有祸根：它必须在完全封闭的单位里孤军奋战。考虑到风险，任何一个整体性的组织都是不可想象的，甚至也是不可取的，假如其中一家报纸被破获，其他报纸就必须不惜一切代价保持隐匿。

在1943年，一份真正的报纸是弥足珍贵的宝贝。印刷的每一行都是由极大的勇气和技巧凝成的。字里行间包含了写作它、编辑它、印刷它、分发它、评论它的人赴死之心。每一页的末尾都沾有血迹，我这么说可不只是比喻。

《保卫法国》，这一报名宣告了一种爱国的意愿。我们有这样的意愿。然而，我们的报纸绝非民族主义。假如说我们保卫法国，那是因为她正受到攻击。最重要的还在于，这是因为她受到了比肉体死亡更可怕的威胁，那就是精神死亡（我们在每一期中提到了这一点）。报纸的首要任务是唤醒大众的意识。

我们有多种办法唤醒大众。首选的方式，也是最惯常的方式，就是让民众了解事实真相，信息是第一位的。

例如，1943年2月，我们说了当时欧洲大陆上没有人敢说的话：纳粹军队刚刚在斯大林格勒落入了一个陷阱，在那座城市的废墟上，战争的结局正在逆转。

我们还告诉法国人一些可怕的事实：我们每天都有越来越多的证据，如果没有我们，他们也许会猜疑，但永远不会确知。我们告诉大众，盖世太保的抓捕是如何发生的，在哪里进行，审讯时会发生什么。我们谴责德国存在政治犯监狱和集中营，以及最令人难以置信的事实：他们在整个欧洲有计划地灭绝犹太人。

我们告知民众如何推广适当的消极抵抗。最重要的是，我们让人们知道有一个积极的抵抗运动，而且力量正在日益扩大。我们的读者自己是看不见她的。她必须保持隐匿。她唯一能做的就是这两页报纸。

我们给公众提供了帮助我们的方法：何时以及如何保持沉默，相信什么信息，保持什么样的心态。我们的目的是防止法国放弃，确保她在解放的那一刻依然存在并保持完整。

我们不是一份党派报纸。在法国抵抗阵线中我们没有一个人笃信任何教条。我们太年轻了，所以更急切。我们都相信西方民主的理想，正如当时戴高乐、温斯顿·丘吉尔和富兰克林·罗斯福以各各不同但在我们看来可以媲美的方式所代表的那样。完善民主将是和平的任务。我们没有要捍卫的党派事业，没有任何物质利益。我们很穷，却充满激情。

唯有一点，法国抵抗阵线所有人的共同路线是基督教价值观的延续。我们是坦诚的基督教报纸。

但是我们清楚地认识到：我们不会以牺牲他人的利益来保护任何教会。我们当中有很多天主教徒，而且非常笃信。此外还有新教徒，他们也一样真诚。我们甚至不为教会说话：我们中间有的人不属于任何一个教派。我们只是代表了基督教的道德，及其对尊重和爱的绝对要求。

当然，我们所有的文章都是用化名写的，菲利普是"Indomitus"（不屈不挠的人）。我们从头到尾，全靠自己编辑报纸。当时的巴黎，不是说能随便打个电话就能获得帮助的。无论代价如何，我们都必须生活在地下，自给自足。当然，帮我们的人都是我们当中的某一位所了解的。这就是为什么，天主教主教切夫罗特和学者罗贝尔·达尔库尔[3]多次向我们提供他们撰写的文章。

在报纸的编辑委员会上，每一个字都经过权衡。我们迟疑不决，不是要考虑它的文学价值，而是要考虑它的影响力。此外，我们每次都必须自问，我们所说的话是好是坏，是保护生命还是危及生命。当我们不得不发表第一篇关于盖世太保对被捕的抵抗战士施加酷刑的文章时，我们手头上有三十多份具体的证据。然而，这样的恐怖应该被揭露出来吗？我们一致认为应该这么做。这个决定是在多个不眠之夜之后才作出的，甚至到最后一刻，我们的手指还在颤抖。

我们第一次可以在报纸上刊发照片素材时，也经历了这个过程。那是一个万人坑，一个位于德国集中营边缘的露天乱葬坑。这是真实的照片，被一个非常英勇和有运气的囚犯从汉堡盖世太保的档案中偷出来的。不过现在讲这个故事为时过早。我们回到1943年2月吧。

最初的几个礼拜像是一场赌博。我们知道我们的同志们已经准备好了，但是没有想到他们准备得如此充分。我们不得不向指导委员会提出紧急要求：3月15日的报纸要印五万份。

乔治在地下印刷厂值班，一天24小时他都在那里。这还不算多，因为我们必须从上到下重新组织各个部分。

我们不再参与更多的基层工作，不参与更多的招募：工作量太大了，而且面临不必要的风险。我们只与小组长接触——因而最多只接触十来个人。组长都是我们至少认识了一年的人。他们将全权负责他们的地盘，例如不必征得上级同意就作出所有录用或开除的决定。当然，每个小组长都会得到一个假名和与假名相匹配的假身份证件。

在两个月内，发行组织的成员从600人增加到大约5000人。有必要将巴黎地区细分为不同的区域：5个组负责巴黎市区，7个组负责郊区。郊区的工作比较容易，因为那里的警察网络不太密集。

各省由于距离较远，造成了更复杂的联络问题。每个地区都需要一个优秀的负责人，他既不会恐惧也不知疲倦。令人心碎的是，我们不得不与弗朗索瓦分别：只有他能负责布列塔尼一个省。事实上，布列塔尼的确是模范省份，抵抗战士的比例最高，也最早。香槟地区和弗朗什-孔泰地区交给了弗雷德里克，我们一位老战友的哥哥。我们还安排人分别负责诺尔省和图兰区。但其中一个关键问题还没有解决。

自从1942年11月，法国南部地区被德国人占领之后，有个传闻一直在流传。法国将被一条分界线一分为二。这条界线的每一公里都有人日夜巡逻。私家车和火车都要受到搜查。企图穿越的年轻人几乎总是会被捕。

2月16日，德国人发布一道命令祸害人：所有21岁以上的年轻人都将被送往德国去做"义工"。只有少数类别的学生和一家之主可以豁免。

但是这个突然的威胁，非但没限制我们，反而为我们插上了翅膀。抵抗运动只有一位负责人被送往德国。将近80个男孩，一下子，完全躲藏起来。幸运的是，法阵有资金。

这一次我们的过于年轻帮了我们一把——不必别有用心，我们的大多数成员都还不到21岁。

法阵在里昂和马赛（南部地区）组织了可靠的工作组。我们唯一要解决的问题是与他们建立畅通的交通渠道。重要的是，这使得报纸能像在北方那样，也在南部传播。

唉，我们不可能一个月两次用手提箱运送两万份地下报纸，也不可能由我们当中的任何一个人把这行李箱搬过去。好吧！巴黎—里昂或巴黎—图卢兹的火车上不是每天都要开箱检查所有行李的，但至少会查一半。像丹尼斯、弗朗索瓦、杰拉德这样一副年轻而自豪的样子，纳粹一定会对他们起疑心的。总之，那些从来没有做过这一工作的人无法想象2万份报纸所占的体积。

就在这时,我们想起了同我们一起战斗的女孩子。她们能解决我们的困难,也只有她们了。乔治,他对女人的粗俗看法大家都很清楚,他坚持认为我们永远也找不到一个女孩(更不用说几个女孩)能做出这样公开的英雄行为。对她们来说(特别是如果她们打扮成小天真或小淑女),风险会比我们小。但是,乔治认为,她们的风险还是会远远超出设想:"除非她们像我们一样疯狂。"于是乔治被大酋长训了一通。只有这样才能让他转变想法。"女人天天都可以教你的,你这该死的驴子!"菲利普正告他。

凯瑟琳去了里昂,西蒙妮去了波尔多。她们收到我们的指示就出发了,根本没要求解释。等到她们回来时,我们几乎很难从她们那里得知她们的经历。两人都说什么也没发生。她们只想知道下一次什么时候交货。当然,15天之后。

送往里昂、马赛、图卢兹和波尔多的行李箱里装满了爆炸性新闻,假如被发现,这将直接把我们的朋友带去行刑队,尽管这为下期报纸添加了一些攻击性证据,但还是一件非常傻的事情。指导委员会几乎没有讨论过这个问题。至于西蒙妮和凯瑟琳,她们也不理会这个。

3月底，发生了一起紧急事件。法阵在巴黎的一个印刷场地一定被盖世太保盯上了，因为在过去3天里，每次我们的一位同志离开那里，他就会有"尾巴"跟着。当然，甩掉"纱厂主"也是有技巧的，印刷厂的人对此了如指掌：从街边的门进入我们熟悉的一家面包店，从员工进出的边门出去就到了另外一条街，坐上地铁，到下一站，在自动门关闭的那一刻，跳到无人的站台上，拎着鞋子，静悄悄地跑过黑夜。但是这一次，所有的技巧都失灵了，因为从印刷厂开始就被盯上了。这迫使我们要在12小时内搬家。

这意味着我们至少要做三件事：找到一个新址，找到能拉走印刷机的车辆，还要不被人发现。

最后一点比人们想象的要简单。由于盯梢者长期埋伏，但数量有限，我们要做的就是了解到他们有5个人，然后安排5名同志在特定的时间向5个不同的方向拖尾巴，不被抓住就够了。我们这个印刷厂正好有5个人：他们能吸引告密者跟踪他们，因为盯梢者已经熟悉他们了。

随着盯梢者都按时分头去盯假梢，另外5名同志把印刷机和所有的印刷材料装上运货卡车，覆盖上防水布，上面贴着醒目的标签："易碎品、光学仪器、国家气象台。"至于场地，我们早已预留下了一个，以备不时之需。

行动成功了。这立即成为我们大家庭的传奇。菲利普从中得出的感受是:"孩儿们,如果我们还能活着讲这个故事,总有一天我们会说,抵抗运动是我们一生当中最轻松的时光!想想看!没有'一个'是思想和道德问题,只有具体问题要解决!"

我们要对付的不再是一路警察,而是两路。

最近几个月来,一群法国特务和刑讯逼供者加入了盖世太保及其卧底的行列。这个"政治行动队"在维希组建,如果不是根据维希政府的明确命令组建,至少也是它周围同流合污的人。它的任务是在全法国撒网,最终消灭抵抗组织。构成这个组织的人是法国纳粹分子——最具攻击性的狂热分子——或者,更多的时候是伪装成"绅士"的纯粹暴徒,追求德国人的奖赏,是叛国者和虐待狂组成的敲诈勒索集团。

这伙人对我们来说比所有党卫队加起来还要危险:我们知道他们的策略是渗透到抵抗运动中来。我对内奸的直觉现在要受到更多的考验了。然而,在法阵指导委员会中,我们并没有大惊小怪:直觉是一种容易出错的工具。"我们错了是致命的,"菲利普说,"至少我们每条命错一次。打击是预料之中的事。"

4月初,我们收到一张潦草的字条(我们破译出了罗伯特的签名),上面写着:"同三只鸟在北站被捕。为我祈祷!"

三只鸟！这太明白了，三名飞行员！这是我们的行动目标。在这个世界上我们再也没有机会见到罗伯特了。

伟大的罗伯特……他是怎么写下这字条还把它传递给我们的？我们可能永远得不到答案。

不到一个礼拜后，里昂组的4名成员失踪了……他们一起去森林里开会，就没有再回来。5月，其中一人的家人接到政治行动队的电话，告知他们，他们拒绝认罪的儿子、兄弟和丈夫刚刚被枪决。

法阵的盘子每天都在增加，被人摸到的风险也相应增加。我们称之为"生物现象"。这没有办法避免。这是我们和所有类似组织的不成文法。

4月15日，我们受指导委员会的委托，与名字叫作"抵抗"（我们记得，这个组织在1941年8月被斩首，但后来又复活了）的运动组织和"战斗"的运动组织取得了联络。目前设在阿尔及尔的自由法国政府要求这些组织部分地协调其行动。

毫无疑问，这一指令是合理的，但是想做成这件事需要超人的能力。事实上，每个运动组织本身都仿佛摇摇欲坠的金字塔：移走一块砖石，整个组织就有可能坍塌。

"战斗"组织创建于南部地区，像法国抵抗阵线一样出版了一份报纸。"抵抗"在北区也做了同样的工作，还有"法国义勇军"。除了地下报刊外，还有"秘密军团"的行动小组，它们通常由职业军官领导，建立了武器弹药库，为第一个"抗德游击队基地"奠定了基础。情报网络和飞行员回归网络都是中间环节。

我们都并肩战斗，有时候出现在巴黎的同一条人行道上，但并不相识。我们能接触到抵抗运动其他组织的唯一渠道就是自由法国政府。我们与"战斗"或"秘密军团"的约见要通过伦敦或阿尔及尔进行，这将通过无线电以密码传送给我们。

通过这种方式，我与《抵抗》报的主编见过几次面。我非常震惊地发现，他们的希望与我们的是一致的，他们的困难也与我们的完全相似。知道了我们并不孤单，我们的士气倍增。大约在同一时间，我与"战斗"的代表也取得了联系，不过他们没有告诉我，与他们共同战斗的有一位名叫阿尔伯特·加缪[4]的年轻人。

抵抗运动有共产党。

我们有所有的证据表明共产党在战斗，地下版《人道报》发行了几十万份。在所有的破坏和恐怖主义技巧方面，共产党人似乎都明显领先于我们。只是，在抵抗运动、战斗运动、法国抵抗阵线中，没有人是共产主义者。所有这些运动的起源都是人文主义的，甚至是基督教的。

我们是否要尝试与他们合作？这个重大的问题在

执行委员会上提出来了，决定是尽快取得联系。6月份有所接触，但他们仍然冷淡。当然，共产党人认为我们是外人。现在，我们每天都有20个机会被捕，作为一种几乎确定的可能性，这摆在我们面前。乔治和我在等待这一事件发生的同时，建立了我们整个的工作网络。假如我们中的一个人被捕，另一个必须能够继续下去，在几天之内接管所有的订单。

我们为整个运动树立了一个榜样：从现在开始，所有的操作都采取"二人组"、可互换的方式运作。

5月15日的报纸印了十万份。尽管很疯狂，我们都要把它们分发出去。省级团队人数激增，我们只好让地方负责人全权处理相关工作。本地业务的复杂性运作，需要有一个繁忙的场所作为秘书处在巴黎运作。现在，禁止留任何字据的规矩比以往任何时候都更加严格。

特别是在北方，法国抵抗阵线取得了胜利。但是我们的特工在那里不知所措。那里需要一个领头人，而我们真正的朋友（那些和我们一起奋斗过很长时间的人）都在其他地方忙着。这一次，我们被迫决定破例：我们将委托一个新人来负责，一个我们不怎么认识的人。

他刚刚作了自我介绍：他叫埃利奥。

他是巴黎的一名医学生，当时25岁，黑发，握手很重——太重了。他是由医学院的一位小组负责人推荐给乔治的,这对我们来说是最好的推荐。不过一开始,他就犯了一个错误:他未经特别传唤就到我的公寓来。

一瞬间,我把我所有的感官都置于警戒状态。然后有件不寻常的事情发生了。这个人突破了我的识人机制。我内心的指针在摇摆:它既没有落在"是"上,也没有落在"否"上。埃利奥说话的声音很低,太低了。他的声音就像他的手一样:没有清晰的品质,没有忠诚的把握。

我和乔治为此争执了很久,他刚刚也参加了这场面试。我们有权相信这个人吗?乔治犹豫了,我更犹豫,这是头一回。在埃利奥和我之间看似有一条黑光带。我可以清楚地看到它,但不知道如何解释它。

就埃利奥而言,他已经在抵抗运动中工作一年多了。他见多识广,准确无误。他比他的医学院战友有着无可争辩的优势。更何况,他自己是北方人,了解这个工业和采矿业地区,就像了解自己的村庄。他提出立即放弃学业,第二天就去里尔。他是解决我们在那里的僵局的活方案。他看起来从头到脚都充满了勇气和智慧。

然而,由于有疑虑,我俩无法自行决定。菲利普本人和路过巴黎的弗朗索瓦将轮流面试埃利奥。

面试结束后,菲利普咕哝说我们无权过分谨慎,而弗朗索瓦则认为我们应该尝试一下。但是，我清楚地感觉到，我们四个人中没有一个人体验到了"得遇干将"那种熟悉而令人振奋的幸福。

埃利奥去了里尔，他在那里创造了奇迹。两个礼拜之内，他就成了那里组织网络的主人。他的报告比其他所有人都更细致，娴熟而谨慎。我试图说服自己，在未来，最好警惕未经眼见的视觉现象；在那里，也要当心光幻觉。

为了将埃利奥所要求的大量报纸运送到圣康坦、瓦朗谢讷和里尔，我们找到了理想的信使丹尼尔，一位盲人。他最近刚刚失明（1940年手榴弹爆炸之后），但和我一样，他完全失明。一个23岁的男孩子，非常有活力，意志坚定，是一个不屈不挠的人。

他不像我。他的脑子里没有杂乱的想法。他在发生事故时是一名体操教练，一个"样子长得就像干这一行的人"。多亏了他，我才发现各种各样的人都可能成为盲人。他什么都不猜，似乎也不去感知众生。但他的壮举却完美地填补了这一空白：他独自一人穿越巴黎，在任何情况下，他都独自乘火车旅行，穿过警察的检查站，手里拎着手提箱，左手笨拙地用他的白色手杖在空中探索。他是一位英雄，这个矮小的男人，他并不知道自己有多了不起。

在5月、6月和7月，事件接踵而至，快到我难以描述，一一罗列出来吧。

丹尼斯——我们那位虔诚而脸红的朋友——策划并主导了一种新的报纸发行形式。就是将其从私人领域转移到公共区域。

把每一份报纸塞到门缝里，交给可靠的人，这已经不够了：他们必须在光天化日之下发行。

在巴黎地区，丹尼斯创建了"公开散发"团队。礼拜日弥撒结束后，在巴黎各大教堂的前院，丹尼斯部署了由经过挑选的男女组成的突击队，突击队员把报纸塞进信徒的手中，在他们眼前挥舞着头版头条，把报纸塞进他们的口袋里，放进包里。在行动中，一个保护小组标记了通往教堂的所有通道。

丹尼斯的胆子越来越大。我们这位消瘦而浪漫的朋友的身上，附体了一位雇佣兵队长，或者更确切地说，是中世纪的"骑士"。

从教堂出来之后，又来到工厂散发，到雷诺（Renault）汽车厂、土地神罗纳（Gnome et Rhône）飞机厂进行了突击散发。危险正在急剧增加。但有人会说丹尼斯是"十字军战士"：没有人能够控制他了。

他组建了法国抵抗阵线的第一个工人小组，由雷诺的机械师、地铁的员工组成。这时，7月14日到了。

这个日子也许只是一个象征，但它是自由的象征，在苦难中，象征就像面包。法阵将有自己的7月14日：

地下报纸的第一次庆祝活动。

报纸的特刊已经达到25万份（和上一期一样）。我们兑现了2月份的承诺，而且实现了250%超额完成。

弗朗索瓦特地从南特回来，弗雷德里克从贝尔福、埃利奥从里尔回来。乔治他自己也离开我48个小时了。排版车间和印刷厂都打破了自己的纪录。整个指导委员会都在写作，用自己的双手推动了行动的车轮。最后，在13号到14号的晚上，海琳给菲利普生了一个儿子（这表明了生活从来没有停止过）。

丹尼斯的行动，即七·一四行动，要在巴黎地铁从早上持续到晚上。

一切都成真了。40个突击队，每队10人，从上午8点到下午5点，在地铁车厢里散发了七八万份的数量：公开地、平静地从一个乘客发到另一个乘客，嘴角挂着微笑——就像人们做一件自然的事情一样。德国国防军的士兵和军官（更不用说那些穿着便衣、无法辨别的特务了）睁着迷惑的眼睛看着刚刚交给他们的这个物件。

到了晚上，在中央委员会，报告纷至沓来。没有一份报纸被匆忙地丢弃在角落里，没有一支突击队被驱散，没有一个人被逮捕。这是一次完美的行动。我们给公众舆论带来了它非常需要的震撼，这证明抵抗运动的存在，以及它的抵抗能力。

而且，丹尼斯最引以为傲的是，没有人使用他的催泪瓦斯笔。

最近有必要武装突击队，伦敦空投了一整箱催泪笔。这些小物件和普通的笔没有什么区别，只不过轻轻一压笔帽，就会喷出催泪瓦斯，足够使你瞄准的任何对手在三四分钟内失去伤害你的能力。

丹尼斯的伟大梦想（他知道这一梦想是不可能的）一直是：在没有杀戮或伤害的情况下参战。

注释

[1]克列孟梭（Georges Clemenceau, 1841—1929），法国激进党政府总理，新闻记者，法国近代史上少数几个最负盛名的政治家之一。早年从医，属于左翼，是反映中下阶层和一部分农民利益的激进派左翼，在争取民主、社会改革、反对军国主义、教权主义和反对殖民政策等问题上，同社会主义各派采取过一些共同行动。1876—1893年担任国民议会议员，成为激进共和派集团领袖。曾先后创办《正义》《曙光》和《自由人》等报。1906年担任内政部长，同年继任总理。他在1883年中法战争时强烈反对政府对华作战，驳斥政府所谓优等民族开化劣等民族的托词，指出开化是掩盖暴力的伪善名称。他对中国推翻帝制的辛亥革命持同情态度。1919年克列孟梭代表法国出席了巴黎和会。在这次会议上，他力主肢解德国，最大限度地削弱德国，以便法国称霸欧洲大陆。1919年6月28日签订的《凡尔赛和约》无疑是他的杰作，但这也为二战德国反扑报复埋下了伏笔。为第一次世界大战协约国的胜利和《凡尔赛和约》的签订作出重要贡献，被当时欧洲人称为"胜利之父"。

[2]帕拉贝伦，这个词指的是由德意志武器弹药制造公司（DWM，

Deutsche Waffen-und-Munitionsfabrik）设计发展的枪枝和弹药，其由来是因为该公司的电报地址是柏林·帕拉贝伦。这个字的原意来自拉丁谚语："si vis pacem, para bellum"——"如果你想要和平，就准备战争"。以这个名称闻名的有今日最普遍被使用的手枪子弹9毫米帕拉贝伦，另外还有7.65毫米的，以及常被称为鲁格手枪（Luger pistol）的帕拉贝伦 M1908 型手枪。鲁格（Greg Lugor）是帕拉贝伦公司中设计这些武器和弹药的主要设计师。

[3] 罗贝尔·达尔库尔（Robert d'Harcourt, 1881—1965），法国评论家、历史学家，伯爵。他是一位杰出的德国语言学研究者，出版了几本关于席勒和歌德的研究报告。他还在几本书和小册子中警告法国人要注意他在德国观察到的纳粹主义的危险，其中包括1936年出版的《武力的福音》（L'Èvangile de la force）。

[4] 阿尔伯特·加缪（Albert Camus, 1913—1960），法国作家、哲学家，存在主义（有争议）文学、荒诞哲学的代表人物。主要作品有《局外人》《鼠疫》等。1935年秋天他加入了法国共产党阿尔及尔支部。但由于他与穆斯林作家和伊斯兰宗教领袖来往，对党在阿尔及利亚的政策有不同看法，因而于1937年11月被开除出党。1942年，加缪离开阿尔及利亚前往巴黎，开始为《巴黎晚报》工作，然后在伽里马出版社做编辑，秘密地活跃于抵抗运动中，主编地下刊物《战斗报》。1951年加缪发表哲学论文《反抗者》之后，遭到了左派知识分子阵营的攻击，并引起一场与萨特等人长达一年之久的论战，最后与萨特决裂。加缪于1957年获得诺贝尔文学奖。加缪在他的小说、戏剧、随笔和论著中，深刻地揭示出人在异己的世界中的孤独、个人与自身的日益异化，以及罪恶和死亡的不可避免。但他在揭示出世界的荒诞的同时却并不绝望和颓丧，他主张要在荒诞中奋起反抗，在绝望中坚持真理和正义，他为世人指出了一条基督教和马克思主义以外的自由人道主义道路。他直面惨淡人生的勇气，他"知其不可而为之"的大无畏精神，使他在第二次世界大战之后不仅在法国，而且在欧洲并最终在全世界，成为他那一代人的代言人和下一代人的精神导师。

06 禁止瞎子考大学

然而，我一直还是一个学生。或许应该提请各位注意。而且，由于对生活的热情是不可分割的，我把发行《保卫法国》的热情也同样运用在学习中。

我每天从一个领域到另一个领域切换十次，而且像切换开关一样，没有任何过渡。到后来，我变得如此灵活，甚至都可以不用开关。我大脑的两个部分同时在工作：这一边大脑记录了从布列塔尼回来的弗朗索瓦所提供的关于雷恩、圣布列布列斯特、坎佩尔、洛里昂、南特的发行和情报中心的最新信息，我试图在众多的名字和当地情况中破译出一些意外的联系，发现一些可能形成的联盟，在工作中保持一定的一致性，在一个工作团队中嗅出敌友，发明一种新战术；同时，另一边大脑在复习在1789年7月14日之前的15年里路易十六的9位历任大臣所造成的财政灾难——我们被告知，记住这些灾难对于高等师范学校入学考试的成功至关重要。

思维的同时性，进入中年后就很难保持了，我之所以有可能做到，是因为我当时年仅十八。它是由记忆（当时我的头脑是一块照相感光板）和激情组成的，当时我有两个同等热切的愿望，消灭纳粹主义，进入高等师范学校。对我来说，这两个愿望中的每一个都证明了另一个的合理性。而且，假如人们不能正确理解我，也没有关系！这里涉及一个我不想探讨的话题：内在的迷宫。在学习中，也如在抵抗运动中一样，我面临着威胁。

事实上，去年（1942年7月），维希政府颁布了一项法令。这是一份反常的文件——因为那个病态的时代，唉，产生了不止一篇奇文。它列出了今后各种公职候选人所需的身体条件，涉及行政官员、外交官、财务管理，最后是教师。

在那之前（应该指出），国家在招聘公务员时只依靠一个标准：常识。例如，只要聋人不教音乐、盲人不教美术就行。除了这些非常明确的情况外，任何一个人，只要他的能力或个性使他胜任某种职业，就可以进入这一行业而不必感到尴尬。

因此，在战前，大约有20名盲人在法国的中学和大学里任教。在路易大帝中学，英语老师福涅里比他的大多数同事都更受学生们的尊敬和爱戴（一致公认的）。或者，在更上台面的层面上，皮埃尔·维利——比我长一辈的盲人世界的大师，卡昂大学的法国文学教授，出版了关于蒙田的权威著作，1935年在一次火车事故中丧生，享年54岁。但这一切都已成为过去。那是一个理性的时代。

维希法令让我震惊，我去咨询了我的老师和公共教育部的一些官员。我是第一批受这法令冲击的人。高等师范学校是一所国立大学，学生可以参加全国统考——教师资格会考——更重要的是，也是大学教师资格会考。根据新的法令，我不被允许参加教师资格会考。我甚至没有资格参加高师的入学考试。

如果我还没有说，这一法令认为失明是公职最受禁止的身体条件之一，那是因为失明还只是一长串清单中的一项。

我的历史老师，在阐释公文方面经验丰富，他为我解释了这一点：我们面对的是一份最纯粹的种族主义、甚至就是法西斯主义的文件。

策划这一文件的维希部长阿贝尔·博纳德[1]——一个反常的人——卑微地模仿着纳粹法律。他不仅从活跃的社会中消除了瞎子，还消除了断臂者、瘸子，以及所有身体残缺的人。他甚至还走得更远：他立法规定，凡是有任何畸形的人都不得担任公职。你敢相信吗？驼背的人也被排除了。未来公务员鼻子的最大长度也许会被列入法令的。

自我辩护？这对我来说非常困难。我没有任何工会可以求助，甚至不能求助于什么协会。1942年，接受高等教育的盲人不超过10个。因此，唯一的出路，就是申请他们对个案进行考虑。我被建议这么做。

我成功了。1943年1月，高等教育局局长告知我，经15位我的历届教师的介绍，他决定为我网开一面，批准了对我有利的豁免令。他说，我的教育和学术背景使我成为一个特例：允许我与视力正常的同龄人一同竞考高等师范学校。

因此，5月30日，我参加了大考的第一场考试，除了一个普通考生的焦虑（这焦虑的程度已经很可观了）之外，我另有一层焦虑，我必须不惜一切代价在这一个礼拜之内忘记自己是抵抗运动指导委员会的成员。

我被学校录取的机会是很大的：在超级班的第二年，我在常规考试中的排名是45人中的第三名。

我考了历史，考了哲学。我满怀勇气……直到打击袭来。

就在我进入考场参加第三场考试的时候，一位考官递给我一封信，上面有部长阿贝尔·博纳德的签名。是那种公文风格的信，告知我部长没有"批准高等教育局于1月31日给予我的豁免"，不允许我参加高等师范学校的选拔考试，并"通知我之前考试的成绩无效"。我没有必要详述，在接下来的几个小时里，我所经历的痛苦和愤怒。

对我来说，这不是一场考试，甚至不是一场利益攸关的竞争，这是我在法国社会中的未来。如果唯一适合我的职业——知识分子的职业——对我关闭，我该怎么办？

更严重点说，维希政府的"总督"否定了我战胜失明的胜利——至少我站在失明一方的胜利，智力的胜利。

我被告知，阿贝尔·博纳德这一迟来的、武断的命令是违法的，我必须向国务委员会申请复议、提起诉讼。在1943年6月初，我又怎么能够做到这一点？

我还不算是一个完全的地下工作者。我一直在使用自己的真名。我还没有被列入盖世太保或维希政治行动队的黑名单。只是，我的真实情况也好不到哪里去。我是五六种最重要的抵抗运动之一的七位主要领导人之一。最基本的常识要求我不要引起官方对自己的注意。

你可能会认为，法阵的发行事业没有让我有太多的闲暇去自怨自艾。但是这一次对我的打击太大了。

我人生中第一次面对如此荒谬的处境。到目前为止，失明一直是合情合理的。现在，她第一次把我挡在机会的门外。而且我不是作为个人（维希政府不太可能知道我的名字），而是作为一种人类的"类别"

受到了排斥。

这种反差太鲜明了。我的失明——已经被克服了，或者说得到了巧妙的补偿（这倒不是说两下相权）——正是她，两年来为我赢得了数百个男人的尊重，而且比尊重更多的是信任。正是她，从我16岁时还是那个被朋友包围但以自我为中心的小男孩开始，渐渐把我塑造成了一个新的男子汉，在各个方面与成千上万的生命联系在一起，参与战斗、为国效力。也正是失明，突然把我排除在公民社会之外，或者，说得婉转些，把我归类为无正常生存能力的人。

菲利普和乔治的反应是一样的：我根本不需要再去想这件事，毕竟这只是我们正在进行的战争中的一个小插曲。等到战争结束，胜利了，维希的法令会被人们嘲笑的。

然而，在大笑之前，我们必须赢得这场战争！这不仅仅是一场武装冲突，这不是少数几个国家争权夺利的冲突。

这位法国部长的突发奇想提醒了我——假如我需要被提醒的话，谁是真正的敌人。有整整一个世界必须被人们拒绝。这个世界，地图只是非常不完美地显示了它的地理范围。暂时来说，它的首都在柏林、东京和罗马，但传染的温床在成倍增加。

在这个世界，只有蛮力才算数。甚至都不需要蛮力：

只要有蛮力的表象就够了。要获得在那里的生存权,你必须证明你是雅利安人,而且你的身体完好无损。智障者和精神病患者立即找到了自己的位置:他们被推到了前排。但是,独腿的、驼背的、黑人和犹太人就惨了!

对于他们所有人来说,现代科学前沿的生物实验室,正在准备一个方便的结局:毒气室,绝育,以及在最好的情况下缓慢淘汰。

一个社会正在形成,道德和精神因素最终会得到应有的评价,因为它们的本来面目是一个已死文明的残余。

为了迎接这一"美好的未来",纳粹在欧洲的大地上建立起了很多人类配种场,经过挑选的雅利安人在规定的时间与规定的雅利安女人交配,这样新的种族就会诞生。

我没有用我的手、用我的眼睛参加法国抵抗阵线的"七·一四行动"。但是,我以一种无须解释的信念和精确度在脑海中为它做了筹备,我不需要向我的战友们解释。他们的计划是一个小时一个小时、一个地铁站一个地铁站地跟我的计划核对之后才确定下来的。

我正在经历一场宗教危机,或者说——因为"危机"这个词并不恰当——我在平静而热忱地探索无形事物的本质。因为毫无疑问，它触动了我的思维。我不怀疑上帝的存在，也不怀疑耶稣基督的神性。上帝的仁慈在我看来是显而易见的。我见识了千百个丑闻，它们从来都不是来自上天。对我来说，是人类发明了苦难，他们创造并传播苦难。"上帝无疑宽容了我们的愚昧，正是这种宽容让一些人感到震惊。但是，如果他宽容它，那是因为他认为它是有用的：我们必须学会亲近，不仅要亲近上帝，还要亲近一个不那么迟钝、不那么混乱的自己。有朝一日，我们必须看起来像我们自己以外的别的东西。因此，我们必须像上帝……"

我的理由是探索性的；我的笃信是圆满而直达的！"苦难是一种准备，是通往上帝之路。对我们来说，这似乎是不公平的，因为我们不知道它是什么。我们是否知道我们刚刚学到了什么？我们还没上完这堂课……"

我的宗教信仰对我来说就足够了。她取代了所有的象征。我和她平静地相处。我父亲给我读了几本鲁道夫·斯坦纳的著作。我再一次被尊敬和感激之情所感染。我学到了很多，也保留了很多。然而，对我来说，我守护的灵性比什么都要珍贵。

夜晚，所有的噪声都消失了，所有的烦恼都关闭、推迟了。我试图在自己的内心里读书。我总是训练我的记忆练习和更难的注意力练习。我想在自己的内在探索上有推进；但有时候我会感到很失望。我当然也有一些发现，这给了我信心和平静：我在不断扩展我的宇宙。不过总的来说，似乎没有什么是我先前不曾遇到过的。我的内心生活就像一个球体：假如我不每天努力，我就永远不可能到达它的表面；在它的表面以外，宇宙在延伸，我触摸不到那里……

一天晚上，我突然想到要忘记自己。我再也不去看自己的内在。我对我所有的感官尤其是我的注意力，做了一个非同寻常的举动：不必再看了。"重要的不是我！在我周围，全是景象！"如果你愿意的话，我什么都不要。有一种非常短暂的虚空状态，非常明亮，却没有影像，一种完全开放的幸福。我无所知见，又悉知悉见。一种我从未了解甚至从未希望过的平静，包围着我。过了一会儿，我上床睡觉："刚才发生了什么？"答案，一下子就有了："精神世界是存在的。看不见的东西是看得到的。我每天在世界上看到的只是一副死皮囊，就像尘埃堆积。有意义的恰恰是我还不知道的。我在宇宙中的位置非常微小，但这一事实非但没有吓到我，反而叫我安心。等到我的生命结束的时候，我还有宇宙要探索。多么美好的承诺啊！我又怎能拒绝呢？我很渺小，但仅仅因为这个原因，我只知道如何照顾自己。"还有这么一句话："死亡是一个开端！一切都很好，因为一切都没有结束。"那天晚上，我做了平生最美丽的一个梦。

那是一个多雨的礼拜天的下午4点，我在自己的房间里，想起刚才有一个人走进来对我说，我将在五点钟死去。我很开心。一切都很简单。"我现在要做什么呢？"我在想。我把所有我爱的人都叫到我身边——我的父母，我的朋友，那个拉着光之小提琴的女孩。我以极其缓慢的语速和温柔的语气向他们道别。我感到一种说不出的喜悦。"你知道吗，"又有人告诉我，"你可能不会死？"事实上我知道，但不知道原因。我也不想知道原因，或者更确切地说，我不再对生命有强烈的热爱。死亡的时刻临近了。我的喜悦爆发了。突然，先前那个人又出现了。"你不会死了，"他对我说，"那些欣然接受死亡的人不必马上死。"这个梦，我第二天就告诉了让，这使他整整一年陷入了无法平静的沉思之中。它成了我俩有关信心的主题。后来，死亡教给了我许多，当我知道自己不得不死的时候，这个梦就会出现在我的脑海。它给了我活下去的力量。

死亡是存在的。她就在我们想走的每条路的尽头。我们的思绪从未离开过她。就在那时，有件事情给了我强烈的感受。那是一个礼拜天。我正在听收音机里贝多芬的《第八交响曲》。我在听一种奇怪地贯穿整个作品的欢乐舞蹈。我很好地跟随着音乐的节奏，似乎我的整个身体都在随着音乐的节奏跳动。我的思绪寥寥无几，只剩下声音的画面，发出欢快的笑声。所有的悲伤都从我身上消失了：活着真好。突然间，谐谑曲开始了：它比其他部分更活泼、更欢快。我以为我跳了起来……我的身体没有明显的变动，只做了一个非常缓慢的手势，就生成了一团雾气，沉降下来。我很惊奇地看到了我母亲的一位朋友，她在我小时候就很爱我。我们没有关于她现状的消息。她在南部地区，靠近利穆尔。其他我们一无所知。我看到她了。在我看来，她似乎是在叫我。我感到一阵疼痛贯穿了我的身体。我揉了揉我的眼睛……音乐继续着，欢快着，在压轴的音程中被带走了。我试着不去想它。没过多久，我们得知这位朋友的死讯。我不知道确切的死期：在我感到疼痛后 48 小时之内。我母亲这位朋友死时筋疲力尽，半疯了。我知道她提到过我。

注释

[1] 阿贝尔·博纳德，Abel Bonnard，法国维希政府官员，作家。三十年代即逐渐倾向法西斯主义，同情法兰西人民党。纳粹德国入侵法国后，他在《萌芽》《处处都有我》等极右杂志上发表文章，吹捧贝当，鼓吹法德合作。1942 年 4 月出任维希政府公共教育国务秘书。

07 朋友香

噢,不,当然不:让一直都在!

假如我一直使你以为让不在场有一段时间了,那是因为语言对某些关系的传达太过贫乏了。

例如,我该怎么告诉你们,在那些"半正经半不正经"的惊喜派对上(毕竟就像生活本身),乔治经常拉着我去参加,没有邀请让。但多亏了他,教我在女孩子旁边一直保持尊重,即便是在女孩们因为舞蹈、因为她们的青春和我的青春而晕头转向,开始对我投怀送抱的时候。

我该怎么解释,我加入了"法阵"指导委员会,但是让没有,可是在6个月的时间里,我说过的每一句话,或是做过的每一个决定,都事先跟让商议过。当然,是一种无声的商议。菲利普——甚至乔治——都不知道我们商议过,可要是没跟让商议,我就会傻得像头驴子。

我不需要向让询问他的答案,也不需要跟他交谈以了解自己在想什么。他是我的朋友，超越了所有其他人。因此，他是我找到最好的自己的那面镜子。无论在不在场，让都是我的见证人。

对于让来说，无论如何，不可能有水性杨花的女孩，甚至也没有指导委员会：他不是"世俗世界"之人。这个世界对他来说既太过复杂又太过丑陋。他想凭一己之力摆脱它。

不过，还没有到摆脱自己责任的地步，他也在抵抗。他要求我给他一个"居间协调人"的岗位。自从我们加入"法阵"以来，他一直在协调文学院、理学院和法学院几个基层团体的活动。他永远不会尝试没有十足把握的事情。

我们一起去上课（他也进了超级班）。我每天都能看见他好几次。他几乎不比以前健谈，除了特殊场合，他一般就站在我小公寓两房之间的门框下，声音越来越大，越来越深沉。握着我的手不放，拥抱我的时候，我不知道哪些是因为温柔，哪些是因为恐惧。

在那些日子里，我们都很害怕。不想别的了！我们充满激情，但并不疯狂。让时不时看到死亡浮现在他的眼前。与其他人不同的是，他会跟我谈这个。

在这样的时刻，他的平静让我感到不可思议。他解释得很认真，也不能说是认真，只是比平时更专注了一些，就像有人为了看清东西向前探身那样，然后一点一点地告诉你他看到了什么。

让看到了他自己的死亡，而不是我的。这个主题总是出现。他不明白为什么，但他知道，这段历史太漫长，规模太大，或者发展太快。仿佛有什么东西正在压迫他。难道这不是生活本身吗？他不是为生活而生的吗？

并非我们所参与的事情不适合他。没有什么真的很适合他。就算他没有参与，他还是一样的。

最后的两次，他的预兆越来越紧迫。"我走以后，"他说，"你不要再想我，那会伤害你的。而且，我会比先前更多地和你在一起。在你内里。我不能这么说。不，我不是要告诉你不要再想我……你应该换一种方式想我。我就是我，等到我离开的时候，我会以别的形式存在。人不可以像想念活人那样去想死人，我们对死者没有同样的责任。我们开始一起学习生活和幸福。你不应该把这些一直都记在脑子里，而应该把我放在所有能使你快乐的事情上。每当你在某个地方找到一点快乐，我都会在那里……你明白吗？永远不要为我哭泣，那太愚蠢了，我很讨厌让你伤心的事情。答应我……爱我，不是通过你的记忆，而是通过你爱的人。"

听到这话，很多人会觉得，应该立即使他清醒过来，把他的噩梦赶走，甚至像同志间所允许的那样鞭策他。

但那是因为他们不在场，我在场，他们没有听到他这么笃定地说话……

最后一次（应该是在1943年6月），让告诉我，我是为活着而生的，任何事情都可能发生在我身上：无论如何我都会活下去。但是，他不是为生存而生的。

当时我非常清楚，我们没有胡说八道。没时间胡说。只说最重要的话。我回答让，说那里有一个深渊。但我无法继续说下去，因为他刚才所说那些话的现实性在我内心增长得太快。没错，让变得越来越有智慧，但也越来越不善言辞。

就在那时，他开始尝试新的生活，美好的尝试。我很高兴，以为他得救了：他订婚了。不是和阿丽埃特（阿丽埃特是曾经的爱人），而是和一个勇敢的抵抗伙伴，一个小巧活泼的好女人，我承认，我没有为他着想，但是让很坚定地选择了她，就像他所做的那样。他爱她，而她也爱着他。真有意思，让先我一步走进生活、拥抱生活。我相信在这之后，那些预警失去意义了吧！

值得注意的是，在那一年，我几乎从来没有说过"我认为……我想……我相信……"。总有人与我有相同的认识，从我的角度思考。大多数时候是让，有时候是乔治、弗朗索瓦、丹尼斯、西蒙妮、菲利普、凯瑟琳、弗雷德里克。对他们来说事情就是这样的。没有一个人不是心甘情愿地承认这一点,而且他的整个生命都绽放了。抵抗运动的好处就是这种兄弟情谊。说"兄弟会"是完全说错了,那真是一种伟大的共享灵魂。我们所有人的想象力都被猛烈地激发出来。如此接近危险,我们变得很通透。如果说我们没有保护自己,这不是真的。我们较少保护自己。想象力肯定不能解释一切。

我们大约有20个人,生活在一个开放的灵魂中,一个保护另一个,另一个保护下一个。为了一个共同的希望形成一个闭环,如此亲密,如此持续,以至于最后在我们各自的皮肤上留下一个开口,使我们所有人融为一体——一个唯一。下面这件事就再也不会使你感到惊讶或震惊了:菲利普的妻子海琳在7月14日晚上生下一名男婴,那孩子属于我们所有人,是我们共同的儿子,他的地位神圣。

想要了解弗朗索瓦、乔治或丹尼斯,我不再需要像人们平常那样对自己说:"嘿,他们现在在哪里?"或者说:"在这种情况下,他们会怎么想?"我随身都"带着"他们,无论哪里,甚至在我看书或参加师范学院的选拔考试。而且"带着"他们越来越容易了,因为他们变得越来越灵巧。

除了菲利普有一大家子(多么大的负担,他是多么自豪地肩负着它!),我身边的朋友全都是无所牵挂。

他们真的放弃了一切，除了活着。结果他们身上再也没有了一丝轻浮，也没有了那些使人平庸的"小节"。

乔治还没有变成圣人：他还在围着衬裙疯跑，动物！不过，他已经变成了一把尖刀。

他的身体像把刀，因为他瘦削。他的说话声，天生带鼻音，现在把句子都切断了，你都可以看得到切痕。他从不漫无目的地从一个地方走到另一个地方，他沿着自己的路线，紧绷着笔直地走着。因此，他总是能越过一切阻碍，径直前行。

他最近不是在宵禁后（一个人太晚夜行）遇到了德国巡逻队吗？他没有任何东西可以证明他的夜行是合理的。他很容易招致逮捕。此外，那天晚上，他还揣着枪（一把7.65毫米口径的真枪）——如他所说"有机会开干"。好吧，这把刀子完成了他作为刀的任务！他没有左顾右盼，也没有回头去看巡逻队，没有放慢或者加快脚步，甚至都没有掏枪，不去想自己在干什么（他第二天向我们发誓没有想干什么），德国人也被迷惑了，让他通过了。乔治的结论是："如果你把自己的事情做到底，他们就不敢碰你。这是真的，因为上帝的存在。"

至于丹尼斯，那年7月，他的表现使我们有必要努力回忆一下他曾经的羞涩。这是他指挥若定的时刻。在公开散发的500人中（包括大约50名真正的硬汉），没有一个人对他的命令提出异议，更没有一个人质疑他发出命令的权力。我想只有我才知道丹尼斯并不像其他人所想象的那样强壮。至少不那么强壮。

丹尼斯会到我这里短暂待一会儿，只为了放松，他说。这时，那个坦率的小家伙又回来了。他充满了迷信。尽管有恶的证据，他仍然相信人本善。他的身体有轻微的颤抖。有时候他甚至会默默地哭泣。

弗朗索瓦？他肯定是变化最小的人。他生来就是一团"火"，他一直都是"火"。火比以前更亮了，如此而已。

跟让不一样，他热爱生活中的种种现实。他对它们甚至有一种广泛的宽容。他从来没有碰过一个女孩子的手腕，却完全理解那些讲荤笑话的人、放荡的人、妓女甚至皮条客（他坚持这一点）。

我发誓！在我的朋友们身边，空气都是不一样的。有一种喜悦的感觉。我还能怎么说呢？即使在他们悲伤的时候，即使他们对你说起他们的死亡时，空气闻起来也是香的，使你感到振奋。

08 被捕

那天晚上（7月19日），菲利普和乔治在我家开了一个长长的会。

讨论的议程是：采取哪些措施来进一步扩大法阵的发行，使7月14日壮举成为一系列壮举的第一个，以及如何着手把我变成一个全职的地下特工。

我在皇家港大道的工作给我的家人（更不用说我自己了）带来了巨大的风险，已经达到警戒线。另一方面，法阵也少不了我的效力。我将继续指导发行，但要在一个更受保护的匿名状态下。我将长期居住在巴黎的一个运动总部里。

离开时，乔治带走了我保留了五天的20支催泪瓦斯笔。他还带走了一批假身份证件，第二天早上7点，他要把这些交给前往贝桑松（Besançon）的弗雷德里克。

那天晚上是我一生中最幸福的夜晚之一。巴黎的上空响着无情的雷声。我直到4点左右才睡着。失眠并不是因为暴风雨，而是因为菲利普和乔治的友谊。

几个月来我一直知道这一点，然而我从未意识到他们的友谊会如此之深。友谊是救赎。在这个脆弱的世界上，友谊是唯一不脆弱的东西。我向你保证：你可以沉醉于友谊，就像沉醉于爱情一样。

凌晨五点左右，我在幸福的酣睡中听到父亲的声音："雅克！德国警察来找你了！"……逮捕！……就是它了！

"请稍等。"我从床上跳下来，颤抖着！20年来，已经有那么多男男女女，因为那么多原因被那么多警察逮捕，而这些人当中很少有人能够幸存，在我看来，我没有必要大肆渲染自己的冒险。简单说一下吧。

爸爸的声音还有点像从前对他的小男孩说话：他非常想保护我。当然，他什么都做不了……奇怪的是，更应该是我来保护他：至少他们不应该逮捕他，也不应该逮捕妈妈和我的小弟弟！这是最重要的，但如何做得到呢？

有6个德国人——2个军官，4个兵。他们全副武装，这些傻瓜！也许没有人告诉过他们我是个盲人。

他们并不粗暴，他们给了我时间来准备。他们还同意我带一包烟和我的打火机。

他们有条不紊地搜查了我的两个小房间，如果我可以这么说的话，因为两个房间散布着五六千张盲文，这些盲文对他们来说显然是无法破译的。无论如何，他们要找的东西都不在房间里——在我的头脑里。而我的头脑此刻正处于混乱状态,最狡猾的警察也无法从中找出任何东西。

我问自己的问题很可怕:谁告发了我?首先,要确保爸爸妈妈不被捕,然后找出谁是叛徒……已经有策略了。战术,是的。但我脑子里还没有一个想法,我的身体里也没有一根清醒的纤维。当被困住的时候,我们看起来并不优秀,不知进退。我们会故意伤害自己。

幸运的是,其中一个警官想要审问我,他不知道该怎么做。他手里拿着一张写有名字的纸。他不太懂法语,名字被他念走样了。为了赢得时间,我尽力装扮成一个被吓坏的小男孩,把一切搅和到一起。

党卫军军官一无所获。他似乎并不在意。最后他像父亲一样挽着我的胳膊。带我下楼。感谢上帝!他们只带走了我!我被允许和父母道别。这样真是太难了。

现在,在人行道上,在已经开动的汽车里,面对这些几乎一动不动的德国人的庞大身躯,已经不那么困难了。这又变得有趣起来。未来总会要来的。要是能晚一点来就好了,已经晚来了!

车子停在一个大院子的中间。从那一刻起,我被十几个脾气暴躁但沉默寡言的德国人从一间办公室架到另一间办公室、从一个楼层架到另一个楼层,没有任何解释，持续了几个小时。他们把我当作一个易碎品来处理。他们问我的唯一一件事（当时所有的人都问，而且常常连问两遍）是我真的是盲人吗。我用德语回答：我是盲人。这似乎使他们的工作更容易。

那天，更可怕的是，我真的成了盲人。我几乎感觉不到任何东西，因为焦虑在悄悄蔓延："将会发生什么？"

几个小时以来什么也没发生，我被人遛着，被展示。我知道什么？我在会客室里，坐在软板凳上，叫我喝我并不想喝的豌豆浓汤。

最后，一个人像石板一样向我袭来，在我眼前挥舞着拳头，大声咒骂，把我推进一间屋子，打字机咔嗒作响。

到目前为止，除了身份调查什么都没有。他们问我一些废话：我父亲的父母是不是犹太人，还有他的祖父母。他们似乎很高兴得知情况并非如此。我问为什么我会被捕，从勤务兵到秘书，每个人都在笑。但我这个问题问对了，因为那个说法语的审讯者逐一说出了弗雷德里克、丹尼斯、凯瑟琳、西蒙妮、杰拉德的假名和其他十几个人的真名。他问我是否知道为什么所有这些人都被逮捕了。他最后的话是："乔治和菲利普在哪里？我们只漏掉了他俩。"

一开始我感觉吸入了毒气，我的神经中枢被阻断了。然后，突然之间，毒解了，我真的不再害怕了。光，在我脑袋的每个角落都亮了起来。我看到了盖世太保的人，那个秘书。我不得不咬紧牙关，不让自己笑出声来。如果我留在这个状态里，他们可以一直审下去，但是什么也审不出来！

我从头开始，随机编了三四个名字。我问这些人是否也被捕了，他们是否真的抓了两礼拜前圣-日耳曼-昂莱那个惊喜派对上的所有人。在圣-日耳曼-昂莱，从来没有这样的惊喜派对。我惊讶地注意到，我的问题把他们弄蒙了。

他们想弄清楚。我被带回到会客室，有软板凳，没汤。我被留在那里很长时间。十几个人被陆陆续续带进房。每当他们中的一个人进来，我就问："你是谁？"但他们没有一个人回答。他们一定知道我们受到了监视。一定有一个守卫在某个地方盯着。我真想拥有一双眼睛！借我一双眼睛吧，哪怕只借一个礼拜！

晚上（当时是晚上，我刚刚听到9点钟的钟声），我被送进盥洗室里：一个水槽，一把椅子，离天花板很近有一个通风窗。一把锁挂上了。我一个人待了12个小时。

你看，在这种情况下，最令人苦恼的事情是一个人不由自主地想，一个人想也想不清。我后来采访过数以百计的人，有各种性格、各种社会阶层、各种年龄的人,他们都有同感。

思绪在飞奔。这是一辆在斜坡上刹车失灵的汽车。它顾不上你。你要么随它去,要么跳车。这是一台机器,它可不在乎你。

思维永远是一台机器——即使是在聪明人身上。对于那些仍然怀疑这一点的人,我有一问:"在政治警察的审讯之前,你是否独自煎熬过一夜?"

思绪从指缝间溜走。你脑袋里一片空白。与此同时,你的身体会在另一个方向上自行走向229囚室。它只是一具可怜的躯壳,肌肉松弛,当肌肉变硬时,情况也好不到哪里去:它们在颤抖。

身体某处总是感到疼痛:喉咙干涩,耳朵嗡嗡作响,胃在翻腾或者肺部紧缩。不要试图对自己说:"我是刚强的人!这不会发生在我身上!"这会发生在每个人身上。骨气是另一回事。

显然,从刚才的对话中我得知"法阵"联络网的14名领导人已经被捕。菲利普和乔治还没有被抓到。这一信息本身很可能意味着15个人的延期死亡。我会是第几批死?我不去想它。我的死,是那机器所能做的为数不多的事情之一,死在那斜坡上从我身边跑开了。

但是丹尼斯、杰拉德、凯瑟琳!这样的抓捕绝非偶然!这是一次太令人难以置信的全面出卖,看起来不像是真的。

我祈祷了一次,两次,可能更多次。话语不自觉地溜出来。

就在这时,我无意中肘部撞到了墙上。虽然有一点痛,但感觉很好。我大声喊:"我活着!我活着!"

一个忠告:在这样的情况下,不要寻求太远的帮助。要么它就在你身边、在你心里,要么它无处可寻。这不是骨气问题。这是一个现实问题。如果你想坚强,你就会变得软弱;如果你想去理解,你就会变得愚蠢。

不,现实不等于你的骨气,它只是一个结果,我不知道是什么。一个聚合体?现实就在此时此地,当下。它是你正在过的生活,现在,就在这一秒。不要害怕在其中失去你的灵魂,上帝就在其中。

做你想做的任何事。如果有水槽就洗手,躺在地上,原地蹦跳,做鬼脸,如果有帮助的话,甚至可以哭,或者大笑,唱歌,说脏话!如果你是一个知识分子(每一类人都有一种技巧),就像我那天晚上那样做吧:大声地、凭着记忆重述康德在《纯粹理性批判》[1]前面几章中的推理。这很难,它让你很忙。但不要依赖这些。甚至不要依赖自己。只有上帝存在。

这样做始终是正确的,是这种时刻的神奇疗法。此外,我问你:你还能指望谁?我想,当然不能指望人!什么人?党卫军?虐待狂或者疯子,在最好的情况下他们是有爱国主义情怀的敌人,很爱国地相信他们的职责就是消灭你。如果没有上帝的怜悯,你就什么都没有了。

但确切地说,要感受到这种怜悯,并不需要心怀信仰的行为。你甚至都不必在教堂长大。在你开始寻求它的那一刻,你就已经拥有了它:它存在于你的呼吸和血液,在你太阳穴的跳动中。如果你密切关注它,它就会增长并包裹住你。你就不再是原来的你了,相信我。你可以对主说:"愿祢的旨意成就。"这是你可以说的,这对你只有好处。

所有的苦难都会得到宽恕。随着苦难的增长,宽恕也会随之变大。1943年7月20日晚上,我学到了许多重要的东西。

让呢?为什么他们不抓他?他们这几天没有提到他的名字。如果他们认出了我,他们就应该认出他。这是致命的。又或许不是……

弗朗索瓦呢?弗朗索瓦前天已经离开,去了布列塔尼:他肯定是逃过了他们的追捕!不太确定。在他们告诉我的14个名字中,有4个是来自北方的小组长名字。可见,他们在里尔(在外省)和巴黎都实施了抓捕。既然如此,为什么没抓埃利奥?

当你是一个囚犯时,你什么都不知道,你什么都不确定。这正是监狱的本质:你被剥夺了自信。他们一下子就把你和它切断了。那你呢,降生在一个可怕的世界里，在那里没有任何东西可以维系，唯一剩下的法律就是人。你突然明白，在宇宙的所有危险中，人是最坏的。

第二天，大约9点钟，他们给我送来了咖啡。但没有给我时间喝。我被人推着肩膀沿走廊进入一间办公室。有一个党卫军少校（每个人都叫他少校）和一个秘书。

随即，少校用德语对秘书做了长篇大论。他显然认为我听不懂。我一字一句地听明白了。我昨天告诉他们我不懂德语。绝对正确啊！稍后，在秘书翻译的时候，我就有时间来思考了。

少校告知我，我因为企图颠覆占领军当局而被判处死刑。我听得很真切。但是我并不相信。

接下来，秘书用法语复述：我不相信少校，更不相信这秘书。我是不是一夜疯了？他们是不是给我喝了一种失去想象力的药？"他们告诉你他们会枪决你。相信他们！他们告诉你为什么。"他们说，杀我的理由是，他们有证据表明我在6个月里一直负责法国抵抗阵线的全国发行。还有什么比这更真实的呢！

但这没有用，我不相信他们。这是秘书翻译完之后我用法语对她说的第一句话——而且语音让我自己都很吃惊，因为它非常平静："你们没有判我死刑。"

除了这种反应，少校一定预料了所有的反应，因为他似乎在思考，而不是大喊或大笑。最后，他命令秘书拿着文件，从头到尾读给我听。

不可能的事就这样发生了。但即使在今天，我也说不出是什么奇迹般的干预造成了这一局面。一个党卫军少校不可言喻的愚蠢？我的信仰？无论如何，上天在干预我的事。盖世太保在我面前一个接一个地放下了武器。你们自己判断吧！五个钟头里，秘书大声朗读，吞吞吐吐，但没有打断自己。大约50页，显然是用法语写的。顺便说一句，写得很好，一份完美的告发书。

从5月1日起，我在抵抗运动中的活动每天都被记录了下来。有时候，一小时一小时地被记录——甚至包括我说的话。至少，报告的所有的行动和决定都与"法阵"的发行有关。因为——奇怪的是——我作为指导委员会成员的身份甚至都没有被提及。

我被人如此仔细地出卖了，而这一切很快就暴露在我眼前，一个又一个细节，弄得我来不及愤慨，来不及理解，来不及痛苦。唯一的紧迫性在于：把他们所知道的一切都印在我的记忆中。

我绝不是唯一一个在档案里的人。唉！乔治、弗里德里克、丹尼斯、杰拉德、凯瑟琳、弗朗索瓦、埃利奥，其他20个人……我已经数不清了。还有让，他的名字不断出现！对他与我的关系的描述，比我听过的任何人的描述都要准确!

还是没有提及指导委员会。菲利普的名字出现了两次,附带有大致如实的体征,仅此而已。我没有时间痛苦,我在寻找叛徒。告发书的作者,我必须找到他!我集中注意力,集中到了要崩溃的边缘。

然而,朗读即将结束。他们所掌握的对我们不利的证据谴责我们每一个人,没有赦免。尽管如此,我甚至比朗读之前更清楚,我赢了。他们把文件抛出来,使我掌握了线索,他们犯了一个巨大的错误:他们使我成为游戏的主人。这是一场赌博,他们可以指望我来好好赌一把!

在过去的5个小时里,我的大脑一直在编造谎言,每分钟20个。

轮到少校发话了。他的耐心从何而来,那个家伙?他用德语问我是否要补充什么。我用德语回答说是。

奇怪的是,我什么都想到了,就是没想到我会无意识地决定透露自己懂得他们的语言。但这还算不了什么:我在这里用他们的语言所说的东西太危险了,一开口就把我吓坏了。

我向他们解释说,我被打败了。既然我明白他们知道一切,我就不再撒谎,我会说出全部真相。他们的线人已经看到了一切。但有几处他误解了,我会纠正他的错误。他们有证据证明我说的是实话。我懂德语,这一点再也不对他们隐瞒了。

我的语句很微弱。我让它们彻底地结结巴巴。我尽可能地加剧手的颤抖。但我的心中充满了勇气。

为了荣誉和生命,我下定决心要欺骗他们。

由于我是盲人,我无法逃脱,甚至不能保证逃跑还不被枪射中。但就算我没有眼睛,我还有我的脑袋。我会使用它(哪怕用到它爆裂)。我会和它一起战斗,一直到掉脑袋。

什么?现在是我在质问少校!我的声音在问:"你为什么不告诉我谁背叛了我们?"

少校站了起来,怒不可遏。我也站起来,大喊:"是埃利奥,对吗?我知道就是他!"

少校又坐了下来:这一切教人无法理解。

我已经不再对他的答案感兴趣了。此外,他也没有回答我。是埃利奥,我知道。我又看到了那道黑光带,这是埃利奥第一次拜访我时,我不想相信他的预兆。而埃利奥第一次来是在5月1日,也就是告发书开始记录的日期。

我的脑子里回放着整个告发的档案资料。这些证据使我着迷:里面所写的就是埃利奥的所见所闻。文件没有包含的所有内容都是埃利奥所不知道的。他最狡猾的伎俩就是把自己也包含在告发中。告发自己的抵抗行为,和我们的一样完整。

甚至更完整。起初我怎么忽略了这个事实呢?当提到埃利奥时，文件中甚至包含了他的开支账目！

——少校冷笑。他似乎觉得最后这一出纯粹是个闹剧。我终于猜到了叛徒是谁，还有我惊恐的表情，补偿了他好几个小时的无聊。

他的大手掐住我的脖子，把我慢慢地从五楼带到院子里。他让我和另一个德国人坐在汽车的前座上。那一天就这样结束了。一个小时后，我来到了巴黎南郊的弗雷斯内斯监狱的登记处。

接下来的故事几乎不值得讲了：太慢，也太普通。

从7月22日到9月8日，我从弗雷斯内斯监狱被押送到位于索萨伊街的巴黎盖世太保中心，38次。

早上7点钟左右，他们来我的牢房接我。晚上7点左右，我被押回牢房。其余的时间，我被5个党卫队员轮流审问，或者等待审问。

有一天，这5个人中的一个萌生了打我的念头。他用尽全力把我扔到房间的一面墙上，然后拎起我，又把我扔出去。我勃然大怒，喊道："你是懦夫！就算我想，我也无法自卫！"那畜生大笑起来。他们再也没有碰过我了。

这些人会尊重什么呢？当然不是智慧或勇气，那么，是不是更本质的东西，更核心的东西呢？

事实上，当我在他们面前忘记了他们的存在，忘记了一切，除了我在自己的深处，内心世界的最深处所遇到的东西——由于失明，我学会了经常沉潜到那个地方，那里除了光之外什么都没有——党卫军不再期望我的回答，他们改换了话题。

因此，很自然地，他们不知道自己在做什么。我也几乎不知道他们在做什么。不！他们并不尊重勇气。勇气是人的一种属性，是用来被击溃的。

7月底的一个早晨，他们准备又把我从弗雷斯内斯押送到索萨伊街。像往常一样我被锁在囚车的一个隔间里。囚车没有启动。他们还得等一个人。

终于，我的囚车门又打开了，一个男人的躯体倒在我身上。

为了在这个狭小的空间里容纳两个人，只有一种可能的姿势：面对面，两个男人互相拥抱。

"圣母啊，圣母！"那人低声地说，"不是你吧，我的小家伙！"那人用浓密的胡须摩擦我的脸，这个不停祈祷的人，是罗伯特！我们以为已经死了的罗伯特。

罗伯特是我们得遇菲利普和法国抵抗阵线的介绍人。我们两个人都要去巴黎，有一个小时的车程，可以把一切都告诉对方。

他在盖世太保手里遭到了全面的折磨。他的耳朵被撕裂了，牙齿快掉光了，说话声嘶嘶作响。汗水从他的胳臂和手上淌下来，他看起来就像刚从水里出来一样。

他告诉我,假如不是不断地沉思默想基督,他早就求死了。他说,自从他被捕以后,德国鬼子还没有抓到他网络中的任何一个人,因为他没有吐出任何一个名字。

他们要枪决他,但他不知道什么时候。他所希望的是不要太晚。"有时候我们开口还意识不到自己在说话,这是最糟糕的。"他说。

罗伯特也有信主之心。他的信仰比我强1000倍。那么,他为什么没有得主护佑?

审讯结束后,我被囚禁了6个月,一个四步长三步宽的号房,中世纪堡垒的厚墙,三指厚的门,上面有一个窥视孔,看守从那里日夜监视着我们,还有一扇铅条内窗。

然而,不要把1943年那个夏天的弗雷斯内斯想象成一座监狱:它是一座地下教堂。

那里有7000名囚犯,但他们几乎都是抵抗战士,没有罪人。至死不悔。

在牢房的墙皮上用钉子刻写着:"1937年3月17日,凌晨3点,德代·勒·诺伊鲁德的最后一小时,为他的灵魂祈祷。"或者刻着"宽恕我,上帝;对不起,妈妈",接下来是一个十字架。可见,这里住过绝望之人。那是以前的事了,那是另一个世界。在我们心中,血在涌动——无论你称之为勇气还是自由,它的歌声比恐惧更响亮。

恐惧不会让我们在夜幕降临的时候用小声而精确的击打来敲打牢房的墙壁,以便把信息从一个囚犯传给另一个囚犯。恐惧不会让我们慢慢地松开窗户上密封的玻璃,从一层楼到另一层楼地喊口号。没有什么能阻止我们,无论是地牢的威胁,还是在那里遭到的殴打。几个小时后,我就发现,当这么多男子汉离你这么近的时候,勇敢并不难,只需要再跳出一小步,把想象力引到正确的方向喷发。

7000条汉子,坚毅地、满怀希望地,在对自由的渴望、对生命和对重获家园的渴望上积蓄愿力,这给了你第二个灵魂和第二具身体,你只需要依偎在其中。

这就像在盖世太保那里一样。在最后几个礼拜的审讯中,由于被源源不断的犯人所淹没,他们把我们胡乱扔在囚车、楼梯和候审室里。在混乱中,我找到了杰拉德、弗雷德里克、丹尼斯、凯瑟琳、西蒙妮和其他20个人。触摸他们的声音和他们的手,触摸他们嘴里我的名字,我得到的不仅仅是安慰:一种德国人无法控制的兴奋,我也无法控制。当你不是一个人受苦的时候,你就会不以为苦了。我开始体会到这一点。

最后,他们没有判决我们。他们终结了法阵案件,似乎是出于疲惫。的确,他们还有很多案件要执行。

但他们对我们再也没有判决。无期徒刑！我就像墙后面那7000名战友一样：我不知道我将被关在哪里，也不知道要关多久。

在此期间，我一直活着。这甚至是最困难的那部分，因为这生活不再像所谓的外面的生活。

你必须放弃你的骨气。它本来就碍事，就像你游泳时的衣服。不要忘记，敌人对你有一切权力：杀你或不杀你，给你穿衣，给你脱衣，玷污你。所以要尽可能少地考虑这个问题。想一想战友们，他们也在忍受着同样的事情。请记住，比方说我吧，我作为一个年轻盲人知识分子的美丽新身份已经结束一段时间了。我现在是第2区49号牢房的囚犯。我被单独囚禁，我的牢门外面有一个滑稽的标牌："Vorsicht。""小心！危险的囚犯！"我很危险！

最难的不是记住我在坐牢，而是记住我为什么坐牢。每天有20次我失去了对那份报告的关注。仿佛我过去两年的行动——甚至不仅仅是行动，还有我的思想、我的想象——突然都变成了石头，把我活埋了。

我的命运，不再是未来这样大而模糊的东西，也不再是星星，而是高墙、有缺口的碗、钥匙的叮当声、无尽的钥匙敲碰钢枪的声音。我的命运已经变成了一种事物，我可以听到它，也可以触摸到它。

我不愿意单独监禁，这让我很虚弱。有时一连好几年,远离别人的声音,远离血肉之躯,人们怎么可能保守秘密?人性善。如果身边有一个同伴,哪怕要同最坏的流氓周旋我也愿意。

为了在这种孤独中找到平静,我只有一件事可做:闭上眼睛。你会很惊讶,因为你认为我的眼睛自然是闭着的。唉,这不是真的。我可以看到墙壁。我甚至徒见四壁。我想冲破它们。

闭上你的眼睛,沉入你自己的内心深处,直到你触摸到岩石,你内在最坚实的那个点,那里没有时间和空间,监狱像海市蜃楼一样消失在空中。事实上,监狱还在,但这一回是你在控制它。

终于,有一天早上,两个看守来接我,他们带我上四楼,把我推进另一个牢房。我在那里发现了3个人。哭泣的冲动使我的嘴巴变得咸涩,几个小时后仍然咸涩,只是原因变了。这3个人不想要我。

至少有2个不愿我在这里:一个是土伦的家具商,另一个是诺曼底的路政官。至于第三个人,反正他不跟任何人说话,他躺在他的草垫上,像一捆麻布一样横着。我立即告诉他们我是谁,非常详细。在我看来,这是一件很自然的事情,因为我们要日日夜夜地生活在一起。我一定是太急或者做错了:他们没有回应。

路政官——一个30岁的人,大嘴巴的独裁者——当即告诉我,他是"抵抗运动的大人物",因此他必须保持沉默。这很愚蠢：我无意于告诉他我的秘密或向他索要他的秘密。

家具商是一个面色灰白的小老头，他喜欢笑，他的普罗旺斯口音更容易让人接受。但是如果没有路政官的许可，他几乎不敢说话。

我的到来扰乱了他们。他们让我感受到了这一点。在这间牢房里待了两个月，他们把这里当成了一个舒适的幽禁场所，很适应了。我，带着我的海洋气息和我充满激情的青春，——又不知道如何遏制，是不受欢迎的。

所以，一整天，我都闷闷不乐。"我应该对他们说些什么？当然，有些事情不该说，但是哪些事情呢？"普罗旺斯人和诺曼底人之间经常有冗长但几乎无法理解的对话，都是关于事件和只有他们才认识的人的暗示，就像已婚人士拉家常一样。

我慢慢才体会到。真的很不可思议。这两个人对我不满，因为我只有19岁，因为我正在接受"高等教育"，因为我是瞎子。路政官最终以一种咄咄逼人且令人困惑的语气对我说："抵抗运动不是瞎子的地盘。"我回答说，那是像他或我这样真诚的人的地盘，不管是不是瞎子，不管是年轻人还是老年人。但是他并不想争论。

我就只剩下那第三个人了：那个躺在草垫上的大

懒虫。

他一整天只起来半小时,解决他的生理需求。然后,他又会仰面朝天,张开双臂,像被子一样无声无息。除了不时从他口里发出的小口哨,似乎在表达一种极大的讽刺意味。

第二天,他终于开口了,问了我一些关于我的非常简单和亲切的问题,并提醒我说:"不要为那两个怪人费神。他们什么都不是。"所有这些话都是用清晰干净的声音说的,当着另外那两个人的面,他们甚至都没有注意到。

就这样,我们4个人不得不住在这个12平方米的地方,没有温暖,没有友善,几乎没有话语,加上角落里洞开的便桶,我的耳朵被这3个外地人的身体发出的声音压迫着,它们离我如此之近,有时候我都不知道自己是否还独立存在。如此之近,又如此之远!我什么都料到了,就是没料到这种痛苦。

我不会坐视失败。这几个都是人,不比我多什么,也不比我少什么。他们看起来甚至还不特别恶毒。也许他们只是不开心。

他们不幸的声音使我的耳朵受不了。假如我想帮他们(这会让我忘记自己的不幸),他们就会把我撵走。上帝!这多么尴尬,人啊人!

对我来说,如此近距离地看这两个家伙,是一种考验。我真想不了别的。当他们偶然用蹩脚的短语谈论他们的妻子时,他们的方式让我感觉,不是她们,而是我在爱抚他们,跟他们睡觉。奇怪的是,为了净化自己,我不得不想到那第三个人,那个躺在草垫上的大懒虫。他并没有从我这里拿走什么,相反他会给我些东西。总之,那两个说话的,我听不懂;这个不说话的,我倒是马上就能猜到他的意思。

两个礼拜后,通过反复猜测和核对,我才知道,诺曼底人和普罗旺斯人是小资产阶级爱国者,那第三个人是"人渣",正如另外两个人喜欢重复的那样:一半是流浪汉,一半是窃贼、采花大盗,嘴臭,不值一提。我对社会的看法逐渐得到彻底的纠正。

我渐渐养成了一个习惯:从9月底开始,我就成了不假思索地造句的高手,从来不问哪怕是间接的问题,没完没了地讲愚蠢的笑话,就像串珍珠一样串起来讲,甚至是抱怨的艺术。这是个好主意,如果诺曼底人为他的命运哭泣,你就必须为你自己的命运哭泣,假如可以的话,还要哭得更久、更大声。这使你们成为一家人。

有一件事是肯定的:这不是我在大学里学到的关于人的知识。我甚至被灌输了相反的观念。为什么要这样做呢?

我脑子里所有的科学都无济于事。我是一个空荡荡的容器。

空荡荡的，却是透明的，大概是因为我的年龄吧。一切都经过了我的身体。我看得清清楚楚，太清楚了。

从这么近的距离看，你想我是多么容易锻炼自己的内视力同时练习倾听声音啊！我可以在那里连续待几个小时。这很快成为我唯一的消遣。

顺便说一句，你坐牢的时候，什么都可以想，除了外面的世界。想外面的世界，是被禁止的。物质上的原因是有高墙。但尤其是精神上的原因。

想外面的东西会伤害你。想到别人继续活着而你却不再活着，这是一个可怕的想法。你告诉自己，他们越来越老，离你越来越远，你再也见不到他们了。这是一个愚蠢的想法，尤其是当你只在监狱里待了两个月，但这是不可避免的，它会伤害到你。你一定不能让它进到你的脑子里面来。

在监狱里，你比任何时候都更需要活在自己的内心。假如有一个你真的离不开的人（比如墙外的某个女孩），请像我当时所做的那样：每天看她几次，看很久。但不要试图想象她现在的所在之处，到处都是自由的空气，到处都是敞开的门，因为你到不了那里，这会伤害你。切断她周围的所有空间。把你内心所含的光，都放到她身上，不要怕耗尽光，这光，爱、思想和生命都包含了它，只不过你不知道该如何用它。

就这样你会很好地看到亲人——你的母亲、你的爱人或者你的孩子。而且很长一段时间,你甚至不会觉得你在监狱里。相信我!这就是内在生活的意义所在。

注释

[1]《纯粹理性批判》,德国哲学家伊曼努尔·康德创作的哲学著作,首次出版于1781年,是康德的哲学巨著三部曲中的第一部,第二部是1788年出版的《实践理性批判》,第三部是1790年出版的《判断力批判》。全书主要包括两大部分,前一部分主要阐述"先验原理论",后一部分主要阐述"先验方法论"。贯穿全文的内容是,人们通过对理性的本身,即人类先天认知能力的批判考察,确定其中一些先天的、具有普遍性和必然性的要素,以及这些要素的本源、作用、条件和界定等,并用以探讨它能认识哪些和不能认识哪些,在这个基础之上对形而上学的发展和归宿做出明确判定。

09 布痕瓦尔德

我的朋友们在哪里？都在弗雷斯内斯，像我一样。我无法摆脱这样一个愚蠢的想法：如果我知道他们的确切位置，我就会少受点罪。是在我上面的牢房里，还是在下面的牢房里？我还能再见到他们吗？

丹尼斯、弗雷德里克和杰拉德的狱友像我的狱友这样平庸吗？如果是这样，他们会如何表现呢？很热情，很挑剔？我们会不会落得同样的命运？盖世太保什么都没说。啊，要是我们都能在一起遭受同样的痛苦就好了！要活在一起！否则，一起死。但绝不分开！

他们当时的想法和我一样，我确定。

11月初，我被叫到一楼的一间牢房去体检。一阵夹喜夹悲的哭声迎面而来，我结结巴巴地问："是你吗，弗朗索瓦？"怎么会！他也在那里，弗朗索瓦，我以为他是少数几个逃过7月20日抓捕的人之一，因为那天他在布列塔尼，没有人——伟大的上帝，没有人！——找得到他的踪迹。

我听了他的经历。他于7月27日从布列塔尼回巴黎，进了蒙帕纳斯车站，在抵达的站台上，埃利奥在等着他。根据抵抗阵线的规定，这并不正常，但也不是没有可能。

然后，埃利奥带他去了附近的一家小酒馆，给他讲了上个礼拜的大抓捕。埃利奥告诉他，指导委员会指示他埃利奥，尽可能地集结抵抗运动未被摧毁的所有力量。于是，他在桌子底下递给弗朗索瓦一把6.35毫米口径的手枪，弗朗索瓦被这个悲惨的消息弄得心烦意乱，一时还没有意识到要拒绝它。

两分钟后，埃利奥打了个响指，像是在叫侍应生。随即，两个身着便衣的男人扑向弗朗索瓦，将他的双臂扭到背后，给他戴上手铐。弗朗索瓦从来没有那么接近恐怖过：盖世太保折磨他，因为那把6.35。

折磨，是的。他的肩膀脱臼了。他说话的声音变成了可怕的鼻音。但他多么坚强！看起来像燃烧的灌木丛。

体检做过了，显然无关紧要。弗朗索瓦认为他会被送到德国强制劳动。"但是你，"他说，"他们会释放你的。"无从得知，我也不相信。

我也不想要。自由，我当然想要。但假如我一个人得到自由，那它就是一个烂果子。弗朗索瓦或者让继续受苦，而我会走向幸福，这是一个不可接受的想法。

一天晚上，在看守换岗之后，一个矮小的老看守进到我们的牢房，我们因为他的害羞和温柔注意过他，他无疑是一个当地的农民，他自己关上门，这在以前是从未有过的。

然后他递给我一张纸。纸上有让的签名。我的一位狱友读给我听："我在第三区。他们没有伤害我。我对你寄予厚望。我爱你胜过爱我自己。让。"

我口述了一张回条，那看守带走了。等待终于结束了。我得到了音信，最后的音信。

"我对你寄予厚望。"让和弗朗索瓦一样，是说我要被释放吗？我牢房里的三个人都认为这毫无疑问。路政官反复说："他们究竟能对一个瞎子做什么？"

我告诉自己，他们三个人这样说是为了逗我高兴，或者是因为他们无知，或者是因为像其他人一样，即使无话可说也要忍不住说话（令人惊讶的是，随着时间的推移，我们都变得越来越健谈）。我被释放的想法一直都困扰着我，随之而来的是对我失明的看法。又来了，不过也许这次，失明会以一种奇怪的形式给我保护。它们让盖世太保碰到了麻烦，他们很难相信我有罪。无论外表看起来如何正常，残疾人一定是无害的。否则，他只会被另外的人当作工具来使用。他们一直在寻找我背后的那另一个人。他们找不到那个人。

几个礼拜过去了,随之而来的是一种美妙的解脱感:我想是习惯后带来的解脱。我不再因为其他三个人的存在而烦恼了。

路政官确实离开了我们:在一次审讯之后,中午突然被释放了。

然后轮到土伦的家具商人了。不过我们不知道他会去哪里。

别的人取代了他们的位置:一个奥弗涅(Auvergnat)的老农,说话语调深沉,有一股草腥味,在这个监狱里,他看起来就像海滩上的鱼。一个勃艮第的小酒馆老板。最后是一个年轻的现役军官。

这儿终于来了一个正常的人。这名军官活泼、开朗、坦率、热情。他使我与人类这个物种和解了。不过,在他来之前,我就已经改变了很多。我不再是那个被宠坏的、早熟的小男孩了。我不再期望人人都像我一样。我把我的希望放在我心里,这样,人们的呼吸就不会把它们扑灭。

然而,幻想的作用总是比我们想象的要强大。1月15日的晚上,我以一种非常抒情的方式,向我的军官狱友展示了德国人如何以及为什么不得不释放我。他,如此谨慎,甚至通常是多疑的,似乎也被说服了。自从我被捕前的那个晚上以来,我从来没有感到过头脑和心如此发热。

第二天一大早，一个党卫军中尉打开了我们牢房的门。他查阅着一份名单，很匆忙。他念出了我的名字。我有十分钟的准备时间。

要么是释放，要么恰恰相反。突然之间，当我拿起我那一捆微薄的衣物时，我不再关心结果。我已经开始做梦了。但我不能告诉你是什么梦。也许三分钟，也许一分钟，党卫军就会返回来。我张开嘴呼吸着我的命运。

我们走下楼梯。我问中尉："你带我去哪里？"他用还算流利的法语向我解释说，我很幸运，因为他们要带我去德国，德国是一个伟大而慷慨的国家。

希望的机制在我们的灵魂中一定有成千上万的涌现，而我们几乎都不知道它们，因为听到要去德国的消息时就感到一阵强烈的喜悦，这是除了宣布处死我的消息之外能告诉我的最戏剧性的消息，我经历了一种快乐，苦涩而突兀，像伤口一样刺痛，却还带有一种快感。只能这么形容了。

自从我参与抵抗运动的那一天起，危险已经笼罩了我3年，突然不再成为危险，倒成了我的下一分钟，我的明天。这一次，至少我知道我要去哪里。他们给我分配了地点。我的状态瞬间发生了转变：一小时前，那种令我头脑发热的对自由的希望，现在变成了挑战不自由的勇气，如果有必要，那就永不自由吧。

我刚刚在牢房里待了180天。我的身体贫血，我的腿无法伸直。外面的空气刺痛了我的鼻黏膜。我萎缩的肺阻挡了新鲜空气的进入。所有的东西对我来说都有燧石或生钢的味道，就像一把刀的味道。我的呼吸使我醉得像喝了酒一样。自由不会使我更醉了。

感谢上帝！他们都在，其他的战友。他们也要去德国，丹尼斯、杰拉德、弗雷德里克。事实上，所有的人都是如此，除了那些留在女监的女孩们，还有没被点到名字的弗朗索瓦和让。让，他们绝对不想让我们看到他。我用尽全身的力气祈祷，祈求他的缺席没有特殊含义。

随后的几个小时，接下来的几天，像是酒神节，我至今还这么觉得。

德国人细致地清点了人数。他们把我们数了又数，数了十遍。第一天晚上，他们把我们八个人关在同一间牢房里。彻夜未眠。我们找到了彼此。我们的信心溢于言表。我们的痛苦、我们的喜悦都不知如何开口。所有的主题对我们来说都是宗教性的：带有来世的情趣。我们的手在牢房的黑暗中相互摸索。我们说："你在这里，我在这里。他们把我们带到了一起。"对我们来说，似乎没有什么困难了。我们又是男子汉了。

醉醺醺的友谊加1月早晨的冷光，我们登上了一辆巴士，穿越巴黎。在北站，一列火车在等着我们，它把我们带到了首都以北80公里处,森林边缘的贡比涅(Compiègne)。我们来到一个"分拣站"。

我们的身体伸展开来,然后又蜷缩在一起,因为突然接触到太冷的空气。

贡比涅皇家营地(Compiègne-Royallieu)并不是一个充满敌意的地方,只是有点奇怪而已:这里曾是法军的演习场,建有营房,大约上万人在一天之中从一个地方匆匆忙忙地转去另一个地方,没有确定的目的地。

我,一个盲人,不知道在这股人的旋风中该怎么办。我被从一只手传给另一只手。我不知道为什么,他们给我看所有的东西,把我介绍给每一个人。我的朋友们就像一条链子,他们一刻也不容我离开。我觉得我是他们的吉祥物,我不知道是什么——一种护符牌。也许这是因为我伤害不到任何人。

那里有律师、农民、医生、无线电报务员、推销员、教师、小贩、前部长、渔民、铁路工程师、共谋者、摔跤冠军、法兰西学院的教授、报童。整个法国的抵抗运动,无论老幼,都被震得七零八落。

我被从一个牢房抬到另一个牢房。我几乎不用自己洗澡,总有人帮我擦洗。为什么他们如此慷慨付出呢?

有传言说我们将在那里待上几天,然后会有"大召集"。据说，它总是以搜查开场——一场庞大的搜查，2000人，他们的每一个藏身之处和每一个孔隙都受到检查，以确保他们真的是徒手离开。

搜查是在霜冻和阳光下进行的。我们所有的朋友都紧紧地站在一起，以排除任何被单独送走的可能。

每隔10天左右，就有2000人离开。这就是贡比涅，一个不断加载的垃圾平台。每10天，平台就会倒翻一次，2000人滑向德国。

但没有人知道更多的事情。营地流传着一些名称，其来源说不清楚，也没有告诉我们什么：新坎门（Neuen Gammen）、毛特豪森（Mauthausen）、布痕瓦尔德（Buchenwald）、多拉·奥拉宁堡[1]（Dora Oranienburg）、纳赫斯韦勒（Nachsweiler）。德语的名称无缘无故地令我们浑身发冷。

在这个礼拜结束之前就轮到我们了。我们被告知，这是我们"大迁移"前的最后一个晚上。

自然，这成了一场守夜。睡吧，当你的脑海里不断回响着某首赞美诗，焦虑使你的身体感到不舒服，当旋转的探照灯使阴影像旋转木马一样摆动，当它们切割的黑夜同时也是你的未来，你怎么能睡得着呢？

丹尼斯、弗雷德里克、杰拉德和我站了一个晚上。我们决定尽可能长时间地看着对方。我们决定要相互了解，就好像这是最后一次，或者相反，像是第一次一样。我们觉得，我们必须尽快储存热量，身上的热量很可能会被夺走。

黎明时分，白雪皑皑的天空下，这2000名法国人的无声纵队穿过贡比涅镇，数百双眼睛透过窗户注视着我们。能听到的只有押送队的叫喊声。

队伍穿过瓦兹河（Oise）上的桥，在站台外有一列火车。大约20节货车车厢（传统的法国货车能装40个人或8匹马）。

我们被推了进去。在我们这个货车车厢里，有95个人，当然都是站着的。没有空间坐下来。车门滑动，然后被封住了。整列车厢在火车头的带动下摇晃着。

然后，就是去国的仪式了。2000人同唱《马赛曲》，当然都是法国人，还有《友谊地久天长》[2]的那一句："这只是再见，我的兄弟们，这只是再见。"因为当恐惧降临到你身上时，你总是需要有一首普世友谊之歌。

我们开了一天，一夜，一天，一夜，一天。

我们最后一次喝东西是在特里尔（Trier）空荡荡的月台上，在第二天早晨。喝的是一种很烫很咸的汤，盛在一个陶罐里。我们面对着机枪的枪口，奉命沿着铁轨跑步前进。汤从陶罐里飞溅出来。我们一边跑一边吞咽剩下的汤。

第二天夜幕降临的时候，我们在科布伦茨（Coblenz）渡过了莱茵河（Rhine）。我们确信这一点，因为当时我们的车厢里有人爬上车厢壁,爬到通风铁丝网的高度,在经过的时候读出了车站的名字。

最后一个夜晚下了雪,车厢的一个角落的人从金属板的缝隙中舔到了冰冷的渗水。

没有人可以坐下来,除非你坐在别人的腿上。但这并不是一个可以长期保持的姿势。摔跤冠军自顾自躺在车厢中间,仰面躺着,完全躺平。他用拳头守住了自己的地盘。起初他捶门,但什么也没说。仅仅几个小时,由于口渴,他开始像个挨了打的小男孩一样呻吟,他的拳头发了疯,双拳把车厢弄得血淋淋的。两个昏倒的人摔倒在他身上。

第二天,一些人突然想起了我是个盲人。半夜里,在纠缠不清的肉体中间,他们迷失了方向,向我求助。于是,我摸索着穿越那一堆肉,就像我十二年来所学的那样细腻。我把脚踩进两个脑袋之间的洞里,另一只脚踩在两条大腿之间,就这样,在没有伤害任何人的情况下,到达了哭声传来的角落,一位来自布尔日(Bourges)的老医生,高烧发抖,我用这样的方式把他领到便桶边上,他喃喃地说:"我发誓,你是为这种情况而生的。"

像这样,我不间断地爬行了48小时,这有助于减轻我的痛苦。

痛苦的是口渴,很快就是腿肿,因为一直肿到了膝盖。只要我把手指按到小腿上，整根手指就都陷进去了。

丹尼斯用他的祈祷帮助我。他为每一个出现的情况祷告。他为我祷告，说我不必做这方面的事情，只需要照顾肚子疼的人。

我们根本不知道自己到了什么地方。破译出来的最后一个地名是"兰河畔马尔堡"（Marburg-an-der-Lahn）。再也没有人还有力气爬上通风口了。我们在向东行驶，仅此而已，向波兰方向行驶，我们把这个想法印在脑子里。

在隔壁的车厢里，他们比我们更不幸，因为在第一天晚上，那还是在法国，当列车在巴勒迪克之前的一个斜坡上失去动力时，他们中的5个人用一把刀划破了金属板，全身侧躺着，从车厢里向路基上滚了出去。到处守望的党卫军拦下了火车。机枪噼啪作响，狗在吠叫，还有一两声痛苦的叫喊。然后党卫军打开了逃跑者的车厢，射杀了人群中的3个人，并且剥去了其他所有人的衣服。他们全身赤裸。我们当时还没有裸体。

最后，我的身体变成了一团瘫软而发烧的面团，但是我的头，渐渐地，从内里亮了起来。我了解生命。我也了解德国。

火车一定是很久以前就停了，我们不确定：车里有太多的尖叫声。四个人疯了，处于狂怒状态——摔跤冠军和另外三个人。他们打翻了便桶。现在,他们大喊大叫,咬伤身边的人。

我不知道是什么时候,透过车厢壁,有一个声音用法语问我们是不是法国人。一定是车外的人,也许是在车站上,一个正在干活的囚犯……那个声音继续说,我们早上就到了这里,"这里"是魏玛(Weimar)的车站,很快我们将被要求再行驶15公里,那才是一切开始的地方。开始什么?开始喝水吗?

在我的脑海里,各种词汇像小气泡一样,不断浮现:魏玛、歌德、选帝侯查尔斯·奥古斯都[3](Charles Augustus)、冯·斯坦因夫人[4](Frau Von Stein)、贝蒂娜·布伦塔诺(Bettina Brentano)。我愚蠢地对丹尼斯说,能到魏玛真是太幸运了。丹尼斯没听我说话,他在祈祷。

火车确实又开了。没开多久,通过了一个非常陡峭的斜坡。

车门滑开了。我们到了。我们当中有些人用德语大喊:"水!拜托!水!"

得到的回应,是一阵对火车肉堆的猛烈打击——棍棒,枪托。那些离门太近的人滚了出去。

我们必须排队,必须快步走。周围到处都是狗在咬落后者。行走几乎是不可能的,因为我们的脚都肿了,就像在刀子上行走一样。奇怪的是,我想起了安徒生的小美人鱼。我很后悔自己没有变得更强壮。但是我真的不觉得苦。我的身体苦。我不苦。

党卫军时不时冲进我们的队伍。拉穆什（这是一个18岁的小男孩，来自南特，他喜欢我，也想保护我）的手腕被步枪枪托打断了。要是没有他，我的额头就会挨枪托了。

几分钟后，一支军乐突然响起。一个军乐管弦乐队，排列在一张值得纪念的大门的两侧，吹奏各种舞曲。

大门上写着"布痕瓦尔德集中营"（Konzentrationslager Buchenwald）。

这张门，15个月后，即1945年4月12日，我从相反的方向穿过。但是到了这里，我停了下来。我说不出是怎么回事。我不是我生命的驱动者。是神在带领它。我并不总是明白他是怎么做到的。

我想应该更诚实地提醒你：我不会给你看布痕瓦尔德的全部。我只有不完全的展示。从来没有人能够展示其全貌。

与我同时像我这样到达的法国人戴维·卢瑟（David Rousset）写了两本关于布痕瓦尔德的书[5]。一位反纳粹的德国人欧根·科贡[6]（Eugen Kogon）也写了自己的文章。这些文字非常接近现实。我可以证明这一点。然而，我不能说它们是"真相"。

关于非人不存在真相，就像关于死亡不存在真相一样。任何情况下，在我们这些凡人当中不存在真相。

这真相只能存在于我们的主耶稣基督，被他以圣父以及我们的名义接受并拯救。

在1944年1月底和我一起进入布痕瓦尔德的2000名法国人中，大约有30个人幸存下来。

根据战后的统计，在我被关押在布痕瓦尔德的15个月里，死在集中营本身和直接隶属于它的"突击队"里的，有38万人。

俄罗斯人、波兰人、德国人、法国人、捷克人、比利时人、荷兰人、丹麦人、挪威人、匈牙利人、南斯拉夫人、罗马尼亚人。甚至还有34名美国人，都是军官，他们作为援助战友，空降来加入西欧的抵抗运动。很少有犹太人。犹太人去布痕瓦尔德只是因为行政管理错误。他们被送往卢布林（Lublin）、奥斯威辛－比克瑙（Auschwitz-Birkenau）和特莱西恩施塔特（Theresienstadt）[7]，用科学方法迅速灭绝。我们的灭绝是在压榨之后进行的：这要慢得多。

被关进集中营的幸存者，直到最后都没有告诉任何人他们看到了什么，除了几个朋友（他们屈指可数）和女人——他们的妻子。

但是，有一个故事是你们都有权听到的，那就是最不可能的幸存者——一个残废、瞎子——是如何幸存下来的。在这一点上，我将努力做到尽可能准确，尽可能完整。

在进入营地的几个小时里,我们列队经过各个办公室。纳粹集中营是一个严谨的文书化组织,完全以迫害和死亡为导向,绝对非常复杂,等级森严,非常有技巧。

最高超的技巧是把党卫军,就是那些主子们,隐在幕后。

他们有17000人看守我们的营地,但我们这些囚犯几乎看不到他们。假如他们进入,那也是成群结队、全副武装,来施行绞刑或大规模枪杀。

1944年1月,在布痕瓦尔德有6万名囚犯。6个月后,我们就有10万人了。

和其他人一样,我也去过不同的办公室,最后一个办公室是身份标识。

然后会给每个人一个编号,我的编号是41978。

当然,这些办公室是由狱友管理的。其中一个是波兰人。当他得知我是盲人时,他没有发牢骚。他如实记录。但是当他得知我是巴黎大学的学生时,他用德语低声对我耳语:"别再提这个了!如果他们知道你是知识分子,他们就会清算你。说一份职业,任何职业!"我给了答案,我不知道是受谁指使的:"职业,法语—德语—俄语翻译。"办公室那位狱友嘟哝了一句:"祝你好运。"他看上去如释重负。

这就是我在布痕瓦尔德的职业,从第一天起就被正式注册,并被承认为一种公共服务。如果没有这一层保护,我连一个礼拜都活不下去。

我懂德语,至少这是事实。但我不懂一句俄语。我提到这种语言的想法可能会使我付出沉重的代价。碰巧的是,我有两个月的时间没有受到俄语的考验。到这两个月结束的时候,如果我们所做的事情一直简单,我可以给人一种懂俄语的错觉。

整个2月份,我们被隔离在拥挤的营房里,远离营地的活动区域。因为天气寒冷,所以异常艰苦。地处德国中部,几乎与萨克森州(Saxony)交界,在高高的山顶上(海拔500米),温度一直在零下15°C—零下35°C。

我们穿得破破烂烂:我的衬衣只有一粒纽扣。我的外套有十处开裂。我穿的破木屐,双脚露着,没有袜子。

寒冷杀了我的战友,在2000人当中,有近200人在2月底之前就冻死了。特别是那些年轻的小伙子,年龄在20—25岁,外表看起来很强壮的样子。吃得那么少,那么冷,那么恐惧,这对他们来说是致命的。

我身材中等,偏小,而且我从小就习惯于守势生活,所以集中营对我身体所造成的打击没那么严重。寒冷伤害了我,就像其他所有人一样。但丹尼斯、杰拉德、弗雷德里克,我在法阵的所有朋友都和我在一起。我从来没有崩溃过一次。

我们一起建造了一座人类温暖的岛屿。我们每天都在拖延绝望的时刻,而对于其他许多人来说,绝望的时刻已经到来,那些人很快就会死去。啊!往往不到 12 个小时。

因为——我必须告诉你——最难的不是寒冷,而是没有人。我们的战友,是的,其他因犯——那些与我们同甘共苦的人。

有些人,经历苦难,变成了野兽。但这些都还不是坏人。一个手势或者一句话就可以使他们平静。在最坏的情况下,只需要一拳。

有比野兽更可怕的东西:魔鬼附体的人。

多年来,党卫队一直在蓄意制造恐怖,不是杀人就是蛊惑。布痕瓦尔德几百人都被蛊惑了。施加在他们身上的恶是如此强大,以至于恶都进入他们的身体和灵魂中。就这样他们被恶控制了。他们不再是受害者。他们反过来作恶,而且很卖力。

负责我们隔离营房的是一个德国人:一个反纳粹分子,已经在那里待了 6 年。有传言说他曾经是一个英雄。现在,他每天都动手(赤手空拳或者用刀)杀死我们两三个人。

他在人群中随机选择目标。这给了他再也摆脱不了的快感。

一天早上下大雪，人们发现他不见了。雪一扫，他的尸体在营房的台阶上：他的背上有一个大口子。

2月底，我以为我没有希望了：弗雷德里克、丹尼斯和杰拉德被征召为"突击队员"去别处服役。这意味着他们去了别的二级营地，而我则独自一个人留在布痕瓦尔德。

他们走了。我留下了。那天，寒冷是如此逼人，我觉得我快受不了。

注释

[1] 奥拉宁堡，德国小城，南距柏林10公里，1933年纳粹在这里建立第一个集中营萨克森豪森集中营，主要用于关押政治犯，直到1945年5月。二战之后，当奥拉宁堡处于苏联占领之下，相关建筑直到1950年被用作内务人民委员会特别营。

[2]《友谊地久天长》(Ce n'est qu'un au revoir)，也可以译为《离别之歌》，苏格兰民间歌曲《友谊地久天长》(Auld Lang Syne)的法语版。原歌为苏格兰盖尔语，由18世纪苏格兰诗人罗伯特·彭斯（Robert Burns）根据当地父老口传记录下来的。这首歌广泛流传，被译为多国语言。中文版还算欢快，但法语版却很忧伤。

[3] 选帝侯查尔斯·奥古斯都，雅克在这里可能思绪混乱，把两位选帝侯的名字拼接成了一个名字：德国的两位诸侯巴伐利亚选帝侯查尔斯·阿尔伯特和萨克森选帝侯奥古斯都三世。选帝侯，指七位拥有选举"罗马人的皇帝"即神圣罗马帝国皇帝之权利的德意志诸侯，包括三位教会选侯和四位世俗选侯。这一制度从13世纪开始，既延续了皇权又严重削弱了皇权，加深了德意志的政治分裂。1806年神圣罗马帝国被拿破仑勒令解散，选帝侯失去意义。

[4] 冯·斯坦因夫人,歌德在魏玛最亲密的贵族女友。

[5] 戴维·卢瑟关于布痕瓦尔德的两本书,在查询中得知1949年他在巴黎成立了苏联集中营问题调查委员会,受到左翼包括萨特的批判,左翼人士否定苏联存在集中营:"即使经历过集中营的体验也不能绝对地作为决策的依据。""只把批判的矛头针对苏联的话,就是想要抵消资本主义所遇的罪恶。……这样的话,是要把无产阶级投入绝望的深渊。"这件事加深了萨特和加缪的裂痕。另外,关于集中营的文字,还可以参见普里莫·莱维(Primo Levi,意大利作家、化学家、奥斯威辛174517号囚犯)的《如果这是一个人——活在奥斯威辛》《被淹没和被拯救的》《缓刑时分》等。

[6] 欧根·科贡(1903—1987),德国社会学家、历史学家,布痕瓦尔德的囚犯和医生助手,1946年曾在纽伦堡法庭作证。

[7] 特莱西恩施塔特,捷克斯洛伐克境内的隔都。纳粹之所以建造特莱西施塔特,是为了集中波希米亚和摩拉维亚保护国的犹太人口。此外,隔都内还有来自德国和西欧的某几类犹太人,例如犹太名人或富人、才能特殊者和老人。最后,纳粹有心掩饰对欧洲犹太人的灭绝,把特莱西恩施塔特展示为隔都的典范,与此同时又逐步把特莱西恩施塔特的犹太人驱逐到灭绝营。隔都是"ghetto"的音译,这个词源于中世纪的犹太区,现代词义是市区中少数民族的聚集区。

10 不死之人

事实上,我差一点就死了。

但是我今天还活着,怎么能让你相信呢?虽然我的讲述可能会毫无条理,不过我会讲的。我保证。

到了3月,我失去了所有的朋友:他们都走了。在我心中,一个小男孩重生了,他到处寻找他的母亲,却无处可寻。我非常害怕别人,甚至害怕我自己,因为我不知道如何保护自己。

我的面包我的汤,几乎每隔一天就被人偷一次。我变得非常虚弱,一接触到冷水,我的手指就感到像火一样灼热。整整一个月,暴风雪无休止地拍打着布痕瓦尔德山。

然而,由于失明,我逃脱了最大的痛苦之一,即"劳动突击队"之苦。

每天早上6点,所有身体健全的人都离开营地,伴随着管弦乐队的轰鸣——一支高效、功能齐全的管弦乐队,强制劳动的讽刺仪式。整整一天,这些人在采石场里搬运岩石和沙子，在冰冻的土地上钻孔铺设管道，他们在机枪和狂怒蒙心的党卫军"牢头"（Kapos）的看守下搬运铁轨。

他们在傍晚5点钟回营，但他们从来没有全数回来：工地上到处都是死尸。

事实上，无论一个人做什么，他们都可能死去：被采石场滑落的大石头砸倒在湿滑的路上；在夜里被殴打或被子弹击倒；在被暴风雪模糊了的探照灯下，在十万狱友的注视下，在葬礼交响曲的乐声中，在点名广场上，或者稍有节制地，吊死在那个被他们称之为"电影院"的谷仓里。

其他人则死于肺炎、斑疹、伤寒、痢疾。

围场周围带电的铁丝网上每天都有几个人挂上去电烤至死。

许多人只是死于恐惧。恐惧是绝望的真名。

劳动突击队放过了我，因为我眼瞎。对于像我这样的无能者，另一套系统早已被发明出来了：残废营。

因为他们不再确信是否会赢得战争，纳粹的仁慈有了官样文章的形式。一年前，因为无法为大德意志服务而从事体力劳动，你会在三天之内被判处死刑。

"残废营"是一个跟其他营区一样的营区。唯一不同的是，1500人被塞进这里面，而不是300人（其他营的平均人数是300人），而且食物配给减半。

在"残废"中，有独腿人和独臂人，戴着脚镣的人，聋人，聋哑人，盲人，无腿人（是的，甚至还有他们，我认识其中三个），失语者，共济失调[1]者，癫痫患者，坏疽病人，疥疮患者，肺结核患者，癌症患者，梅毒患者，70岁以上的老人，16岁以下的少儿，偷窃癖，流浪汉，变态者，最后是疯子——一群疯子。只有这些人看起来并不痛苦。

在"残废"中没有人是健全的：这是进营的条件。因此，人们死在这里的速度快到无法清点这个营地的人数。遇到死人已经见怪不怪，遇见活人倒是奇怪。而危险正是来自活人。

营区的恶臭是如此浓烈，只有焚尸炉日夜冒烟的气味才能够掩盖它，在有风吹过的日子里。

日日夜夜，我不再直立行走：我爬行。在人堆里扒拉出一道坑道。我的手从一条残肢移到一具尸体，从一具尸体移到一个伤口。到处都是呻吟声，我听不到别的。

到了月底，突然之间，情况变得太糟了：我生病了。重病，胸膜炎，我想。

似乎有几个医生——像我这样的囚犯，甚至还是朋友——来给我作检查。他们好像宣告我患有不治之症。他们还能做什么呢？在布痕瓦尔德，没有药品。一片阿司匹林都没有。

在胸膜炎的基础上，似乎很快加上了痢疾，然后是双耳感染，使我在两个多礼拜里完全失聪，然后是丹毒，让我的脸肿成了水泡状，然后恶化为败血症的开始。后来有五十多个狱友告诉我这些事情。我对它一无所知。我趁着病的头几天出离了布痕瓦尔德。

我非常喜欢的两个小家伙——一个是独腿的法国男孩，一个是独臂的俄罗斯男孩——告诉我，4月的一个早晨，他们用担架把我抬到医院。那医院不是人们接受治疗的地方，人们只是被放到床上，直到他们死亡或者痊愈。

我的两个小朋友——帕维尔和路易斯，不明白发生了什么。他们一直说我是一个"与众不同的人"。一年之后，路易斯仍然很惊讶："我们把你送进去的那天，你发烧到41度甚至更高。但你并没有神志不清。你头脑清晰平静，你不时地说，我们不要为你担心。"我本来想向路易斯、帕维尔解释，但整件事已经无法用言语来形容。故事甚至超出了他们的想象力。

这场病使我免于恐惧。她把我从死亡当中拯救出来。让我告诉你吧：没有她，我就不会活着。

从生病的那一刻起，我就超离到了另一个世界。

啊！意识清醒地超离。我没有神志不清。路易斯是对的：我总是保持清晰、平静的头脑，比以往更平静。这就是奇迹。

我见证了这场病的各个过程，一清二楚。我看到我身体的器官一个接一个地关闭或失去控制：首先是肺，其次是内脏，然后是耳朵、所有的肌肉，最后是心脏，它收缩舒张得很糟糕，让我充满了巨大而独特的噪声。

我在那里看，清楚地看到发生了什么：我的身体在离开这个世界。而它并不想马上离开。它根本不想离开。我从它给我的痛苦中感受到了。它向四面八方扭动，就像被切割的蛇那样。

我有说过死神已经降临了吗？如果我这么说，那我就大错特错了。是疾病，是痛苦，但不是死亡。

恰恰相反，那是生命。那是完全占据我的不可思议的东西，我以前从来没有体验过如此满满的生命力。

生命已经成为我内在的一种精华。她进入我的躯壳，用比我大一千倍的力量推着它。

她不是肉做的——哦不！——甚至没有思想。她以一条非常明亮的光流接近我，一种爱抚的光。我可以看到光之外，用我的眼睛，在我额头的上方。

她抚摸我，溢出我，我让自己漂浮在她上面。

有一些名号让我喃喃自语，令我惊奇不已，或许我不是说出来的，他们是唱出来的："天主，守护天使，耶稣基督，上帝。"

我不想思考。现在正是超验的时候！我从中吸吮着能量。

就在那时，我吸吮着，吸吮着！这天堂的光之流我不打算撒手！顺便说一句，我很清楚地认出她来：她在我出事后不久就来了，当时我发现自己真失明了。她是一样的，永远是一样的：支撑我生命的活力。

主怜悯可怜之人，看到了他们的无能为力。这是真的：我无法自助，我们都无法自助。现在我知道了，党卫军是头一类无法自救的。这让我脸上露出了笑容。

但是还有一件事要我来做：那就是不要拒绝主的帮助。这气息笼罩着我。这是我唯一的战斗，既艰难又美妙：不要让我的身体被恐惧所占据。

恐惧会杀死人，而喜乐才会使人活着。

我慢慢地活过来了。一天早上，我邻床的一个人（后来我得知他是一个无神论者，他认为自己过得很好）在我耳边喊道，我是度不过去的，最好要作好准备，我用一阵大笑直接答复了他。

那笑声，他不懂，但他永远不会忘记。

5月8日，我自己走路离开了医院。我很消瘦，很憔悴，但已经痊愈。

此外，我也很高兴，布痕瓦尔德在我看来至少是一个可以接受的地方。假如他们不给我面包吃，我就以希望为食。

这是真的：我还要在这营地住 11 个月。但是，在这330天的极度痛苦中,我现在已经没有任何不好的记忆了。

我被一只手牵着。我被一只翅膀庇护着。这种鲜活的感觉还没有一个名称可以定义。我几乎不需要照顾自己。这种担忧在我看来是荒谬的。我知道这很危险,而且是被禁止的。我终于可以帮助别人了。

不经常帮,也帮不了多少,以我自己的方式。但我可以帮助他们。

我可以尝试向他们展示如何保持生命力。光明和喜乐在我的内心变得非常丰富,我把它浇灌在他们身上。

从那时候起,没有人偷我的面包或者我的汤了,一次也没有。我经常在晚上被人叫醒,有时被带到另一个很远的监区,去安慰别人。

几乎所有人都忘了我是个学生,我成了"法国盲人"。

对很多人来说,我甚至是"不死之人"。我得到了成百上千人的信任。这些人急切地想向我倾诉。他们用法语、俄语、德语和波兰语与我交谈。我尽我所能去理解他们。

我就是这样活着的,我就这样活下来了。其余的,我不知道怎么说。

让的形象从来没有离开过我。

在我生病的整个过程中，他一直不知疲倦地站在我的身边，一直看着我。当我虚弱得无法面对外部世界，完全安顿在自己的内部世界的时候，他仍然在：这是我对世界的最后印象。

日日夜夜，我在脑海里一直牵着让的手。这个想法比他的真手可能更好地保护了我。我该说这种奇怪的话吗？让没有经历过的所有对生活的渴望都通过我流淌了出来。因为——我推迟了说这件事——让已经去世了。

这事千真万确。在我生病的前一天，也就是3月份，我得知了这件事。让死在布痕瓦尔德的门外。

当时的情景几乎从我的记忆中消失了。我只记得我非常疲惫，在营地里徘徊，这时感觉有一只又大又瘦的鸟落在我身上。他的胳膊突然抱住我的脖子，他的骨头就像可以戳破皮肤的细木棍，竟然是弗朗索瓦！

我不知道弗朗索瓦也在布痕瓦尔德。他没有和我们一道来。他在哭，我也在哭。我们没有其他方式来表达我们的柔情。而且，像往常一样，我们的眼泪是悲喜交加。

紧接着，他给我讲的故事是如此可怕，吓得我要他再讲一遍。第一遍，我闻所未闻。

1月份我们被带到贡比涅的那一天，他们也被召集去集中营。他们是弗朗索瓦、让和法国抵抗阵线的另外3个人。

一开始，他们还受到了很好的对待，被安置在普通乘客车厢里。他们坐了一夜，但是不能再坐了。他们被有礼貌地带下车来，当时到了萨尔布吕肯（Sarrebruck）附近，新布雷姆（Neue Bremm）集中营。

新布雷姆集中营绝对是魔鬼的发明，党卫军管理部门称之为"刑罚营"（Straflager），是一个惩罚性的营地，是通往大规模集中营的前厅，是一个有条不紊地叫人迅速崩溃的地方——为期一两个礼拜，直到他们的求生欲望像燃烧的木头冒出来的青烟一样消失。他们被要求每个晚上只睡两个小时，每24小时只喝一杯水。他们每天被大股的冰水冲淋5次，必须蹲下，他们必须保持这种姿势，否则就有可能被枪杀。用这种姿势，他们还必须作快速的小跳跃以绕过一个装满水的池子，根据不同的日子，每次跳跃6到8小时，那些掉进池里的人被拉出来鞭打。

这些是布痕瓦尔德都有的恐怖，不过都集中在几天之内。浓缩版的布痕瓦尔德。而弗朗索瓦和让在新布雷姆熬了3个礼拜。

终于，在2月的一个晚上，当他们都快要死于瘀伤和疲惫时，他们又被迫坐进火车车厢里。当然，对目的地只字未提。他们不知道自己要去哪里。车厢很舒服，有暖气。他们还被喂饱了。但是车厢把他们摇了23天。没有明确的原因,他们从萨尔布吕肯到慕尼黑(Munich),从慕尼黑到维也纳(Vienna),从维也纳到布拉格(Prague),从布拉格到纽伦堡(Nuremberg),从纽伦堡到莱比锡(Leipzig),从车辆段到车站,再到车辆段。他们在茨维考(Zwickau)的编组场又待了5天5夜,总是没有理由。

弗朗索瓦和让没有离开过对方。他们没有被分开。弗朗索瓦说这样才有可能熬过磨难。

但是让的呼吸很糟糕,他坐不住。他躺在车厢中一张长椅上,每天说两三遍深情的话:关于弗朗索瓦,关于我,关于他的未婚妻。他已经不存希望,似乎也不再那么痛苦了。

第23天的傍晚,大约6点钟,让死在了火车车厢里。弗朗索瓦说:"轻轻地,就像一个孩子睡着了。"

两个小时后,这列火车停在了布痕瓦尔德车站。让没有坚持到这一步。

第二天。弗朗索瓦就在营地里发现了我。这件事——让之死——是他在前一天目睹的。

我当即病倒,把让带进了我的病中,也就是说,在几个礼拜里,我到了一个不知道生死界线的地方。离开医院后,我再次见到弗朗索瓦时,他没有力气再跟我说话,我也没有。你看!维持我们仅存的生命已经到了我们力量的极限。

我很担心弗朗索瓦的命运，比我担心自己要多。因为我知道，他会去劳动突击队。两个礼拜后，他真的被召集到突击队。最重要的是，弗朗索瓦太勇敢了。在集中营里，这种勇敢永远不会被原谅太久。有人因此而死。

我想不出他这样的性格如何经受住了新布雷姆的重重磨难和考验，直到奄奄一息。然后，这个法籍波兰人，这个法国人，这个波兰裔法兰西人，他的祖先经受了几个世纪的苦难，在他的心头埋下了痛苦，就像射在靶心的箭一样，它在那里振动。

他当然和其他人一样遭受了痛苦。但是，他没有抱怨，而是唱了起来。在他崇高的一生中，我从来没有听过比他更温柔的声音、比他更敏捷的动作。干活儿时，他拿着自己的铁锹或石头，也总是带着别人拿不动的石头。下工回来，他照顾伤者，帮助垂死的人，每天晚上有两个小时，他唱尽了他所知道的所有歌曲。弗朗索瓦心中没有一丝悲伤，他身上没有一寸柔软的地方。他的皮肤已变得很干燥，像皮革一样粗糙。

告诉他要保存自己的体力是没有用的。他不停地重复："假如我死了，那就太糟糕了！我的朋友们肯定不能独自挺下去。"

弗朗索瓦走了，乔治来了。

那是5月中旬的事。

所以所有人都被捕了，所有人，没有人幸免。苦难似乎永远没到结束的时候。

7月20日，乔治逃脱了围捕。我们从盖世太保那里很清楚这一点。盖世太保非常恼怒！5月13日，当我离开营房时，我突然听到一声尖叫，感觉到一个男人的身体在拥抱我。就在那一秒——怎么说呢——我知道是乔治。我还没有听到他的声音，但肯定是他。

与两个月前的弗朗索瓦不同，他没有哭，他笑得像疯了一样。有几分钟，我很难理解他的叙述：他笑得太多，被自己的笑噎住了，说话含糊不清。

实际情况是这样的：7月20日，他们没有抓住他。到这时，确实没有！在1月31日之前，乔治加倍努力地工作。"为了你，也为了我，你明白吗？"他说。1月31日，又出了一个叛徒。乔治被出卖了。

我得知了许多奇迹：法阵没有灭亡，法阵已经扩大了。我们是多么正确，乔治和我，在抵抗运动中开创二人组模式。我知道的一切，他都知道。他修补了报纸发行网中的碎片，扩大了报纸发行量。到1月份，25万份不再像7月14日那样被视为壮举，而是每个月两次的规模，成了常态。这是一台稳固的机器。法阵在巴黎北部有一个游击队基地，在利尔斯-亚当（L'Isle-Adam）和贡比涅之间，有2000武装人员等待盟军登陆。

乔治的故事是酷刑的故事，让人毛骨悚然，而在当时是司空见惯的。在他被捕的那天，他带着11把钥匙，11个地下工作场所的钥匙。他遭受了11轮酷刑。

他是如何做到什么都不说的？他是如何活下来的？我不解。他本人，我见到了，他对此也一无所知。有的人是为勇气而生的，也许另一些人是为软弱而生的。

唉，我的乔治被毁了。我不想谈这个。这很奇怪：弗朗索瓦，没有毁，但是他，毁了。他的言行举止都充满了蔑视，也充满了恐惧。

简而言之，审讯一结束，他就被送到了贡比涅。而在那里，由于管理上的错误，他所在的车队被带到了奥斯威辛。抵达后，一个比其他人更认真的工作人员注意到，那天送达的这2000名法国人不是犹太人。于是，他们被暂押在一个棚屋里，一个礼拜之后，他们被送往布痕瓦尔德的方向。乔治绝对有足够的时间去看，他目睹几千名犹太男女老少排队进入其中一个伪装成淋浴间的毒气室。那一幕深深地刻在了乔治的脑海中，历历在目，扼杀了他心中的慈爱和希望。

我们一起度过了几天美好的时光。与乔治相比，我所受的痛苦不足为道。我几乎完好无损。我对他尝试了一种人工呼吸：我要不惜一切代价给他注入喜乐，否则他会一蹶不振。

奇怪的是，他缺乏的不是身体上的力量，而是其他方面的力量。我，因为上帝的恩典，拥有它们。我必须马上利用它们。我对乔治说："拿去吧！能拿的都拿去吧！"他拿了。

他已经变得暴躁易怒。有时候他甚至无缘无故地打我几下。但是他接受我的一切，因为我是他的"兄弟"。

一天早上，大约8点钟——那是1944年6月6日——乔治和我在一起，一个我们相知不深的荷兰人扑到我们的腿脚之间，用德语喊道："盟军登陆诺曼底了！"这件事在4个小时前刚刚发生，准确无误，它是如何如此迅速地传到布痕瓦尔德的，对我来说，是在集中营关押期间的无数谜团之一。

那样的话，也许有一天我们会得到解放！那是我和乔治最后分享的幸福。

一个礼拜后，乔治被征召为突击队员。我很清楚地记得，他们排队的时候，我就在那里。他离我10米远，我俩之间有铁丝网。有人吹哨要他们出发的时候，我记得他的声音，他远远地向我大喊："再见，雅克！我再也见不到你了！"

为什么这样说？以前从来没有人说过这话，无论是丹尼斯，还是杰拉德，还是弗雷德里克，或者弗朗索瓦。我脑海中立刻浮现出一个显而易见的答案："如果他这么说，那就是真的了。"

让、弗朗索瓦、乔治，他们一个接一个离开了这个世界。而我什么都做不了，我什么都不是！

在法国，只有老大菲利普是自由的。

遗忘，这是规则。

必须遗忘所有不在身边的人——处于危险中的同志、家人、生者和逝者。让，也不得不被遗忘。

这不是为了避免遭受苦难——无论如何，苦难已经在我们被征服的祖国扎根——而是为了保存生存的力量。记忆太甜蜜，太接近恐惧：它们会吞噬掉你的能量。

必须活在当下，全神贯注于每一秒的事情。

因此，当你得到你的配给面包时，不要把它存起来，要当即全都吃下去，一口接一口，仿佛每一块都是世界上仅有的食物。当一缕阳光照来时，打开心扉，将它吸收到你的身体深处。不要想一小时前你很冷，一小时后你又会饥寒交迫，尽情享受当下温暖的阳光。

紧紧抓住转瞬即逝的这一刻，阻断记忆和希望的机制。一个不同寻常的事实是：没有任何苦恼焦虑能够长期抵抗这种治疗。拿走痛苦的双重共鸣箱——记忆和恐惧——痛苦仍然存在，不过已经被拯救了一半。所以，把自己投入到每一分钟当中，这唯一真实的一分钟，干活儿，干很多活儿。

到5月底，我已经找到了我要干的工作。在营地不睡觉的所有时间里,也就是说,每天有18个小时,我都要与恐惧作斗争。我狱友的恐惧和我自己的恐惧。它们是密不可分的。我打算整理一下战争的消息。

这很重要。假如德国获胜,我们都会完蛋,没有任何分别。假如德国被打败了,但太晚,晚过来年春天,肯定会只剩下少数几个幸存者,而我们谁能吹嘘自己是其中之一呢?

之所以重要还有另一个原因,因为在布痕瓦尔德每个人都在散布谣言。

假消息充斥着营地。自从盟军在诺曼底登陆以来,巴黎每天都会被攻下一次,柏林已被摧毁,希特勒死了,俄国人到了莱比锡和纽伦堡的大门口,空降部队占领了德国南部和丹麦。

我们从来不知道消息从哪里来。最初造谣的那个人我们永远也找不到。所有的人都有过错,人人都在传播它。从虚假的希望到否认,从幻想到流言蜚语,所有人的心都被搅乱了,怀疑和痛苦生根发芽。必须向这种疾病宣战。同志们让我负责"小营"的信息,也就是说,大约3万名囚徒。

每个区都有一个高音喇叭。从那里,党卫军指挥部从营地外面发布命令。其余时间,广播调到德国广播电台,播放官方评论、国防军公报。

每天,我从早到晚都要接收所有的新闻稿。我负责破译它们。

事实上,德国国防军的公报并不诚实,叙述也不清楚。他们不讲述行动的过程,表达简略,把战事说得空空洞洞的。我的工作比较困难,需要十分谨慎,就是纠正战事信息。

到8月中旬,巴黎这个名字在3个礼拜内一次也没有出现在公报中。从来没有提到失败,没有提到战败的城市。因此,有必要填写空白,但不能出错。尽管如此,正是在8月26日,我宣布巴黎陷落。既不早,也不迟。

一旦取得并破译了消息,就该是传播这消息的时候了。

我从一个区到另一个区,站在一张桌子上,或站在几张叠起来的长凳上,给出解释。

你可能会认为,只要把我听到的东西写在一张纸上,翻译成五六种语言,然后到处传阅就可以了。唉,我知道这行不通。快乐且自信的人群不欢迎分发的消息,他们看不清楚纸上的内容。一群恐惧和绝望的人会反对它,会认为这是一种攻击。

所有这些人想要的不是事实、名字、数字,而是确定性,是直击人心的现实。只有一个站在他们面前的人才可以给他们这些。他们需要他的冷静和他的声音。我成了那声音。

我先说我听到了这个消息,我什么时候听到的,我从哪里听到的。我不仅逐字逐句地重复了德国国防军公报中的句子,而且还讲解了它们的意思,我的理解。

我用德语和法语宣讲,至于俄语、波兰语、捷克语、马扎尔语和荷兰语,我已经找到了能够帮我的人。无论我走到哪里,都带着我的口译团队。

由于我们没有地图,每天开讲之前,我都必须找到一个对作战地区有第一手消息的人,无论是加利西亚(Galicia)还是阿登(Ardennes)。无论如何,地名、位置和距离必须准确无误,特别是距离,战争取决于这些要素。

这仅仅是工作的开始。

我说过,在布痕瓦尔德,人人都在制造和散布谣言,有的出于气馁,有的出于恐惧,有的出于无知,有的则是出于恶意。我曾亲眼看到有人编造轰炸城市的谣言,只是为了折磨一个所有亲人都在那座城市生活的狱友。

传递的消息必须保持完整。这需要持续监测。我为每个区指定了两三名负责人。他们的任务是在我离开后正确地重复,公开纠正所有的妄想或恶毒的解释,最重要的是,发现并谴责所有那些散布谣言的人。

其中一些人很难控制,他们相信自己的编造!真相,会从一个人的手中溜走,但谣言却像癣一样粘在身上。通常情况下,唯一的补救办法就是打架。你必须敲打一个人,直到他不再撒谎。他被自己乱七八糟的故事洗脑了,还恳求你让他讲下去。就像那个波兰人,一天晚上,他喊叫着说,波兹南(Poznań)已经变成了瓦砾,他已经得知,绝对没错,必须告诉所有人。但这正是重点,这种事是不能说的,绝对不能。否则,夜里,无法承受这个消息的波兹南人中就会发生谋杀和自杀惨剧。在疯狂的集中营拘禁期间,要保留一点理性,在大脑完全混乱的情况下保持某种秩序。如果我们真的弄不清事实真相,至少不要去胡思乱想!

这是官方消息,现在该说秘传消息了。这很难让人相信,但却是事实——从法国、英国、俄罗斯传来的消息。

集中营为医学实验保留了一个区,在这个区的地窖里,几名囚徒用偷来的零件组装了一台无线电接收器——而且,后来知道还有一台发射器。假如被发现,这台接收器必定会造成几千人的死亡。这样得到的消息该如何处理呢?

把它们传给所有的囚徒?毕竟,这难道不是他们应有的权利吗?当然,可以在不告知来源的情况下传播这些消息,但风险太大。那地方到处都是特务。在党卫军体制下,没人靠得住。不,我们只能独享这些消息,只有我们中的一小部分人知道此事。尽管这种做法比较荒谬、残酷，但却是不得已而为之。

因此，每一天，我知道的都比我有权透露的要多。我不得不斟酌自己所有的字句，注意一切，甚至是我的微笑。

我一整天都很忙，我几乎没有时间考虑自己的问题。我可以告诉自己，我是某种类型的医生。

我走进一个营区，就能感觉到它的脉搏。凭着这个习惯，我马上可以知道这是到了第55区还是到了第61区。营房相当于一个共同的灵魂，一个集体的躯体。那里的人太紧密了，几乎分不清彼此。当一端出现恐慌时，3分钟后就会蔓延到另一端。

营区的状态，我从它发出的噪声和混合的气味中捕捉到了。你无法想象绝望无助的味道和自信满满的味道，这确实为嗅觉创造了两个世界。

因此，根据不同的状态，我会或多或少地给出消息，朝一个方向或多或少，朝另一个方向或少或多。人们的士气是如此脆弱，一句话、一种语调就能改变一切……

奇妙的是，到头来，通过研究别人的忧虑，我几乎完全摆脱了忧虑。我变得开朗起来，几乎一直如此。并非刻意，也不假思索。这自然有助于我，肯定也有助于其他人。他们已经习惯了看到法国小瞎子的到来，带着他欢快的面孔，他令人放心的话语，声音响亮，还有他的消息,就算是在没有消息的日子里,他们也会让他来看望。

啊!9月的那个晚上,当1500个乌克兰人把我安顿在他们区的中间,围着我唱歌,跳舞,拉手风琴,哭泣,再唱歌——所有这一切都没有喊叫,严肃而又充满爱意。那个晚上,我可以告诉你,我不再需要为过去或未来辩护。在场的人们环绕着我:这温暖了我,真温暖。

最后,所有人都笑着亲吻对方(他们一个小时后就笑了)。如果在那一刻有人告诉他们,他们并不快乐,因为他们身陷集中营,那他们会不相信的。他们会把这个扫兴之人赶走。

在布痕瓦尔德,有穷人,也有富人,和其他地方一样。不过在这里,他们不是通过衣装或饰品来识别的。

作为装饰,我们都有一块三角形的布头缝在外套上:红色表示"政治犯",黄色表示犹太人,黑色表示"破坏者",绿色表示普通罪犯,粉色表示公开的男同性恋者,紫色表示笃信宗教的纳粹主义反对者。在三角形下方,是一块同样布料的长方形,上面有我们的注册号和我们国籍的缩写字母。最后,假如我们被认定是疯子,我们就有资格戴上三个黑点的臂章。

至于衣服,看起来都一模一样,破烂不堪。

唯一的资历标志在头上。事实上,在你逗留的前三个月,你的头发就完全剃光了。这段时间里,你的胡子在肆意生长，你的脸令人沮丧！

在第二个三个月，头两侧都被剃光，留中间一道头发自由生长。在接下来的六个月里，两边都不再剃动，所以两侧的头发不断生长。头中间修剪整齐的部分就像是山脊——这给我们留下了宽宽的一道，我们称之为"高速路"。一年之后，我们可以随心所欲地处理我们的头发。这是一种特权。

我们都是赤条条的。就算身体上不完全是赤条条的，但事实上是赤身裸体，没有地位，没有尊严，没有财富。我们所有的表象都被剥夺了。人人都还原了自己，还原了自己的本来面目：相信我，这造就了一个真实的无产阶级。

然而，必须要在人群中找到自己，知道该和谁交谈。集中营是女巫的桶，把形形色色的人一起丢进去——本笃会修士，每天三次额头触地向真主祈祷的吉尔吉斯牧羊人，索邦大学教授，华沙市长，西班牙走私犯，那些弑母的人，那些强奸女儿的人，那些为了确保20个陌生人不死而被捕的人质，智者与愚者，英雄和懦夫：总之，好人和坏人。只是——你必须习惯这样——所有这些类别阶层都已经消失了。我们进入了另一个世界。

对我来说，我很幸运，20岁了，还没有养成什么习惯，除了少数几个与智力有关的习惯以外。除了活着，我不需要任何荣誉。毫不奇怪，我比我的大多数狱友都快乐。

笃信宗教的人到处在寻求他们的信仰，却再也找不到了，或者他们发现它的力量太微薄，没有什么帮助。40年来一直称自己为基督徒，却发现自己并非真正的教徒，你的上帝不再解决你的问题，这是很可怕的。

一直以来受到大家尊重的人在追寻丢失的尊重。但是，从尊重的角度来看，尊重已经荡然无存。知识分子、足智多谋的人，他们都非常痛苦。

他们不再知道如何利用他们那些知识。它们并没有保护他们免遭不幸。他们被淹没在这用人性熬的汤中。多少物理学家和社会学家、考古学家和大律师需要安慰啊！要抚慰他们并不容易。他们准备理解一切，只是他们的智识不合时宜。

我们在布痕瓦尔德有富人。魔鬼在人群中找到了他们：他们没有戴标签。他们既不是信教者，也不是无神论者，不是自由主义者，也不是共产主义者，既没有良好的教养，也没有不良的修养。他们就在那里，与其他人混在一起。我只有一个想法：识别他们。

他们的财富不是由勇气构成的。勇气总是可疑的，或者说它是其他原因的结果。富人们，都不会想自己，或者很少想自己，在紧急情况下，很少会持续一两分钟。

他们已经放弃了这个荒谬的想法：集中营是一切的终结，是地狱的组成部分，是不公正的惩罚，是对他们不应有的伤害，这不是他们应得的。

他们像其他人一样又饿又冷又怕，他们偶尔会脱口而出说这些（为什么要隐瞒这种真实的情况呢），但最终会嘲弄这一切。富人是那些身在心不在集中营的人。

有时候他们完全心不在营，他们成了疯子。在残废营，我认识两三百个这样的人，近距离与他们接触：我们同吃同睡同洗漱，一起聊天。他们中的大多数，只要你不攻击他们，就还不错。他们不需要成为恶人：通常他们很开心。

事实就是如此。他们的快乐是一种可怕的快乐，一种冻结的快乐，它是无法沟通的。我越过理智的障碍关注着这些疯子。他们身上都有一些一成不变的东西让我着迷。就像弗朗茨一样，这个小西里西亚人，他的手不停地颤抖，日夜低声说话，重复说布痕瓦尔德不是一个坏地方，其他人的所有不幸都只是他们自己的幻想。弗朗茨，他看起来似乎掌控了世间的苦难。我们都不知道怎么回事，但是他承担了这一切。有的人说，他的脸已经开始像基督那样神圣了。

头脑简单的人那些没有足够的记忆力或足够的想象力的人——也不会受苦。我想，他们就像乞丐一样，得过且过，一分钟一分钟地过，一天一天地过。奇怪的是，和他们在一起，我们就找到了安慰。叫花子、流浪汉，那些居无定所的人，他们可能是愚蠢的或懒惰的，但他们掌握了关于生活的各种秘密，他们毫无怨言：把自己交给你。我在他们身边一待就是好几个小时。

我不能忘记，还有俄国人。

当然，不是所有的俄国人。因为他们里面充满了各种复杂的人。这些人的行为跟其他欧洲人不同。仿佛对他们来说，没有隐私，没有自我，除了对妻子儿女的基本感情，甚至连这些都不如我们强烈。

他们在一起时仿佛团结如一人。假如你碰巧撞了一个俄罗斯人（这很难避免，机会太多了），一分钟内，50个俄罗斯人会从右边、左边等任何地方冒出来，群殴你。另一方面，如果你帮了某个俄罗斯人（而且不需要帮太多，只是一个微笑，在适当的时候保持沉默），那么突然间，几十个俄罗斯人就都成了你的兄弟。他们会为你而死，有时就是这样做的。

我很快就幸运地被他们接受。我试着说他们的语言。我不跟他们讲政治。他们也没有谈论政治。我依靠的是他们整个人群形成的集体力量，这个力量不像我们这样由个人主义者构成。这是他们整体对生活满怀激情的能量。

剩下的还有老人，俄罗斯老人和其他国家的老人，那些来自法国、波兰、德国的老人。我也总是从他们身上学到一些东西。因为——你看——那些年长的坏人，所有那些不知道如何变老的人，都死了。在布痕瓦尔德，许多年长者在50～65岁就死了，那是死亡年龄段。活下来的几乎都是好人。

至于打击，已经消失了。他们从更远的距离看这个世界，看位于世界中心的布痕瓦尔德。他们把布痕瓦尔德吸收到伟大的宇宙大铸造中。他们似乎已经在参与打造一个更美好的世界。在70岁以上的人身上，我感受到的只有快乐。

你在集中营里必须要做的就是参与，不要只为自己而活。以自我为中心的生活在集中营里没有立足之地。把格局扩大，触摸你自己之外的东西。任何方式都可以：通过祈祷，如果你知道如何祈祷的话；通过与你交流的另一人给你的温暖；通过你给他的温暖；或者仅仅通过停止贪婪。

这些老人充满了喜乐，他们就像流浪汉：他们不再为自己索求任何东西，所以他们拥有一切。参与其中，无论通过什么方式，都要参与！当然这很困难，大多数人都做不到。

为什么喜乐从来没有从我身上被人完全夺走？我无法说清楚。但这是事实：她紧紧地抱着我。我甚至发现她就在不可思议的十字路口等着我：比如说当我处在深深的恐惧中时，恐惧会从我身上消失，就像刺破脓肿的脓液一样。

在布痕瓦尔德生活了一年之后，我确信生活与我从她那里学到过的完全不同，生活和社会都完全不同。

举例来说，我如何解释，在我自己的第56营区，唯一一个连续几个月自愿日夜看护疯子，安抚他们、给他们喂食，照顾癌症患者、痢疾患者、伤寒患者，为他们洗澡、安慰他们的人，就是那个大家都说是个娘娘腔、画室里的鸡奸者，是那种我们都不愿意和他在一起的人？然而，他现在是善良的天使。拜托，我们得说：他是圣人，是残废营唯一的圣人。

我们如何解释迪特里希，这个7年前因谋杀自己的母亲和妻子——他掐死了她们——而被捕的德国"普通法罪犯"变得勇敢、慷慨？为什么他现在冒着死得更快的风险与其他人分享他的面包？同时，为什么这个来自我们法国的忠厚老实的有产者，这个来自旺代（Vendée）的小店主，一位父亲，在晚上起来偷别人的面包？

这些令人震惊的桩桩件件，我都不是从书里面读到的，它们就发生在我面前。我无法对此视而不见。它们在我脑海中提出了各种各样的问题。

布痕瓦尔德，和我们称之为正常生活的日常世界，究竟哪一个才是颠倒的？

我刚刚结识了一位来自安茹（Anjou）的老农（有趣的是，他出生在距离朱瓦尔代10公里的地方！），他坚持认为，日常的世界是扭曲的。他确信这一点。

注释

[1] 共济失调，人体姿势的保持和随意运动的完成，与大脑、基节、小脑、前庭系统、深感觉等有密切的关系。这些系统的损害将导致运动的协调不良、平衡障碍等，这些症状体征称为共济失调。它分为感觉性共济失调、前庭性共济失调、小脑性共济失调和遗传性共济失调四种类型。因为其病因繁多，同一种药物治疗不同原因的共济失调疗效差异很大，故现如今临床对本病的治疗缺乏有效的药物或方法。

11 解放

日复一日,东线和西线像一把虎钳将德国夹在中间,步步逼近。欧洲的解放即将到来。但是盟军的胜利机会越多,我们的生存机会就越少。

我们不是普通的因犯。对我们来说,没有国际法,没有人道主义公约。我们是纳粹的人质,是纳粹主义罪行活生生的记号。如果纳粹主义要灭亡,它必须同时毁了我们。

早在1944年9月,就有一个谣言流传开来:党卫军接到命令,一旦战败,集中营里将不留一个活口。炸药已经准备好了,爆炸和大火完成不了的事情,交由机枪去完成。

很快,这就不再是一个谣言,而是党卫军自己都无意于隐瞒的信息。

在布痕瓦尔德,就像在所有集中营一样,我们被困住了:七个同心圆的带电铁丝网将我们与世界隔开。只有天赐的意外才能拯救我们。未来的一切都不属于我们。我们甚至不再有权思考未来。而且，我们已经没有力气了。

在1944年到1945年的冬天，食物配给减少到每天100克面包和150克难喝的汤。我们剩下的能量，都倾注到了当下那一分钟里。只有这一刻是存在的。

我们体内的神经物质已经变得如此稀少，已经无法再滋养梦想。希望成了一种奢侈。这都是我们平常无法理解的，因为我们平常生活太丰富。

1945年3月，当盟军越过莱茵河时，布痕瓦尔德陷入了一种奇怪的冷漠中。这个消息令我们震惊，但还不足以削弱或增加我们的勇气。我们所遇到的都是灌了铅的身体和不会发声的心。而那些像我一样没有放弃生命的人，则把生命紧紧握在手中。他们不去消耗精力，也不去谈论这消息。

从此以后，每天晚上，长途飞行的隐形飞机都会飞越布痕瓦尔德山。整片天空听起来像一个金属的构架。周围的平原升起巨大的火焰，工厂被炸毁，城市被摧毁。一天晚上，大火出现在东方某处。据说，这一次，大火在梅泽堡（Merseburg）的合成汽油厂燃烧了24小时。

党卫军对集中营的控制有所松懈。但是等它回来的时候，它被激怒了。3月份经历了最残暴的公开绞刑。

最后，在4月9日上午，千真万确，对魏玛和集中营入口的俯冲轰炸,在西边,在距离我们20公里的埃尔福特(Erfurt)郊区也有炮火:我们的人到了那里!

这个消息落在我们中间,好像掉进了一口幽深的井里:我们可以看到它掉下来,然后就不见了。我们的身体非常虚弱。就在4月9日,所有的配给都停止了。

10日,突然,一个命令传来——或者说是一个选择。这是什么意思?

党卫军指挥部给布痕瓦尔德的囚犯两个选择:他们要么继续留在营地,风险自担;要么在两个小时内离开,在党卫军的护卫下东撤。

这一次比其他任何一次都要难。何去何从?没有人可以选择。任何推理,任何人为的计算都无法给出答案。救赎在哪里?哪条是活路?党卫队在打什么算盘?

我看到到处都是恐慌。这种荒谬性,这种选择自己命运的虚假自由,比任何威胁都更能扼住人们的喉咙。有些人说:"他们会灭绝那些留下来的人。"

"他们给那些离开的人一个机会。"但情况也很可能恰恰相反。

就在那时,我决定留下来。不仅如此,我拖着自己穿过我的营区,穿过邻近的营区,对所有人喊话,喊他们留下来,必须留下来。我甚至记得,为了阻止一个同志离开,我粗暴地打了他。为什么?我不比别人知道得更多。我没有得到任何启示!

尽管如此,我不会离开。我们不应该离开。我没有听到争论,而是听到一些飘忽的话语:"我们不离开。我们是忠诚的。"忠于什么?我的上帝,保佑我们!

下午的时候,在布痕瓦尔德的10万人中,有8万人离开。我们,剩下的2万人,没有说话,不敢多说。

11日上午,饥饿感使人非常痛苦,我们吃营房巷子里的草来勉强充饥。战斗在10公里以外的山脚下激烈进行。我们几乎听不到。

中午时分,我再也忍不住了。我必须要有消息,任何消息。我突然想起了喇叭——每个营区都有一个,与党卫军指挥部相连。他们总是通过这个渠道下达命令。

我拖着身躯走向我们营区头头的那间小屋。喇叭就在那里。我发现自己孤身一人,差不多是孤独的。人们都在外面,忙着猜测战斗的声音。

我知道这一次,喇叭里会传出决定生或死的声音,不是生就是死。机器顽固地沉默着。

1点30分的时候,我听到了熟悉的、非常缓慢的党卫军的声音,命令党卫队执行计划,在半小时内消灭所有幸存的囚犯。

在那一刻,是什么手拦住了我的良心?是什么声音对我说话?我不知道。但是我不记得自己有多害怕,也不记得我相信过党卫军的这话。我决定不告诉我的囚友。

20分钟后,一个14岁的俄罗斯男孩,像猴子一样灵活,爬上了营区的屋顶,从四米高掉落在人群中。他大喊:"美国人,美国人!"

他们把他抱了起来。他跌落时伤得很重。

人们在奔跑。其他人在喊叫。一位法国同志拉着我的胳膊,把我拖了出来。他在看,看向集中营的入口,咬牙切齿地诅咒着和祝福着。他看到了。就在那里,这是真的!一面美国国旗、一面英国国旗、一面法国国旗,在指挥塔上飘扬着。

接下来的日子,我们昏昏沉沉。我们陶醉了,醉得很厉害。我们超过36个小时没有进食:党卫军在集中营的食物储备上撒了毒药,所以我们不得不等待。

一个人不会突然从死的念头切换到生的念头。我们听到了解放者告诉我们的事情。我们需要花一点时间来相信它。

当时有一支非常强大的美国军队——第三集团军,领导者是非常勇猛的巴顿将军。巴顿清楚布痕瓦尔德是什么样子,布痕瓦尔德有什么风险,他知道,再多三小时就意味着两万人的死亡。他不顾战略审慎的原则,发动了一场装甲攻击,对那座山进行了围攻。在最后一刻,党卫军部队被迫溃逃或投降,与集中营的联系切断了。保存在医疗区地下室的秘密发报机向美国人指明了需要采取的行动。

但是,自由的幸福在哪里呢?活着的喜悦在哪里?集中营被打了麻药,复苏醒来需要好几个小时。

终于,麻药醒了,强大的力量挡住了你的眼睛。比感官更强烈,比思想更强大。它像巨浪一样袭来,每一波都很痛。

然后是泄压:所有的人都开始胡言乱语,就像孩子们被强迫喝了酒一样。这并不总是美丽的景象。在幸福中,人们发现自己的感觉和在不幸中一样多。另一方面,在最初的八天里,有人死亡,死了很多。

有些人死于饥饿,其他人又因为进食过快而死亡。甚至有些人仅仅是因为被得救的想法——就像开启了一个通道——几个小时就被带走了。

4月13日,集中营的广播电台——集中营的自由电台宣布富兰克林·德拉诺·罗斯福(Franklin Delano Roosevelt)逝世。

这是我们听到的第一个真诚的人的名字。罗斯福,我们的解放者之一。死的是他,而不是我们。

噩耗传来时,我正提着我的水桶和其他大约50人一起打水——大部分水管都已爆裂。我记得很清楚:打水的人都把水桶放到地上,所有人都跪了下来。法国人和俄罗斯人都跪下了。一年多来第一次,一个人的死亡有了意义。

对我们大多数人来说，生活又回来了。不要害怕！杂乱，语无伦次，暴躁，讽刺，艰难，生活不就是这样嘛！

我为幸存下来的伙伴们感到骄傲。这有点傻，我真为他们感到骄傲。

被美军俘虏的1700名党卫军官兵被关在集中营的一个营区，交由我们全权处置。

毫无疑问，这是值得报道的：没有一次报复，没有一个党卫军被囚徒杀死，甚至都没有殴打或侮辱。我们甚至没有去评判他们。

4月16日，我们通过官方渠道获悉，10日上路的8万名囚犯在布痕瓦尔德东南约100公里处被党卫军用机枪大规模扫射。据称，没有幸存者。后来得知，弄错了：大约还剩下十来个人。

4月18日，解放后一个礼拜零一小时，当我打水回来，一个声音突然在离我5米远的地方响起，像太阳一样温暖，令人难以置信，因为它是如此真实："雅克！"

我不是在做梦：菲利普，这个胆大包天的魔头，现在成了解放部队的少校，在三天三夜里穿越法国和德国，无视所有的谨慎，没有军方的通行证，作为一个真正的抵抗战士，作为一个真正的抗德游击队员，来接他的部下。至少是那些在布痕瓦尔德的人，他们当中还活着的人。

那是菲利普的声音,是菲利普。我靠着他的胸膛。他在那里。菲利普,法国抵抗阵线的大酋长,法国!

菲利普等于生命。这个等式是胜利的等式。他是我入狱前见过的最后一个人。他是我解放后见到的第一个人。

我还活着。法国抵抗阵线的另外两个人也还活着。菲利普把我们3个人召集在一起。一辆法国车在等我们,一辆法国抵抗阵线的汽车。因为法阵不再是秘密。法阵已成为《法兰西晚报》(France-Soir),巴黎最重要的报纸。

司机——一个从来没有当过囚犯的小家伙——请我们坐在车里绕着集中营的点名广场转了一圈,这是我们的荣誉。

后记

我还必须报告一些事情。

弗朗索瓦3月31日牺牲,也就是布痕瓦尔德解放之前12天,在莱比锡附近的某个地方,当时情况不明。

4月初,乔治在萨勒河畔哈雷[Hallean der Saale]附近的一个闷罐车厢里牺牲——显然是死于精疲力竭。

丹尼斯于4月9日在捷克斯洛伐克的路边牺牲在党卫军的子弹下。

1943年7月20日与我一起被捕的另外24名法国抵抗阵线的成员没有生还。

你当然有权知道。

到此,我的讲述可以中止了。必须如此。因为我已经成为的那个人——丈夫、父亲、大学教授和作家——并不打算告诉你关于他自己的事情。

他还不知道怎么做,不想给大家带来困惑。

他用如此长的篇幅向你讲述他生命中的前20年,

那是因为他确信这些年岁不再只属于他自己,而是就在那里,敞开着,为任何想要得到它们的人而存在。他最大的愿望是能够展示——哪怕只是一点点——它们所包含的生命、光、喜乐,藉着上帝的恩典。

那么,为什么这位来自法国的法国人在美国写他的书,今天又把它送给他在美国的朋友们呢?

这是因为他已经做了3年的美国客人。这是因为他热爱这个国家。这是因为他想向她表示感谢,并且认为,没有比这更好的方式,来说出两个他非常熟悉的无国界的真理:

喜乐不来自外在。无论我们发生什么,她都在我们的内心。

光不来自外在。光就在我们内里,哪怕没有眼睛。

译后记

这是一本仁者见仁、智者见智、勇者见勇……目明者见耳聪的书。

马歇尔·麦克卢汉目光如炬,十分看重法国的盲人英雄、哲学家雅克·卢塞兰(Jacques Lusseyran,1924—1971)的这本《就有了光》。不过,他聚焦的不是雅克在抵抗纳粹德国的运动中的英雄事迹,而是雅克失明之后的听觉生活、内在世界,他对雅克的听觉体验念念不忘,再三引述。麦克卢汉媒介研究的主题之一就是,电子时代的人在快如光电的电子信息的环境里,感知模式将由视觉导向转变为听觉导向。然而,听觉导向的生活,究竟是怎样的,麦氏一直说得很抽象,雅克用这本书提供了一个特别具体的例子,雅克很平实地描述了真实的听觉生活。因为天生的盲人恐怕很难用世人熟悉的视觉语言来描述听觉生活,而雅克8岁失明,他真正是从视觉导向转变为听觉导向的范例。雅克的内在体验弥足珍贵,能够为同步电子环境里所有愿意顺应视听变化的人们提供很好的启示。

听觉生活无榜样,因为听觉生活是可能性的而非确定性的,人人各有其独特的听觉生活。但雅克还是榜样,勇敢者的榜样。纳粹德国入侵法国后,他17岁创立法国抵抗运动中的一支"自由军志愿者",20岁就成为法国最重要的抵抗运动的七位领袖之一,他发行地下报纸,营救盟军飞行员,在纳粹集中营里顽强生存,真乃勇者中的勇者。

雅克智勇双全,学习、抵抗两不误。学习上,他在超级班名列前茅,读巴黎大学,考教师资格。他的人文修养让他在战后能够胜任大学教职,在法国教书,远渡重洋去美国当文学教授。雅克有这样超人的成就,远超绝大多数视力正常的人,除了天生的禀赋,也因为失明为他打开了内在世界,上帝的恩典使他有了笃定的信仰,或者说仁人之心。这本书的书名就可以印证这一点:"就有了光"出自《圣经·旧约·创世纪》"神说:'要有光',就有了光,神看光是好的,就把光暗分开了"。

这个选题,等于是麦克卢汉推荐给我们的。麦氏的引述引人注意;雅克的仁心义路感动了我们,他又为我们展现了内在生活的新天地,于是我们决定将这本书译介给中文读者,为中文世界留一份鲜活的听觉生活的文字记录。在某种程度上,这堪称文字版的《二泉映月》，甚至，"法国小瞎子"雅克的文字版比瞎子阿炳的二胡版更丰满、更阳光。

我们四易其稿，初译由彭志华译自法文版，二译由朱晓参照英译本校译，由于英译本对法文原版颇有磨损，彭志华对勘英法文再作第三次翻译，朱晓又在第四次翻译中润色文字并加入了一些必要的译注，以便今天的中文读者理解雅克的背景。

这，是一本奇书。但愿，我俩的力有未逮，不要影响到读者诸君从中仁者见仁、智者见智、勇者见勇，目明者见耳聪。敬请老少读者正译。

让我们一起来向雅克·卢塞兰致敬！

朱 晓　彭志华
2023 年 2 月 28 日
于北京国兴家园